ସଚିତ୍ର ଅନ୍ଧାର

ସଚିତ୍ର ଅନ୍ଧାର

ରମାକାନ୍ତ ରଥ

ବ୍ଲାକ୍ ଇଗଲ୍ ବୁକ୍ସ
ଭୁବନେଶ୍ୱର, ଓଡ଼ିଶା

BLACK EAGLE BOOKS
Dublin, USA

ସଚିତ୍ର ଅନ୍ଧାର / ରମାକାନ୍ତ ରଥ

ବ୍ଲାକ୍ ଈଗଲ୍ ବୁକ୍ସ : ଭୁବନେଶ୍ୱର, ଓଡ଼ିଶା • ଡବଲିନ୍, ଯୁକ୍ତରାଷ୍ଟ୍ର ଆମେରିକା

BLACK EAGLE BOOKS

USA address:
7464 Wisdom Lane
Dublin, OH 43016

India address:
E/312, Trident Galaxy, Kalinga Nagar,
Bhubaneswar-751003, Odisha, India

E-mail: info@blackeaglebooks.org
Website: www.blackeaglebooks.org

First Edition: 1982, Lark Books, Bhubaneswar

First International Edition Published by
BLACK EAGLE BOOKS, 2022

SACHITRA ANDHARA
by **Ramakanta Rath**

Copyright © **Ramakanta Rath**

All rights reserved. No part of this publication may be reproduced, stored in a retrieval system, or transmitted, in any form or by any means, electronic, mechanical, photocopying, recording or otherwise without the prior permission of the publisher.

Cover & Interior Design: Ezy's Publication

ISBN- 978-1-64560-339-9 (Paperback)

Printed in the United States of America

ସୂଚିପତ୍ର

ଦୁର୍ଗା	୭
ଯଶୋଦା	୧୨
କର୍ଫ୍ୟୁ	୧୪
ପ୍ରକୃତିର ସନ୍ତାନ	୧୭
ଓଡ଼ିଶା	୧୮
ପରମାୟୁ	୨୦
ଏଠି ଖାଲି ମାଲଗାଡ଼ି ରହେ	୨୩
ବେଲବୁଡ଼	୨୫
ଦୁଃଖର ନିର୍ମମ ମନ	୨୬
ସମ୍ବନ୍ଧ	୨୮
ରାତିଟିଏ	୩୧
ପ୍ରାଣସଙ୍ଗିନୀ	୩୩
ଅବ୍ୟାହତି	୩୬
ଭିନ୍ନ ସ୍ୱର୍ଗ	୩୮
ଚତୁର୍ଦ୍ଦିଗେ ଭିନ୍ନ ସମୟରେ	୪୨
ପ୍ରହରୀ	୪୫
ଅଦୃଷ୍ଟର ସୁବାସିତ ବେଳ	୪୭
ଚାଲ ଯିବା	୪୯
ଯିବା ବେଳ	୫୧
କାନନର ବିତାନରେ	୫୭
ଅଜ୍ଞାନୀ	୫୯
ଏ ନଈ କୂଳରେ	୬୧
ଥରେ ହେଲେ	୬୩
ଅଲଙ୍ଘ୍ୟ ଇସାରା	୬୫
ଫେରିବା ସମୟେ	୬୭
ତମ ପ୍ରତିମୂର୍ତ୍ତି	୭୦

ବିଚ୍ଛେଦ	୭୨
ଗୋଟିଏ ସମୟର ଶେଷେ	୭୫
ଆମ୍ଭୀୟତାର ତିନୋଟି ପର୍ଯ୍ୟାୟ	୭୮
ଶେଷରେ ମୁଁ ନିଜେ	୮୨
ଶରତର ରାତିଟିଏ	୮୬
ତମେ ଆଜି ମନେ ପଡ଼	୮୮
ଆମେ ଦୁହେଁ	୯୦
ବିଦାୟ ବେଳା	୯୩
ସ୍ଥାୟୀ ବାସିନ୍ଦା	୯୪
ନିଜ ଭୁବନ	୯୮
ବୀରବର	୧୦୧
ଯୁଦ୍ଧକ୍ଷେତ୍ର	୧୦୫
ତମେ ହିଁ	୧୦୭
ହାଡ଼	୧୧୮
ମୋ ନିଜର ପ୍ରତିବିମ୍ବ	୧୨୦
ଏକା ଏକା	୧୨୫
ମରୁଭୂମି	୧୨୭
ଇଚ୍ଛା ନଥିଲେ ବି	୧୩୩
କିମ୍ବଦନ୍ତୀ	୧୩୬
ଖାଲିଜାଗା	୧୩୯
ସୁନା	୧୪୪
ମଧବର୍ତ୍ତୀ କାଳ	୧୪୬
ଉଷ୍ମ୍ୟମୁଖର ଦିନ	୧୫୧
ମୌନାବତୀର ସ୍ୱାମୀ	୧୫୩
ମୌନାବତୀର ଆଗ୍ରହ	୧୫୭
ରୋଗିଣା ମଣିଷ	୧୬୦
ପୃଷ୍ଟବନ୍ଧ	୧୬୪

ଦୁର୍ଗା

୧

ଅସଂଖ୍ୟ ପ୍ରାର୍ଥନା ଦ୍ୱାରା ନିର୍ମିତ ପଦ୍ମରେ
ପାଦ ଏବଂ ମହାଶୂନ୍ୟେ ଶିର।
ମା' ମଲା ପିଲାଙ୍କର ଆର୍ତ୍ତନାଦ ଆଡ଼େ
ସାନ୍ତ୍ୱନା ଦେବାର ଭଙ୍ଗୀ ଏକ ପାପୁଲିର।
ପାହାଡ଼ ଉପର କଳା ଜଙ୍ଗଲ ଅନ୍ଧାରେ
ଫିଟିଥିବା ବେଣୀ ମିଶିଯାଏ।
ସମୁଦ୍ରରେ ଭାଙ୍ଗୁଥିବା ଫେଣର ଛିଟିକା
ଫୁଲଙ୍କ ପାଖୁଡ଼ା ପରି କିଏ ଫିଙ୍ଗୁଥାଏ
ଉତ୍ତରର ମୂର୍ତ୍ତିଆଡ଼େ, ଯେଉଁ ଉତ୍ତରକୁ
ଶୁଣିବାକୁ କେତେ ଘରେ କେତେ ଝର୍କା ଖୋଲା।
ହଠାତ୍ କେଉଁଠୁ ଆସି ଅନେକ ଦିନର
ମେଘ ସାରା ଆକାଶକୁ ଢାଙ୍କି ଦେଇଯାଏ।
ମେଘ ଏକ ଅସୁର, ତା ଆସିବା ମାତ୍ରକେ
ଧଡ଼୍‌ଧାଡ଼୍ ବନ୍ଦହୁଏ ଝର୍କା ଓ କବାଟ।
ରାସ୍ତା ପୂରା ଶୁନ୍‌ଶାନ୍। ଖାଲି ବୁଲେ ମଇଁଷି ଗୋଟାଏ।

୨

ଛି ଛି ଏହି ଆତ୍ମା ଯାହା ଦେବା ଲାଗି ହାତ
ବଢ଼ାଇ ଫେରାଇ ଆଣେ ପର ମୁହୂର୍ତ୍ତରେ,
ଟିକିଏ ହସରେ ଯାହା ମୁହଁଟି ଉଜ୍ଜ୍ୱଳ

ହେବା ଆଗୁଁ କଳାପଢ଼େ ନିଆଁର ଧାଁସରେ,
ଛି ଛି ଏହି ଆତ୍ମା ଯାହା ବାତୁଳଙ୍କ ପରି
ଅହଙ୍କାରମାନଙ୍କର ବାଲିଘର ଗଢ଼େ,
ସମୁଦ୍ରର ପାଣି ଯଦି ଧୋଇନିଏ ତାକୁ
ସବୁ ସରିଗଲା ବୋଲି ବିକଳରେ ରଢ଼େ।

ପ୍ରଶ୍ନଥିଲା ଅସମ୍ପୂର୍ଣ୍ଣ, ପଚାରିଲା ବେଳେ
ଆଗ୍ରହ ନଥିଲା, ଥିଲା ଖାଲି ନିଜ କଣ୍ଠସ୍ୱର
ଶୁଣିବାର ଇଚ୍ଛା, ଦିଗ୍‌ବିଦିଗରେ
ନିଜେ ହିଁ ବିସ୍ତୃତ, ନିଜେ ଖରା ବର୍ଷା ଶୀତ,
ନିଜର ଭୋକର ନିଆଁ ଚାରିଆଡ଼େ ବ୍ୟାପିଯାଏ, ସାରା
ଗଗନମଣ୍ଡଳ ଧୂଆଁ ଦ୍ୱାରା ଆଚ୍ଛାଦିତ।

ପକ୍ଷୀମାନେ ଉଡ଼ିଯାନ୍ତି, ଦଉଡ଼ି ପଳାନ୍ତି
ପଶୁମାନେ, ସଚରାଚରରେ
ପୋଡ଼ିଯିବା, ପଳାଇବା, ତ୍ରାହି ତ୍ରାହି ଡାକ,
କୂଢ଼, କୂଢ଼ ଅଙ୍ଗାର ଓ ପାଉଁଶ, କେଉଁଠି
ନିରୁଦ୍ଦିଷ୍ଟ ହୋଇଗଲା ଉତ୍ତର ଟିକକ।

ଛି ଛି ଏହି ଆତ୍ମା ଯାହା ନିଜ ପିଲାଦିନ
ଜାଳିଦେଲା, ମାଷ୍ଟ୍ର ଆଉ ବାପାମାଆଙ୍କର
ଅଗାଧ ପ୍ରତ୍ୟୟ ଭାଙ୍ଗି ହାଟବଜାରରେ
ନାଚିଲା, ଚିତ୍କାର କଲା, ଆସ୍ଫାଳନ କଲା !
ପ୍ରତ୍ୟେକ ମନ୍ଦିରେ ନିଜ ଚାହିଦାମାନଙ୍କୁ
ଅଧିଷ୍ଠିତ କରି ତାଙ୍କୁ ଦେବୀ ଆଖ୍ୟା ଦେଲା !

୩
ଅନ୍ଧାର ବଖରାଟିଏ, ଦର୍ଜା ନାହିଁ ତାର,
ତା ଭିତର ଭୀଷଣ କାକର,

ସେ ବଖରା ଦେଖାଯାଏ ମୋର ଆତ୍ମା ପରି
କିମ୍ବା ଆତ୍ମହତ୍ୟା ପରି, ସେ ବଖରା ଗଛଟିଏ ତାର
ଡାଳ ଭାଙ୍ଗିଯାଏ କଳା ଡାଳିମ୍ବ ଭାରରେ,
ସେ ଡାଳିମ୍ବ ତୋଳିବାକୁ ହାତ ଲମ୍ବିଯାଏ
ମରିଯାଇଥିବା ଛୋଟ ଛୁଆମାନଙ୍କର,
ତାଙ୍କର ଦରୋଟି କଥା ଭାଙ୍ଗି ଯାଇଥିବା
ବର୍ଚ୍ଛାପରି ବିନ୍ଧ କରେ କାନ୍ଥ ଏ ଘରର।

ଏଠାରେ କୌଣସି ଲୁହ ଦେଖାଯାଏ ନାହିଁ।
ସବୁ ସ୍ୱପ୍ନ ଦୁଃଖମୟ, ଉଚ୍ଚାରଣ ଆଗୁଁ
ଭାଙ୍ଗିପଡ଼େ ପ୍ରାର୍ଥନା ଓ କାହିଁ କେଉଁଠାରେ
ଶବ୍ଦମାନେ ହଜିଯାନ୍ତି, ବାକ୍ୟଟିଏ ସଂପୂର୍ଣ୍ଣ ହୁଏନି
ମନ କାହା ମୂର୍ତ୍ତିଟିଏ ଗଢ଼ିବା ଆଗରୁ
ସେ ମୂର୍ତ୍ତିର ଅଂଶମାନେ ଉଡ଼ିଯାନ୍ତି ନାନାଦି ଦିଗରେ।
କେଉଁ ରସାତଳୁଁ କିଛି କହିବାକୁ ସ୍ୱରଟିଏ ଉଠି
ନିରୁଦ୍ଦିଷ୍ଟ ହୋଇଯାଏ ଜଙ୍ଗଲ ଭିତରେ
ଯେଉଁଠି ଗଛଙ୍କ ପରି ହତୋତ୍ସାହ ନରନାରୀ ଠିଆ,
ନୈରାଶ୍ୟର କଳାଫୁଲ ସବୁରି ଡାଳରେ।

୪

ଅନ୍ଧାର ବଖରାଟିର କାନ୍ଥ ଭୁଷୁଡ଼ିଲା
ପରି ଲାଗେ, ବହୁତ ଦୂରରେ
ଘଡ଼ଘଡ଼ି ଶବ୍ଦ ପରି ଶବ୍ଦ ଶୁଭେ, ପ୍ରଚଣ୍ଡ ଆଲୋକ
ହଠାତ୍ ଓହ୍ଲାଇ ଆସି ଆକ୍ରମଣ କରେ।
କାହା ଦେହ ଦିଶେ ନାହିଁ, ଅସ୍ତ୍ରଶସ୍ତ୍ର କିଛି ଦିଶେ ନାହିଁ
କିନ୍ତୁ କାହା ରୋଷାନ୍ୱିତ ଆଖିର ପ୍ରଖର
ଉତ୍ତାପରେ ଏକାକାର ହୁଏ ବର୍ଚ୍ଛା ଖଡ଼୍‌ଗ ଖର୍ପର ଓ
ହିଂସ୍ର ରକ୍ତପିପାସା ବି ଭୋକିଲା ସିଂହର।

ପଳାଇବା ଅସମ୍ଭବ, ପଳାଇବା ବେଳେ
ଗୋଡ଼ହୁଏ ପକ୍ଷାଘାତଗ୍ରସ୍ତ, ଅନେକସଂଖ୍ୟକ
ପବିତ୍ର ସ୍ୱପ୍ନଙ୍କ ଭଙ୍ଗାରୁଜା କୋଠାବାଡ଼ି
ନିଘଞ୍ଚ ଅରଣ୍ୟ ପରି ରୁନ୍ଧିଲେ ପ୍ରତ୍ୟେକ
ବାଟ, ପ୍ରତ୍ୟେକ ଦିନର
ନିର୍ଯ୍ୟାତନା ଠିଆ ହୁଏ ଧରି ରକ୍ତମାଂସ କଳେବର।
ବିକଟାଳ ଡାକିନୀ ସେ, ତାର ନିଃଶ୍ୱାସରେ
ଗରଳ ଓ ରଢ଼ନିଆଁ, ତାର ଚିତ୍କାରରେ
କଠୋର ପ୍ରତିଜ୍ଞା ଓ ଅଭିମାନ ଅନେକ ଦିନର
ମିଶାମିଶି, ଅଲଗା କରିବା ଲାଗି ସାହସ କାହାର ?

ଟାଣ ଟାଣ ଶବ୍ଦଙ୍କର ଢାଲ ଭାଙ୍ଗିଗଲା।
ଭାଙ୍ଗିଗଲା ସାଞ୍ଜୁ ଆମ ଉଦାସୀନତାର।
ଆମ ମୋଟା ଚମଡ଼ାରେ ନିଆଁ ଲାଗିଗଲା
ଏବଂ ସବୁ ସ୍ୱପ୍ନ ଆମ ବିପୁଳ ମାଂସର
କେବଳ ଦୁର୍ଗନ୍ଧ ଧୂଆଁ, କରୁଣା ମାଗିଲା
ବେଳେ ଆମ ତଣ୍ଟି ବନ୍ଦ ହେଲା ପାଉଁଶରେ
ଆମେ ନିଜେ କରିଥିବା ଟାହିଟାପରାର।
କରୁଣା କେଉଁଠି ନାହିଁ, ଆମ ଅନୁତପ୍ତ
ଉଚ୍ଚାରଣ ହଜିଯାଏ ବିଲୁଆଙ୍କ କୁହାଟରେ, ଆମ
ନାଆଁ ଗାଆଁ ଜୀବନ ଓ ଚତୁର କୌଶଳ
ସବୁ ଦଗ୍ଧ, ସମୁଦ୍ର ଆକାଶ ଆଉ ପର୍ବତ ଆବୋରି
ଜଳୁଥିବା ନିଆଁ ଜାଳେ ମଇଁଷିଙ୍କ ସଞ୍ଜ ଓ ସକାଳ।

୫

ତମେ ଲେଉଟାଇ ନେଲ
ନିଃଶ୍ୱାସ ମେ ଚଳନ୍ତି ଦେହରୁ,
କପାଳରୁ ଝାଳ ଏବଂ
ରକ୍ତ ସବୁ ଅଙ୍ଗପ୍ରତ୍ୟଙ୍ଗରୁ।

ସକାଳର ଖରା ପରି
ମୋର ପିଲାଦିନ,
ମରୁଭୂମି ପରି ମୋର
ନିଷ୍ଫଳ ଯୌବନ।

ମଇଳା କେନାଲ୍ ପରି
ଧମନୀ, ଅଶୁଭ
ରାତି ପରି ଭାଗ୍ୟ ଏବଂ ସ୍ୱପ୍ନମାନଙ୍କର
ଶୁଖିଲା ଉଦ୍ଭିଦ ଦେଲି
ମୁଁ ମହିଷାସୁର।

ଯଶୋଦା

ମୁଁ ତତେ ଶୁଆଇ ଦେବି
ମୋ ଛାତିର କଣ୍ଟା କଣ୍ଟା ବଣେ,
ଅଲରା ବାଳକୁ ତୋର
ମରୁଭୂମିମାନଙ୍କ ପବନେ
ସଜାଡ଼ିବି, ପିନ୍ଧାଇବି ତତେ
ସମୁଦ୍ର ଓ ସମଗ୍ର ଆକାଶ,
ଖେଳିବାକୁ ଦେବି ତତେ
ନିର୍ବାସିତ ଲୋକଙ୍କ ନିଃଶ୍ୱାସ।
ତୋର ମୋର ଚାଲିଯିବା
ରୋଗଶୂନ୍ୟ ଜାଗାକୁ, ସେଠାରେ
ପିଲାଏ ଖେଳନ୍ତି ଫାଙ୍କା
ହାସ୍ପାତାଳ କୋଠରୀ ଭିତରେ
ସେଠାରେ ମୋ ଭାଗ୍ୟଫଳ
ଅଲଗା ଓ ତୋର
ଭାଗ୍ୟଥିବ ସବୁ ଦିନେ
ବନ୍ଧାହେଲେ ପଣତରେ ମୋର।

ଏଠାରେ ତୁ ଖୋଜାହେଉ
ଲୁହ ଆଉ ଆସକ୍ତିର କୁହୁଡ଼ି ଭିତରେ,
ତୁ ଯେ ବସି ହସୁଅଛୁ
ମସ୍ତବଡ଼ ଲହଡ଼ି ଉପରେ

କେହି ଦେଖି ପାରନ୍ତିନି,
କାନ୍ଦି କାନ୍ଦି ମୁହଁ ଫୁଲିଯାଏ,
ସମସ୍ତେ ଦେଖନ୍ତି ଖାଲି ଗାଈ ଗୋଠ ଫେରେ
ତା ପଛରେ ଶୂନ୍ୟସ୍ଥାନଟିଏ।

ମୁଁ ତତେ ଦେଖୁଚି ଠିକ୍
ନିଆଁପରି ଦିଶୁ ଦାଉ ଦାଉ,
ମୋ ପାଗଳାମିର ଅତି ମନୋରମ ସ୍ୱପ୍ନ
ରାତିସାରା ଦିନସାରା ଲାଗି ରହିଥାଉ,
ତୁ ଭଦଭଦଳିଆଟିଏ
ପଡ଼ିଆ ଭିତରେ ଥିବା ଗଛର ଡାଳରେ
ବସିଅଛୁ, କୋଟିକୋଟି ରୂପ ତୋର, ଏକୁ
ଆରେକ ପଡ଼ିଛି ବଳି ସୁନ୍ଦର ପଣରେ।

ଏଠାକୁ ତ ବାଟଘାଟ କିଛି ନାହିଁ,
ତଥାପି କିପରି
ମୁଁ ଏଠାକୁ ଆସିଲି ? ଏଠାରେ
ପୃଥିବୀର ସବୁଲୋକ, ସବୁ ପଶୁପକ୍ଷୀ
ମୋ ଭିତରେ ଏବଂ ତୋ ଭିତରେ
ରହିଛନ୍ତି, ସବୁ ନଦୀ ଗଛ ଓ ପର୍ବତ
ଗୋଟିଏ ମାତ୍ରକ ନଦୀ ଗଛ ପର୍ବତରେ
ଚାହୁଁ ଚାହୁଁ ହେଲେ ପରିଣତ,
ମୁଁ ସେ ଗଛ ଛାଇତଳେ ବିଶ୍ରାମ କରୁଛି
ତତେ ଜାକି ମୋ ଓଦା ଛାତିରେ,
ତୋ ଲାଗି ଗାଉଛି ଗୀତ, କିନ୍ତୁ ଜାଣେନାହିଁ
ସେ ଗୀତ ଶୁଭୁଛି ମୋର ସ୍ୱରେ ବା ମୋ
ପୁଅର ସ୍ୱରରେ।

କର୍ଫ୍ୟୁ

ଭାଙ୍ଗି ପଡୁଥିବା ଘରମାନଙ୍କ ଛାଇରେ
ଅନ୍ଧାର ଓ ନିଛାଟିଆ କାକର ଗଳିରେ
ଆମର ସାକ୍ଷାତ ହେଲା, ମୁଁ ତମ ଗହଳ
ବାଳକୁ ଆଉଁଷି ଦେଲା ବେଳେ ଲାଗିଲା ଯେ
ହାତ କୋଳ ମାରିଯାଏ, ତମ ବାଳ ଏକ
ବିସ୍ତୀର୍ଣ୍ଣ, ତୁଷାରାବୃତ ନିର୍ମମ ମୁଲକ।

ହଠାତ୍ ମୁଁ ପ୍ରକୃତିସ୍ଥ ହୋଇ ପୁନର୍ବାର
ତମ ବାଳ ଆଉଁଷିଲା ବେଳେ ଲାଗିଲା ଯେ
ସେ ଏକ ଜଳନ୍ତା ବଣ; ନିର୍ବାସିତ, ଚଳତ୍‌ଶକ୍ତିହୀନ
ବୃଦ୍ଧ ମୁଁ, ନିଆଁର
କ୍ରସସଙ୍କୁଚିତ ବୃତ୍ତ ଭିତରେ ଗୋଟିଏ
ଅର୍କ୍ଷିତ ମଣିଷ, ମୋର ଭବିଷ୍ୟତ ଗଦାଏ ଅଙ୍ଗାର।

ତମ କଥା ଶୁଭେ ବହୁ ଉଚ୍ଚେ ଉଡୁଥିବା
ବୋମାବର୍ଷୀ ବ୍ୟୋମଯାନ ଆବାଜ ଭିତରେ,
ଟ୍ୟାଙ୍କ୍ ଆସିବାର ଏବଂ ସୈନ୍ୟ ଚାଲିବାର
ଶବ୍ଦ ଶୁଭେ ତମରି ସ୍ୱରରେ,
ତମେ ଅଂଶ ସେହି ଘୋର ଆତଙ୍କର ଯାହା
ଇତିହାସ ଆଣୁଥାଏ ଅଳ୍ପ ଅଳ୍ପ ବ୍ୟବଧାନ ପରେ,

ପୁରୁଣା ଆଘାତ ସବୁ ଶୁଖିବା ଆଗରୁ
ନୂଆ ନୂଆ ଆଘାତରେ ଜର୍ଜ୍ଜରିତ କରେ।

ସବୁ ଦର୍ଜା ବନ୍ଦ। ସବୁ ଘର ଚୁପ୍‌ଚାପ୍।
ସବୁ ହସ କାନ୍ଦ ସବୁ ସଞ୍ଜ ଓ ସକାଳ,
ସବୁ ଧାନକ୍ଷେତ ଫୁଲବଗିଚା ଝରଣା
କେଉଁଠାରେ ? କିଛି ଦେଖାଯାଏନି, କେବଳ

ମୁଁ ଆଉଁଷେ ନିଷ୍ପ୍ରଭଦୀପ ମହାଶୂନ୍ୟେ ଏକ
କାଞ୍ଚନିକ ମସ୍ତକର ବାରୁଦ ବାସ୍ନାରେ
ସୁଗନ୍ଧିତ ବାଳ, ଓଦା ଓଦା ଲାଗେ ତାହା
ନିର୍ଯ୍ୟାତିତ ଶୈଶବର ଅଦ୍ୟାବଧି ଉଷୁମ ରକ୍ତରେ।

ତା ଭିତରେ ଲୁକ୍‌କାୟିତ ବ୍ୟର୍ଥ ହେବା ଲାଗି
ଅଭିପ୍ରେତ କେତେ ସ୍ୱପ୍ନ, ପୁଣି ବୋହିଯାଏ
ସେ ବାଳ ଉତ୍ୟକ୍ତ ଏକ ଆଗ୍ନେୟଗିରିର
ଲାଭା ପରି ନିମିଷକେ ପୋଛି ଦେଇଯାଏ
ମଲାଲୋକେ ରହୁଥିବା ଗାଆଁ ଓ ସହର,
ନଷ୍ଟ କରେ ଦୁର୍ଗନ୍ଧ ସେ ଶତ୍ରୁତାର ଓ ପରିହାସର,
ବୋହିଯାଏ ମୋ ଅଙ୍ଗାର ଶରୀର ଭିତରେ,
ଅଚଳ ଟ୍ୟାଙ୍କ ଓ ପାଦେ ଚଳିବା ନିମିତ୍ତ
ଅସମର୍ଥ ପଲ୍‌ଟଣ୍‌ମାନଙ୍କ ଭିତରେ,
ନିରୁଦ୍‌ବିଗ୍ନ ମରୁଭୂମି ଦେଇ ବୋହିଯାଏ
ଯେଉଁଠି କେବଳ ଥାଏ କିଛି କଣ୍ଟାବଣ,
ଫୁଲଟିଏ ପତ୍ରଟିଏ କେଉଁଠି ନ ଥାଏ।

ହଠାତ୍ ଆକାଶ ହୁଏ ଉଜ୍ଜ୍ୱଳ, କାଲିର
ରାତିରୁ ବାହାରି ପଡ଼ି ଅସଂଖ୍ୟ ଚଢ଼େଇ
ଉଡ଼ିଯାନ୍ତି କୋଳାହଳ କରି,

ପିଲାମାନେ ଖେଳିବାକୁ ରାସ୍ତା ଏବେ ନିରାପଦ, ଏବେ
ଝର୍କା ଏବଂ କବାଟ ସବୁରି
ଖୋଲା। ଏବେ ମୁଁ ଖାଲି ପବନ,
ଆଉଁଷି ନ ପାରି ତମ ଗହଳ ବାଳକୁ
ଆଉଁଷୁଛି ସୂର୍ଯ୍ୟଚନ୍ଦ୍ର ଧାନକେଣ୍ଡା ସମୁଦ୍ର ଫେଣକୁ।

ପ୍ରକୃତିର ସନ୍ତାନ

ଅନେକ ଥର ତ ଏହି ଜଙ୍ଗଲ ଭିତରେ
ମୁଁ ଯାଇଛି, ତଥାପି କାହିଁକି
ଏଥର ଦିଶୁଛି ତାହା କଳା ଏବଂ ମରିଗଲା ପରି,
ଏଥର କାହିଁକି ଖରା ଚକ୍‌ଚକ୍ କରୁନାହିଁ, କେଉଁ ପାତାଳରେ
ପୋଡୁଥିବା ସଙ୍ଗୀତର ଧୂଆଁ କଣ ଆଚ୍ଛାଦନ କରି
ରଖିଛି ସଚରାଚର ? ପତ୍ରମାନେ ନିଶ୍ଚଳ, ସେମାନେ
ପହଲାବାଲାଙ୍କ ପରି ଦେଖୁଛନ୍ତି ସେହି ବାଳିକାର
ହତ୍ୟା, ସମୁଦ୍ରର କିଟିକିଟି କଳା ସୁଡ଼ଙ୍ଗରେ
ଯାହାକୁ ସେ ଆଣିଥିଲେ ଝୁଲାଇ ଝୁଲାଇ ଗୀତମାନଙ୍କ ଦୋଳିରେ।
ରୋଗିଣା ବୁଢ଼ାଙ୍କ ପରି ପାହାଡ଼ଗୁଡ଼ିକ
ତାଲାବନ୍ଦ ହାସ୍ପାତାଳ ଦୁଆର ସାମ୍ନାରେ
ଠିଆ ହୋଇଛନ୍ତି ଏବଂ ବେଳେବେଳେ ନିଜ ପିଲାଦିନ
ବିଷୟରେ ଗପୁଛନ୍ତି ବହୁଦିନୁଁ ବିସ୍ମୃତ ଭାଷାରେ।
ନା, ନା, ପରୀମାନେ କାନ୍ଦୁନାହାନ୍ତି ତ
ସେମାନେ ଅନେକ ଦିନୁଁ ରହିଲେଣି ସର୍କସ ପାର୍ଟିରେ
ସମର୍ପି ନିଜର ଦୁଃଖ ଲୁହ ନିରକ୍ଷର
ଛୁଆଙ୍କର ଜନ୍ମାନ୍ତରମାନଙ୍କ ପାଖରେ।
ଜଙ୍ଗଲ କରୁଛି ମତେ ଆଶୀର୍ବାଦ ତା ନିରବଚ୍ଛିନ୍ନ
ମରିବାର ମୁହୂର୍ତ୍ତରେ, ଭିଡ଼ିଧରେ ମତେ ତା ଛାତିରେ
ଛୁଆକୁ ଯେପରି ଭିଡ଼ି ଧରେ ମାଆ, ଭାଗ୍ୟ ତାର ଦିଶେ ନୀଳବର୍ଣ୍ଣ।
ଗୋଟିଏ ତ ବିଷ, ଏକପ୍ରକାରର
ରକ୍ତ ବୁହେ ମୋ ଦେହରେ ମୋ ମାଆ ଦେହରେ।

ଓଡ଼ିଶା

ଅନ୍ଧାର ଘରରେ ମତେ
ମୁହଁଟିଏ ଦେଖାଯାଏ ତାର
ଦେହ ନାହିଁ ସେ ମୁହଁ ହସୁଛି
ନିଶାର୍ଦ୍ଧରେ ଦେବୀମାନେ ଯେପରି ହସନ୍ତି
ନ ଜାଣି ଯେ ତାଙ୍କୁ ଜଣେ ନିର୍ନିମେଷ ଆଖିରେ ଚାହିଁଛି।
ସେ ମୁହଁ ହସେନି ଆଉ ସେ ମୁହଁ ଦିଶୁଛି
ଯେପରି ପର୍ବତ ସ୍ପଷ୍ଟ ଦିଶେ ତୋଫା ଜହ୍ନ ଆଲୁଅରେ
ଦଳେ ଯାଯାବର ଲୋକ ସନ୍ଧ୍ୟାବେଳେ ଜାଳିଥିବା ନିଆଁ
ପରି ସେ ଉଜ୍ଜ୍ୱଳ ଦିଶେ ଅନ୍ଧାର ଭିତରେ
ସେ ମୁହଁ ସଡ଼କଟିଏ ଯାର ଶେଷ ନାହିଁ
ଦୁଃଖଙ୍କର ଲମ୍ବା ଲମ୍ବା ଗଛ ଦି' ପାଖରେ
ସେ ମୁହଁଟି ମହାନଦୀ ଆକାଶର ସବୁଯାକ ତାରା
ଝାସ ଦେଇ ମରୁଛନ୍ତି ଅକାତ ପାଣିରେ।
ସେ ମୁହଁ ଗୋଟିଏ ସ୍ମୃତି ହଜାର ହଜାର
ବର୍ଷ ତଳେ ଘଟିଥିବା କଥା ଲାଗେ ବର୍ତ୍ତମାନ ଘଟୁଥିବା ପରି
ଦଳ ଦଳ ହୋଇ ଚିହ୍ନା ପରିଚୟ ଲୋକେ
ମରିସାରି ଆସୁଛନ୍ତି ଫେରି।
ଚାରିଆଡ଼େ ଧୂପ ବାସ୍ନା ମୁଁ କହିବା ଲାଗି
ଯାଉଥିବା ଶବ୍ଦସବୁ ମୋର ଆକସ୍ମିକ
ଶୈଶବର ଅରଣ୍ୟରେ ଲୁଚିଯାନ୍ତି ଏକ ନୀଳବର୍ଣ୍ଣ
କୁହୁଡ଼ି ପରି ସେ ମୁହଁ ବ୍ୟାପିଯାଏ ଏକ ଆକାଶରୁ

ଅନ୍ୟ ଏକ ଆକାଶକୁ ପାହାଚ ସେ ଅନେକ ସଂଖ୍ୟକ ।
ସେ ମୁହଁ ରାସ୍ତାରେ ଚାଲେ ଢ଼ୋଲା ପେଟ ଅସ୍ଥି ଚର୍ମସାର
ପିଲାପରି ସେ ମୁହଁ ମାଗୁଚି ଭିକ ସେ ମୁହଁ ହାଣୁଛି
କଟାକ୍ଷ ଛୁଆଙ୍କୁ ବିକି ହସି ହସି ବୁଲିବା ବେଶ୍ୟାର ।
ବର୍ଷାହୀନ ଦିନଙ୍କର ସୈନ୍ୟବଳ ନେଇ ଆସୁଥିବା
ସୂର୍ଯ୍ୟପରି ଝାମ୍ପ ଦିଏ ସେ ମୁହଁ ସେ ମତେ
ଜାକିଧରେ ତା ଛାତିରେ ମୋ ନିଶ୍ଚିହ୍ନ ହେବା ମୁହୂର୍ତ୍ତରେ;
ମୁଁ ଦେଖିଚି ତା ଆଖିରୁ ବୋହିପଡ଼େ ଟୋପା ଟୋପା ଲୁହ
ତା ଓଠରେ ହଲ୍ ଚଲ୍ ନାହିଁ ଅଥଚ ମୁଁ ସ୍ପଷ୍ଟ ଶୁଣିପାରେ
ସେ ମୁହଁ କହୁଚି ଆମେ ଭେଟାଭେଟି ହେବା ପୁନର୍ବାର ।
ସେ ମୁହଁର ଦୁଇଓଠ ତଫାତ୍ ଯେପରି
କୁଆପଥରର ବର୍ଷା ବାଜି ମରିଥିବା
ଦୁଇ ଚିତ୍ର ଚିତ୍ର ଡେଣା ପ୍ରଜାପତିଟିର ।

ପରମାୟୁ

ଗୋଟିଏ ବି ପ୍ରଶ୍ନ ନପଚାରି
ତମକୁ ମୁଁ ଦେଲି ମୋ ଜୀବନ,
ଦେବା ଖୁବ୍ ସ୍ୱାଭାବିକ ଥିଲା ଯେଣୁ ତମେ
ମୃତ୍ୟୁ ପରି କୋଳ କରୁଥିଲ,
ଅଥଚ ମୃତ୍ୟୁର ଭୟ କଦର୍ଯ୍ୟ ଚେହେରା
କେଉଁ ଆଡ଼େ ଫିଙ୍ଗି ଦେଇଥିଲ।

ତମଠାରେ ସବୁବେଳେ ନୀଳବର୍ଣ୍ଣ ଥିଲା
ଆକାଶ, ଖରା ସବୁବେଳେ
କଅଁଳ, ସବୁବେଳେ ଅଛଧଳା ମେଘ,
ସବୁବେଳେ ଅରଣ୍ୟରେ ନିର୍ବାସିତ ଲୋକେ
ଫେରୁଥିବାବେଳେ ତାଙ୍କ ମନଖୋଲା ହସ,
ପକ୍ଷୀଙ୍କ କାକଳି, ହଠାତ୍ ଜୀବନ୍ତ
ପର୍ବତଙ୍କ ଓଜନ ନିଃଶ୍ୱାସ।

ମୁଁ ବୁଝି ପାରିଲି ନାହିଁ ତମେ କେଉଁଥିରେ
ତିଆରି, ଆମର ଅସଂଖ୍ୟ
ଭୟଙ୍କ ଭିତରେ ଲୁଚି ରହିଥିବା ସାହାସରେ, କିମ୍ବା
ଜହ୍ନ ଆଲୁଅରେ ଯାହା ପଡ଼ିଥାଏ ବନ୍ଧୁକ ନଳୀରେ ?
ଘାତକଙ୍କ ଆଖିକୋଣେ ଚକ୍‌ଚକ୍ କରିବା ଲୁହରେ ?
ତମେ କଣ ସେ ସମୟ ଯାହା ପୃଥିବୀର

ବାରଣ୍ଡାରେ ଠିଆ ହୋଇଥିଲା
ରକ୍ତରେ ସଡ଼କ ସବୁ ଧୁଆହେଲାବେଳେ ?
ସେତେବେଳେ ଇସ୍ପାତ ଓ ଶିଶୁଙ୍କ ଅସ୍ଥିରେ
ପାଚେରୀକୁ ଦୃଢ଼ କରାଗଲା ?

ମୁଁ କିଛି ପଚାରି ନାହିଁ, କେବଳ ଦେଖିଲି
ଯେତେଦୂର ଆଖିଯାଏ ସବୁଆଡ଼େ ଫୁଲ,
ପ୍ରତି ଗୋଡ଼ ମାଣିକ୍ୟ ଓ ପ୍ରତି ସଢ଼ା ଶବ
ଠିଆ ହୋଇ ପୋଛିଦିଏ ଦେହରୁ କାଦୁଅ,
ପ୍ରତି ମିଛକଥା ପୋଡ଼ି ଅଙ୍ଗାର, ଧୂଳିରେ
ପ୍ରତି ହିଂସ୍ର ହାତ ମିଶିଯାଏ,
ପ୍ରତ୍ୟେକ ଯନ୍ତ୍ରଣା ଲାଗେ ସ୍ମୃତିର ବିଭ୍ରମ
ବ୍ୟତିରେକେ ଅନ୍ୟ କିଛି ନୁହେଁ ।

ନିଃଶ୍ୱାସ ଭାବରେ ତମ ଭିତରକୁ ଟାଣି
ହୋଇଗଲା ବେଳେ କାହିଁ କିଛି ଅମଙ୍ଗଳ
ସୂଚନା ଦିଶିଲା ନାହିଁ, ଅସମୟେ ପେଚା
ଶବ୍ଦ ଶୁଭିଲାନି କିମ୍ବା ଶ୍ୱାନ ଓ ଶୃଗାଳ
ରଡ଼ିଲେନି, ବରଂ କେତେ ବହୁତଦିନର
ସ୍ୱପ୍ନ ସବୁ ସତ୍ୟ ହେଲେ, ମରୁଭୂମି ଶ୍ୟାମଳ ଦିଶିଲା,
ପୃଥିବୀର ସବୁଯାକ ଅନାଥାଶ୍ରମରୁ
ଚାଲିଗଲେ ସବୁଯାକ ପିଲା ।

ସବୁ ଜେଲଖାନା ନେଇ ସବୁ ଜଗୁଆଳୀ
ଚାଲିଗଲେ, ମୁଁ ଦେଖିଲି ତମର ମୁଣ୍ଡରେ
ଗୋଟିଏ ବି ଧଳାବାଳ ନାହିଁ, ଗୋଟିଏ ବି କ୍ଷତ
ନାହିଁ ତମ ଅଦ୍ଭୁତ ଦେହରେ ।
ମୁଁ କିପରି ନମରି ରହିଥାନ୍ତି ତମ
ଯୁଗଯୁଗ ଚାହିଁଥିବା ଆଖିଙ୍କର ଇସାରା ଉତ୍ତାରେ ?

ତମକୁ ଛୁଇଁଲା ମାତ୍ରେ ମତେ ଲାଗିଲା ଯେ
ଅସଂଖ୍ୟ ପ୍ରାଚୀନ ଯାତ୍ରାମାନଙ୍କର ଉତ୍ତେଜନା ପୁଣି
ପ୍ରଜ୍ୱଳିତ ମୋ ମାଂସରେ, ଶିରା ପ୍ରଶିରାରେ।
ମୁଁ ଏକ ଜାହାଜ ପରି ଭାସିଯାଏଁ ତମ
ଥଳକୂଳହୀନ ଅନ୍ତରଙ୍ଗ ସମୁଦ୍ରରେ।

ଏଠି ଖାଲି ମାଲଗାଡ଼ି ରହେ

ମୁଁ କହିଲି ମୋ ନିଜକୁ
ଗୋଟିଏ ମୁହୂର୍ତ୍ତ ପ୍ରତି ସାବଧାନ ରହ,
ତାହା ଆସିପାରେ ଆଜି, ବହୁବର୍ଷ ପରେ,
କିନ୍ତୁ ତାର ଆସିବା ନିଶ୍ଚୟ।
ଆସିବା ମାତ୍ରକେ ତାହା
ଚାଲିଯାଇ ପାରେ
ବା ଜୀବନବ୍ୟାପୀ ତାହା
ରହିଥାଇ ପାରେ।
ତାକୁ ମାପି ହେବ ନାହିଁ ଘଣ୍ଟାରେ,
ଆଖି ପିଛୁଡାକେ
ଚାଲିଯାଇପାରେ କିମ୍ୱା ଲାଗିରହିପାରେ
ଘୋଡ଼ାଟାପୁ ଶବ୍ଦପରି ପ୍ରତ୍ୟେକ ରାତିରେ
କାଳକାଳ ଯାହା ଶୁଭୁଥାଏ।।

ସେ ମୁହୂର୍ତ୍ତେ ସନ୍ତ୍ରାସର ଚିକିଟା ମାଟିରେ
ଗଢ଼ା ହୁଏ ମୂର୍ତ୍ତିଟିଏ, ତାକୁ
ଅନେକ ଅନ୍ଧାର ଦ୍ୱାରା
ରଙ୍ଗ କରାଯାଏ।
ସେ ମୂର୍ତ୍ତି ଦୁଆର ମୁହେଁ ଆଲୁଅ ପବନ
ରୁନ୍ଧିଦେଇ ବସି ରହିଥାଏ।

ସେ ମୁହୂର୍ତ୍ତେ ମଉଳନ୍ତି
ଫୁଲମାନେ, ଅନେକ ରାକ୍ଷସ
ରାସ୍ତାକୁ ଓହ୍ଲାଇ ଆସି
ହସୁଥାନ୍ତି କିଳିକିଳା ହସ,
ଅସଂଖ୍ୟ ବନ୍ଧୁକନଳୀ
ଏ ଆଡ଼କୁ ଖଞ୍ଜା, ଝଡ଼ିପଡ଼େ
ଝରକାରୁ କାଚ ଏବଂ
ମାଲଗାଡ଼ି ଡବାରେ କୁଆଡ଼େ
ପିଲାଦିନ ବୁହା ହୋଇଯାଏ,
ଚାହୁଁ ଚାହୁଁ ବାକୀ ଯାହା ରହିଲା ସେଥିରେ
ସେ ମୁହୂର୍ତ୍ତେ ଫିମ୍ପି ମାରିଯାଏ।

ଦେଉଳ ବେଢ଼ାରେ ବୁଲା
କୁକୁର, ନିଶୂନ୍
ଘରଙ୍କ କାନ୍ଥରେ ଦିନେ
ରହୁଥିବା ଲୋକଙ୍କ ତାଲିକା,
ଆଗ୍ନେୟଗିରିଙ୍କ ବାହୁଚ୍ଛାୟା ତଳେ ଏକ
ବାଲୁଚର ମୃତ ଉପତ୍ୟକା।

ଖୁବ୍ ଦୂରେ ଶୁଭେ ନାଆଁ
ଧରି ଡାକେ ଚିହ୍ନା ସ୍ୱରଟିଏ,
ସେ ମୁହୂର୍ତ୍ତେ ପାଟି ପଡ଼ିଯାଏ।
ତମ ବେଶଭୂଷା ପିନ୍ଧି ମୂର୍ତ୍ତିଟି ବାହାରି
ଚାଲିଯାଏ, ଦୁହେଁ ବର୍ତ୍ତମାନ
ହାତ ଧରାଧରି ହୋଇ ବୁଲୁଥିବେ,
ଆକାଶରେ ଜହ୍ନ ଥିବ, ମଳୟ ପବନ
ବୋହୁଥିବ, ଏହି ମୁହୂର୍ତ୍ତରେ
ସବୁ ବନ୍ଧୁକରେ କିଛି ହଲଚଲ, ଲାସ
ନେବା ଲାଗି ମାଲଗାଡ଼ି ଫେରେ।

ବେଳବୁଡ଼

ସୂର୍ଯ୍ୟ ବୁଡ଼ି ବୁଡ଼ି ଆସେ, ଖରା କରେ
ଗଛଙ୍କୁ ବିଭକ୍ତ,
ଭାଗେ ଆଲୋକିତ ଏବଂ ଅନ୍ୟ ଭାଗ
ଛାୟା ଆଚ୍ଛାଦିତ ।
ପାହାଡ଼ ହିଁ ଦିଶୁଅଛି ଉଜ୍ଜ୍ୱଳ ଯଦିଓ
ସୂର୍ଯ୍ୟର ଲଢ଼େଇ ହେବ ସେଠାରେ ସମାପ୍ତ ।
ପକ୍ଷୀମାନେ କାନ୍ଦୁଛନ୍ତି ପଶ୍ଚିମ ଆକାଶେ
ବୋଳା ହୋଇଥିବା ଲାଲ୍ କାନ୍ଦଟିଏ ଦେଖି ।
ଗଛଙ୍କର ଆଲୋକିତ ଅଂଶ ଆଉ ନାହିଁ
ଆକାଶଟା କିଟି କିଟି ଅନ୍ଧାର ଓ ପକ୍ଷୀ
ମାନେ ଚୁପ୍ । କିପରି ସମ୍ଭବ
ଏତିକି ଅନ୍ଧାର ଏବଂ ଏତେ ବେଶୀ ଭୟ ?
ହୁଏତ ଅନ୍ଧାର ଥିଲା ଆଜୀବନ, ହଜାର ହଜାର
ବର୍ଷ ତଳେ ହୋଇଥିଲା କେବେ ସୂର୍ଯ୍ୟୋଦୟ,
ସେତେବେଳେ ନାନା ବର୍ଣ୍ଣ ସ୍ୱପ୍ନ ଏକମାତ୍ର
ସମୟ ଥିଲା ଓ ଆଦ୍ୟ ଅନ୍ତ ସବୁଥିରେ
ଲିପିବଦ୍ଧ କରିବାର ଦୁଃସାହସ ଶବ୍ଦମାନଙ୍କର
ନଥିଲା । ଏବେ ଶୁଭେ କାନ ପାଖରେ
ରାତିର ନିର୍ଲିପ୍ତ ସ୍ୱର, ରାତି କହୁଛି ଯେ
ସୂର୍ଯ୍ୟ ଏକ ନୀରବତା, ପବନ କାନ୍ଥରେ
ଟଙ୍ଗା ହୋଇଥିବା ଘଣ୍ଟା ଚାଲିବାର ଟିକ୍ ଟିକ୍ ଧ୍ୱନି
ସୂର୍ଯ୍ୟ ହୋଇ ଦିଶୁଥିଲା ଆକାଶମାର୍ଗରେ ।

ଦୁଃଖର ନିର୍ମମ ମନ

ଆତଙ୍କରେ ସ୍ତବ୍ଧ ସ୍ୱର ।
ସମୟର କେଉଁ କୋଣେ କଳା କିଟି କିଟି
କୋଠରୀରେ ଭୟାର୍ତ୍ତ ଚିତ୍କାର ।
ବିନା ସୂର୍ଯ୍ୟ କିରଣରେ ବିନା ଆଲୁଅରେ
ଶୁଖି ଯାଉଥିବା ସ୍ୱର । ସେ ସବୁ ଶୁଖିଲା
ପତ୍ରଙ୍କ ଉପରେ ଗଲେ ଶବ୍ଦ ଶୁଭେ
ଧାଡ଼ି ଧାଡ଼ି ଟ୍ୟାଙ୍କ୍ ଚାଲିବାର,
ବିସ୍ଫୋରଣ ଶବ୍ଦ, କାହାକୁ ଖୋଜିଲା
ପରି ରଡ଼ି ଛୁଆମାନଙ୍କର ।
ବର୍ଷର ଏ କେଉଁମାସ ପଚାରି ବୁଝିବା
ଭୁଲିଥିବା ସ୍ୱର, ଗୋଟିଏ ମାଳରେ
କେତୋଟି ମସ୍ତକ ଥାଏ ନ ଗଣିବା ସ୍ୱର,
ଅପଦସ୍ଥ ସ୍ୱର, ଆଖି ଫୁଟି ଯାଇଥିବା
ସ୍ୱର ଚାହେଁ ଆକାଶକୁ ହଜାର ହଜାର
ପାହାଚ ଉପରେ ଜଳେ ନିଆଁ ଏକ ସୁନ୍ଦର ହସର ।
ସେ ନିଆଁ ଓହ୍ଲାଇ ଆସେ ପାହାଚରେ ଧୀରେ,
ଖୁବ୍ ଧୀରେ, ଯେଉଁପରି ନୂଆ ନଈଟିଏ
ବାଟ ଖୋଜେ ବନସ୍ତ ଭିତରେ ।
ଆଗ କେତେ ଧାଡ଼ି ଟ୍ୟାଙ୍କ୍ ପାଉଁଶ ହେଲେଣି;
ତଥାପି ଅନେକ ଟ୍ୟାଙ୍କ୍ କାରଖାନା ଭିତରେ, ସହର
ମଫସଲ କନ୍ଦି ବିକନ୍ଦିରେ

ଗଛିତ, ତଥାପି କୃଷକ
କାନ୍ଦୁଛନ୍ତି, ଛୁଆଙ୍କର ବୋବାଳି ତଥାପି
ଶୁଭୁଅଛି, ସେମାନଙ୍କ ସ୍ୱର
ଭୋକଟିଏ, ତାର ଦେହ ନାହିଁ,
ଅଥଚ ସେ ଖୁବ୍ ବଡ଼, ଅତ୍ୟନ୍ତ ନିଷ୍ଠୁର,
ଯେଉଁପରି ସ୍ମୃତି । ସ୍ମୃତି ପରି ଥାଏ ଅପେକ୍ଷାରେ,
ସମୟ କାଟୁଛି ଗଢ଼ି ନାନା ସ୍ୱପ୍ନ । କ୍ଷମା, କରୁଣାର
ସତ୍ତା ନାହିଁ କୌଣସି ସ୍ୱପ୍ନରେ ।

ସମ୍ବନ୍ଧ

୧

ସେ ହସ ତା' ପୂର୍ବ ଜନ୍ମେ ମୁଣ୍ଡ ଧୋଇସାରି
ବାଳ ଶୁଖାଇବା,
କାନ୍ଦି ସାରି
ଲୁହ ଶୁଖାଇବା
ମୁଁ ଦେଖିଛି। ଦିନେ କଣ ହେଲା,
ଓଦା ବାଳ ଓଦା ରହିଗଲା,
ସେ ଏତେ ଓଜନ ହେଲା ବେକ ଲଇଁଗଲା,
ବେକ ଲଇଁଗଲା ବେଳେ ଚୋଟ ମରାହେଲା।
ଦିନେ କଣ ହେଲା ନା ଯେ ଶୁଖିବା ଆଗରୁ
ଲୁହ ବୋହିଗଲା। ଲୁହ ଯେଉଁଠି ପଡ଼ିଲା
ସେ ଜାଗାରେ ବହୁ ପୂର୍ବକାଳେ
ପଥରରେ ରଥ ଆଉ ଚକ ହେଉଥିଲା।
ସେ ଜାଗାରେ, ବସନ୍ତ ଋତୁରେ
ମୋର କେହି ସାଥୀ ନାହିଁ, ଝାଉଁବଣ,
ନଡ଼ିଆ ତୋଟାରେ
ପଦ୍ମ ଫୁଲଟିଏ ଫୁଟି
ବାଟୋଇଙ୍କ ମନ ମୁଗ୍ଧ କରେ।

୨

ସେ ଦିନଠୁଁ ବନ୍ଦ ହେଲା ପ୍ରାର୍ଥନା, ତାପରେ
ଘଣ୍ଟ ବାଜିଲାନି ମନ ଭିତରେ କି ଆକ୍ଷି
ଉଜ୍ଜ୍ୱଳ ହେଲାନି ଘିଅଦୀପ ଆଲୁଅରେ।
ମେଘ ଏବଂ ସମୁଦ୍ରଙ୍କ ଅଧୀଶ୍ୱରଙ୍କଠୁଁ
ମଗାମଗି ବନ୍ଦ ହେଲା ସେଦିନ ଉତ୍ତାରେ।

ସେ ଦିନଠୁଁ ମେଘ ଖାଲି ଜଳୀୟବାଷ୍ପ ଓ
ସମୁଦ୍ର କେବଳ ଅଟେ କିଛି ଲୁଣିପାଣି,
ତାରାମାନେ ଆକାଶରେ ଉଜ୍ଜ୍ୱଳ ପଦାର୍ଥ,
ରାସ୍ତା ସାରା ହତ୍ୟାକାରୀମାନଙ୍କ ଛାଉଣି।

ଭାଷା ମିଛ କଥାଙ୍କର ସଙ୍ଗୀନ୍, ସମୟ
କିଛି ନୁହେଁ- ମୋର ଏବଂ ଭଗବାନଙ୍କର
ମିଛ ସମ୍ପର୍କର ଷଡ଼ଋତୁ ଅନୁଯାୟୀ
ଛଅଟି ଅଧ୍ୟାୟ ଏକ ଅଲେଖା ବହିର।

୩

ତା' ପରେ ଆତଙ୍କ କେତେ !
ଚନ୍ଦ୍ରକିରଣ ବା
ତାରାଙ୍କ ସୌନ୍ଦର୍ଯ୍ୟ କଥା କାହା ମନେ ନାହିଁ,
ସବୁ ସ୍ୱପ୍ନ ବର୍ତ୍ତମାନ କୁତ୍ସିତ କାହାଣୀ
ହସ ହସ ମୁହଁଙ୍କର ଆଲୁଅ କିଏସେ
ବେଳ ଉଣ୍ଡି ଦେଇଛି ଲିଭାଇ।
ନର୍କର ସମୟ କେଡ଼େ ଲମ୍ବା, କଣ
ଶେଷ ନାହିଁ ତାର ?
ଶେଷ ନାହିଁ ମମତାର ନିଷିଦ୍ଧ ଶବ୍ଦରେ
ପରିପୂର୍ଣ୍ଣ ଆତ୍ମ ଚରିତର ?

ମୁଁ ଚିତ୍କାର କରେ, ମୋର
ଭାଗ୍ୟକୁ ଧିକ୍କାରେ,
ଧିକ୍କାରେ ସେ ଆଲୋକକୁ ଯାହା ଦେଖିଥିଲି
କାହିଁ କେଉଁ ପୂର୍ବ ଜୀବନରେ,
ତଥାପି ସେ ମନେପଡ଼େ ଏ ଜନ୍ମରେ,
ସ୍ମୃତି ଲାଗେ ତାର
ଆଶା ଏବଂ ଇତିହାସ ମୋର ନୁହେଁ
ଅନ୍ୟ ବହୁ ଲୋକମାନଙ୍କର ।

ସେ ସ୍ମୃତିରୁ ପଚା ମାଂସ ଗନ୍ଧ ଆସେ ଆଉ
ବାସ୍ନା ଆସେ ଅଗରବତୀର
ଯାହା ଜାଳେ ଠାକୁରାଣୀ ଦେଉଳରେ ଛୋଟ
ଝିଅଟିଏ, ଓଦାବାଳ ତାର ।

ଓଦାମେଘ ଓହ୍ଲାଉଛି
ବହୁବର୍ଷ ପରେ
ଶୁଖିଲା ଭୂଇଁରେ, ପୁଣି ମୃତ୍ୟୁ ପାଖାପାଖି ମୋର
ଜୀବନର ଶେଷ ନିଃଶ୍ୱାସରେ ।

ରାତିଟିଏ

ବହୁକାଳୁଁ ବନ୍ଦ ମୋ କବାଟ
ଧଡ଼୍ ଧାଡ଼୍ ଖୋଲି ହୋଇଗଲା ।
କେଉଁ ଏକ ବିକଟାଳ ଜନ୍ତୁ ପରି ଯାର
ଦେହରେ ପ୍ରଖର ତାତି ଅଶାନ୍ତ ଜରର
ଅଥଚ ଆଖିରେ ଏକ ହଜିଲା ହଜିଲା
ଚାହିଁବାର ଭଙ୍ଗୀ ସନ୍ୟାସୀର
ଘର ଭିତରକୁ ହିଂସ୍ର ସଙ୍ଗୀତ ପଶିଲା ।
ସେଥିରେ କାତର ଆର୍ତ୍ତନାଦ ଥିଲା ଏବଂ
ପୈଶାଚିକ ହୁଙ୍କାର ବି ଥିଲା ।
ଭୁଲି ହୋଇ ଯାଇଥିବା ବର୍ଷଙ୍କର ଗହ୍ୱର ଭିତରୁ
ସେ ମତେ ଉଠାଇ ନିଏ ଘୋର ଅନ୍ଧାରରେ
ମୋ ଆତ୍ମାର ନିଦ ଭାଙ୍ଗି ଦିଏ କହି କେତେ
ଅନ୍ତରଙ୍ଗ କଥା ତାର ଚପାଚପା ସ୍ୱରେ ।
ମୋ ଉପରେ ଲଦି ହୁଏ, ହାଡ଼ ଭାଙ୍ଗି ଚୂନା ହେଲାବେଳେ
ମୋ ଚିତ୍କାର ଶୁଣି ତାର ମୁହଁରେ ଉକୁଟେ
ହସଟିଏ । କି ସୁନ୍ଦର ମୁହଁ !
ପାଦତଳେ ଗଦାଗଦା ଦୁଃଖ ଦେଖି ଅତିଷ୍ଠ ଦେବୀଙ୍କ
ମୁହଁ, ଦୁଇଗାଲେ ଦୁଇଧାର ଲୁହ ।
କମ୍ପୁଛି ପଥର ହାତ, ସେ ହାତ ଉଠୁଛି
ଧୀରେ ଧୀରେ ଉପରକୁ ! ପଥରର ଓଠ ଥରି ଥରି
ମେଲା ହୁଏ । ସ୍ପର୍ଶ ଲାଗି, ଉଚ୍ଚାରଣ ଲାଗି

ମୁଁ ଅପେକ୍ଷା କରି ରହିଅଛି।
ବର୍ଷ ପରେ ବର୍ଷ ବିତେ, ଅବଶେଷେ ଉଠି ମୁଁ କବାଟ
କିଳି ଦେଲି, ଦୁଃଖ କିନ୍ତୁ ରହିଲା ମନରେ।
କିଛି ଭାଙ୍ଗି ଯାଉଅଛି, ବାହାରର କିଟିକିଟି ଅନ୍ଧାର ଭିତରେ।
ପ୍ରତ୍ୟେକ ଟୁକୁଡ଼ା ହଜେ ଦେହଟିଏ ଖୋଜି ଖୋଜି
ବ୍ୟର୍ଥ ମନୋରଥ
ଉତ୍କଣ୍ଠାର ତୀବ୍ର ଆତଙ୍କରେ।

ପ୍ରାଣସଙ୍ଗିନୀ

ଏ ନର୍କରେ
ଫୁଲଙ୍କୁ ଭୀଷଣ ଜର। ସେ ଏକ ରକମ
ଭଲକଥା। ଯଦି ଫୁଲଙ୍କର
ପାଖୁଡ଼ାରେ ଲାଗିଥାନ୍ତା ଟୋପା ଟୋପା କାକର ତାହେଲେ
ବିସ୍ଫୋରଣ ହୋଇଥାନ୍ତା ସ୍ୱର୍ଗୀୟ ସୁଖର,
ମୋ ହୃଦୟେ ଭେଦିଥାନ୍ତା ବିଷାକ୍ତ ତୁକୁଡ଼ା,
ତମ ମୁହଁ ହୋଇଯାଇଥାନ୍ତା କଦାକାର,
ଗର୍ଭସ୍ଥିତ ଛୁଆଙ୍କର ଶୁଣିବା କି କହିବା କ୍ଷମତା
ନଷ୍ଟ ହୋଇଯାଇଥାନ୍ତା। ବର୍ତ୍ତମାନ ତମେ
ମତେ ବୁଝିପାର ଏବଂ ମୁଁ ବୁଝେ ତମକୁ
ଯଦିଓ ଆମର କଥାବାର୍ତ୍ତା ନାହିଁ ଅନେକ ଦିନରୁ।
ସବୁ ଶବ୍ଦ ସଂଗ୍ରହ କରି ଆମରି ବାକ୍ୟରୁ
କାଳେ ଆମେ ସ୍ୱପ୍ନ, ଆଲିଙ୍ଗନ ବେଳେ ନୀରବତା
ବର୍ଣ୍ଣନା କରିବ ଦିନେ ବୈକୁଣ୍ଠ ସୀମାରୁ।

ଏଠି ଫୁଲ ନ ମଉଳି
କାଳ କାଳ ଫୁଟି ରହିଥିବେ,
କାଳ କାଳ ମରୁଭୂମି ମଧ୍ୟେ ରହୁଥିବା
ସିଂହୀର ଧୂସର ସ୍ୱପ୍ନେ ଦେଖାଦେଉଥିବେ,
ଫୁଲଙ୍କ ପାଖୁଡ଼ା ତେଣୁ ଉତ୍ତପ୍ତ ଯେପରି
ସିଂହୀର ସନ୍ତାପ କମ୍ପା ତାର ଦୀର୍ଘଶ୍ୱାସ,

ସୁତରାଂ ତମର ଓ ମୋର ସମ୍ପର୍କର
ମୂଳଭିତ୍ତି ଏକ ଇତିହାସ ।

ଅନେକ ସମୟେ ସ୍ମୃତି
ମୂଳଭିତ୍ତି ଅଟେ ସମ୍ପର୍କର,
ବେଳେବେଳେ କିନ୍ତୁ କିଛି ମନେ ନ ରହିବା
ତାହାଠାରୁ ଅଟେ ଶ୍ରେୟସ୍କର ।
ବେଳେବେଳେ ମଧ୍ୟାହ୍ନର ସୂର୍ଯ୍ୟ ବୁଡ଼ିଯିବା
ଭଲ କଥା, ଭଲ କଥା ଯଦି ସେନାପତି
ରକ୍ତସାରା ବୁଲୁଥିବା ମୁମୂର୍ଷୁ ସୈନ୍ୟଙ୍କୁ
ଯୁଦ୍ଧଶେଷ ହେଲା ବୋଲି ଘୋଷଣା କରନ୍ତି ।
ଚନ୍ଦ୍ରଟିଏ ଉଇଁଥିବ, ମୋ କ୍ଷତବିକ୍ଷତ
ଅଭିଳାଷମାନେ ମଲା ଶବଙ୍କୁ ଘୋଷାରି
ନେଇଯିବେ ତମ କାନପାଖୁ,
ତା ଉତ୍ତାରେ କଣ ? ଜରା, ବ୍ୟାଧି, ମୃତ୍ୟୁ ଓ ବିସ୍ମୃତି
ଗ୍ରାସିଥିବେ ମତେ ଓ ତମକୁ ।

ହଠାତ୍ ତମେ ସେ ମୁହୂର୍ତ୍ତେ
ସିଂହୀ ପରି ଲାଗ ଓ ତମର
ନିଃଶ୍ୱାସରେ ପୋଡ଼ିଯାଏ ମୋ ଚମଡ଼ା
ତମେ ଯେବେ ଆଲିଙ୍ଗନ କର,
ମୋ ରକ୍ତର ବିଷ ମିଶେ
ତମ ରକ୍ତେ ବିଷର ସହିତ,
ଏ ନଗ୍ନ ସଂଗମ ଦେଖି
ଦେବଗଣେ ପଳାୟନରତ
ତମକୁ ଓ ମତେ ଛାଡ଼ି ଏ ନର୍କରେ
ଯେଉଁଠି ତମର
ଅବସନ୍ନ ଶରୀରରେ ଲୋଟିଯାଏ
ମୋ କ୍ଲାନ୍ତ ଶରୀର,

ସ୍ୱର୍ଗର ତାତିଲା ବାୟୁମଣ୍ଡଳ ଭିତରେ
ନିରୁଦ୍ଦିଷ୍ଟ ହୋଇଯାଏ କୋଳାହଳ
ଅସହିଷ୍ଣୁ ଲୋକମାନଙ୍କର।

ଏ ଏକରକମ ଭଲ। ମୃତ୍ୟୁର ଛାଇରେ
ତମର ପାଣ୍ଡୁର ମୁହଁ ମତେ ଚାହିଁ ହସେ ଓ ମୁଁ ଜାଣେ
ତମେ ସିଂହୀ, ପ୍ରଣୟିନୀ, ପତ୍ନୀ, ମୋ ଅନ୍ତିମ
ମୁହୂର୍ତ୍ତେ ସଙ୍ଗିନୀ, ତମେ ମୋର ଗୋଟାପଣେ।
ତମେ ଏକ କାଳାତୀତ ଅନ୍ତରଙ୍ଗତା, ମୁଁ
ବର୍ଣ୍ଣନା କରିବି ତାକୁ କିପରି ଭାଷାରେ ?
ମୁଁ ଜାଣେ ସେ ଫୁଲପରି ତମେ ଜଳ, ତମର ଓଠରେ,
ଜଙ୍ଘରେ ଓ ସମଗ୍ର ଦେହରେ
ନିଆଁ ଜଳେ। ତମେ କିଛି କହ ବା ନ କହ
ମୁଁ ତମକୁ ପୁରା ବୁଝିପାରେ।

ଅବ୍ୟାହତି

ଧାଡ଼ିଏ କଙ୍କାଳ ବସି
ଅପୂର୍ବ ମଞ୍ଚରେ
ଦର୍ଶକଙ୍କୁ ମୋହୁଛନ୍ତି
ସୁମଧୁର ବାଦ୍ୟ ସଙ୍ଗୀତରେ।
ପର୍ଦ୍ଦା ଉଠିବାକୁ ଚାହିଁ
ବସିଛନ୍ତି ଅସଂଖ୍ୟ ଦର୍ଶକ,
ମୁଁ ଏବେ ମଞ୍ଚକୁ ଆସି
ନାଚିକୁଦି କେଉଁ ଗଜମୂର୍ଖ
ନାଟ୍ୟକାର ଲେଖିଥିବା ବାକ୍ୟସବୁ କହିବା ଉଚିତ
ନଚେତ୍ ଏ ନାଟ୍ୟସଂସ୍ଥା
ହରାଇବ ଇଜ୍ଜତ ମହତ।

ପର୍ଦ୍ଦା ଉଠିବାକୁ ବାକୀ
ଅଛି କିଛି ବେଳ, ଏ ବେଳରେ
କିଏ ଜାଣେ କେତେକଥା
ଅଚାନକ ଘଟିଯାଇପାରେ,
ପ୍ରତ୍ୟେକ ଦର୍ଶକ ମରି
ଯିବା ନୁହେଁ ଅସମ୍ଭବ, ଏହି
ପ୍ରେୟାଳୟେ ବ୍ରଜ ପଡ଼ି
ଆସ୍ ବାବ୍ ପାରେ ପୋଡ଼ିଯାଇ।

ସରକାରୀ ଆଦେଶରେ
      ମାସେ କାଳ ସିନେମା ନାଟକ
ବନ୍ଦ ହୋଇ ଯାଇପାରେ ।
      ଯଦି ସେହିପରି କିଛି ଆକସ୍ମିକ
ଘଟଣା ଘଟିବ ତେବେ
      ମୁଁ ନିଜର ଇଚ୍ଛା ମୁତାବକ
ବିତାଇବି ଏ ରାତିର
      ଅବଶିଷ୍ଟ ସମୟ ଯେତେକ ।

ଭିନ୍ନ ସ୍ୱର୍ଗ

୧

ମୋ ନାଆଁ ଡକାଯିବା ମୁଁ ଅବଶ୍ୟ ଶୁଣିଛି, ପାହାଡ଼
ସେ ପାଖରୁ ବେଳେବେଳେ ଶୁଭେ ମତେ କିଏ ସେ ଡାକିଛି;
ବେଳେବେଳେ ରାତିଅଧେ ଅସଂଖ୍ୟ କୁକୁର
ଭୁକି ଭୁକି ରହିଗଲା ମୁହୂର୍ତ୍ତରେ, ଡେଙ୍ଗା ଝାଉଁଗଛ
ଡାଳଙ୍କ ସନ୍ଧିରେ ତାରାଟିଏ ଦପ୍ ଦପ୍
କରୁଥିବା ମୁହୂର୍ତ୍ତରେ ଜଣାଯାଏ କିଏ ବାରମ୍ବାର
ମତେ ଡାକେ। ସେ ସମୟେ ଖୁବ୍ ଡର ମାଡ଼େ।
ମୁଁ ଆଲୁଅ ଜାଳିଦିଏ, କାନରେ ଆଙ୍ଗୁଠି
ଦେଇ ମୁହଁ ମାଡ଼ି ଶୋଇପଡ଼େ।
ମୋ ବୟସ ଖସିଲାଣି, ଅବଶିଷ୍ଟ ଦିନ କେତେଟାରେ
ଏତେ ବାଟ ଫେରିକରି ଯିବା ଅସମ୍ଭବ।
ବାଟରେ କେଉଁଠି ପଡ଼ି ମରିବାରେ ମାନେ କଣ ? ଯଦି
ମୂଳରୁ ନ ଆସିଥାନ୍ତି, ମୋ ନାଆଁ ଡାକିବା ସ୍ୱରରେ
ଯଦି ମିଶି ରହିଥାନ୍ତି ତା ହେଲେ ତ ଡାକ ନ ସରୁଣୁ
ଉତ୍ତର ଶୁଭନ୍ତା, ସ୍ୱପ୍ନରେ ବା ଜହ୍ନପକ୍ଷେ ଗଛର ଛାଇରେ
ଡାକରା ଆସିବା ମାତ୍ରେ ମୁଁ ଦରାଣ୍ଡି ବସନ୍ତିନି ମୋର
ଏଣେ ତେଣେ ପଡ଼ିଥିବା ଅସ୍ତିତ୍ୱକୁ ବିବ୍ରତ ଭାବରେ।

କାହିଁକି ଅଜଣା କେଉଁ ମୂଳକର ପ୍ରଲୋଭନ ଦ୍ୱାରା
ଡହଳ ବିକଳ ହୁଏ ଏ ଜୀବନ? ମୁଁ ଲହୁଲୁହାଣ
ହୋଇ ପଡ଼ିଥିଲା ବେଳେ କାହା ହାତ ମତେ
ଟେକି ଦେଇଥିଲା? ଶୀତଦିନ ସାରା
କାକର ପବନ ସାଇଁ ସାଇଁ ପିଟୁଥିଲା
ଧୂଳି ଭର୍ତ୍ତି, ଖାଲି ଏଇ ଦେହ ପାଖେ ଥିଲା।
ଆମେ ଦୁହେଁ ମିଶିକରି ସଫାକଲୁଁ ଅରମା, ତୋଳିଲୁଁ
ଘରଟିଏ, ଢୁ ଢୁ ବର୍ଷା ରାତିଯାକ
କଚାଡ଼ିଲା ବେଳେ ଆମେ ମିଶିକରି କାନ୍ଦିଲୁଁ, ସକାଳେ
ମିଶିକରି ଶେଯ ଦେହ ଲୁହ ଶୁଖାଇଲୁଁ,
ସେତେବେଳେ କିଏ ମତେ ଡାକିଥିଲା? ମୁଁ ଦେହ ସହିତ
ବେଶୀ ବେଶୀ ମିଶିଗଲି, ଶେଷରେ ମୁଁ ନିଜେ
ମୋ ଦେହରେ ହେଲି ପରିଣତ।
ତାରାଙ୍କୁ ଚାହିଁଲା ବେଳେ ଆବିଷ୍କାର କଲି
ମୁଁ ଚାହିଁଚି ମୋ ଦେହର ଆଖିରେ, ତାପରେ
ମୁଁ କାନ୍ଦିଲେ ମୋ ଦେହର ଚମ ଓଦା ହୁଏ ମୁଁ ଦେଖିଲି।

ମୁଁ ଆଉ ଦେଖିବି ନାହିଁ
ଚକ୍‌ଚକ୍ କରୁଥିବା ତାରାଙ୍କୁ, ସୂର୍ଯ୍ୟାସ୍ତ ବେଳରେ
ଲାଲ୍ ଆକାଶକୁ। କଳାକଳା ମେଘ
ଆକାଶରୁ ଝୁଲୁଥିବେ ଶ୍ରାବଣ ମାସରେ।
ଜହ୍ନପକ୍ଷ ରାତିହେବ, ଗଛମାନେ ଦାଉଦାଉ ଦିଶିବେ ଅଥଚ
ଅନେକ ଅନ୍ଧାର ଥିବ ପତ୍ର ଉହାଡ଼ରେ।
ସେଠି କଣ ଘଟୁଥିବ କିଏ ଜାଣେ, ମୁଁ ଏ ସବୁ କିଛି
ଦେଖିବିନି, ଶୁଣିବିନି ସେ ସ୍ୱର ଯାହା ମୋ
ନାଆଁ ଧରି ଡାକିନାହିଁ ଦିନେ ହେଲେ ଅଥଚ ଡାକିଚି
ବାରମ୍ବାର ହସରେ ବା ଦୀର୍ଘନିଃଶ୍ୱାସରେ।

୨
ଏ ମନ୍ଦ କପାଳ ନେଇ
ଆମ୍ଭା କଣ ବଡ଼ାଇ କରିବ ?
ମୁହଁଟିଏ ନଥିଲେ ସେ
କିପରି ହସିବ ?
ତସ୍କର ପାଖରେ କଣ
କୃତ୍ୟକୃତ୍ୟ ହେବ ?

ମୁଁ ବସିଛି, ମୋ ମନରେ ଶାନ୍ତି ନଥିଲେ ବି
ଭୟ ନାହିଁ, ବସିଛି ଯେହେତୁ
ବସିବାକୁ ହେବ ଏବଂ ପ୍ରତ୍ୟେକ ରାତିରେ
ଯେଉଁ ସ୍ୱପ୍ନ ଦିଶେ ତାର ନାୟକର ଆସିବା ବାଟକୁ
ଚାହିଁବାକୁ ହେବ ମୋର ଆୟୁଷର ପ୍ରତି ମୁହୂର୍ତ୍ତରେ।
ଆକାଶ କିପରି ଦିଶେ ସେ ଆସିବା ବେଳେ,
ଚାଲି ଚାଲି ଆସେ କି ସେ ଆସେ କେଉଁ ଯାନବାହାନରେ
ଜାଣିବାକୁ ଚାହେଁ ନାହିଁ, ସେ କଣ କହିବ
ଶୁଣିବାକୁ ଚାହେଁ ନାହିଁ, ସବୁ ବକ୍ତବ୍ୟର
ସାରାଂଶ ଏହା ଯେ ମତେ ତା ସାଙ୍ଗରେ ଯିବାକୁ ପଡ଼ିବ।

ମୁଁ ଯାଆନ୍ତି ତା ସାଙ୍ଗରେ, ମୁଁ ଚାହେଁନି ବିଚାରା ନାୟକ
ଝାଳନାଳ ହୋଇ ଧାଉଁ ମୋ ପଛରେ, କିନ୍ତୁ ମତେ ଲାଗେ
ମୋ ହାତରେ ଆଉ ନାହିଁ ମୋ ଯିବା ନଯିବା।
ମୁଁ ନାହିଁ ସେ ସମୟରେ ଯାହା ଟିପି ରଖେ
ଫୁଲ ମଉଳିବା ଏବଂ ଜହ୍ନ ବୁଡ଼ିଯିବା।
ପକ୍ଷୀଙ୍କ କାକଳି ମୋର ମନେ ପଡ଼େ, ପୋଡ଼ା ସରିଥିବା
ଓଠର ନିଆଁରେ ମୋର ଓଠ ତାତିଯାଏ,
ମନେ ପଡ଼ିବାର ପ୍ରତି ପାହୁଣ୍ଡ ଉତ୍ତାରେ
ନୂଆ ନୂଆ ବ୍ରହ୍ମାଣ୍ଡ ମୋ ଆଗେ ଦେଖାଯାଏ।
କେତେ ସ୍ତବ୍ଧ ସ୍ୱରଙ୍କର ନିଦ ଭାଙ୍ଗେ, ଫୁଲଙ୍କ ଶୁଖିଲା

ପାଖୁଡ଼ାରେ ସେହି ରଙ୍ଗ, ସେହି ଦୋଳିଖେଳ ।
ମୁଁ କେବଳ ସ୍ନେହଟିଏ, ବ୍ୟାପିଅଛି ଦିଗ୍‌ବଳୟ ଡେଇଁ ।
ମୁଁ ବ୍ରହ୍ମାଣ୍ଡ ଭିତରେ କି ମୋ ଭିତରେ ବ୍ରହ୍ମାଣ୍ଡ ସେକଥା
ମୁଁ ଜମାରୁ ବୁଝିପାରୁନାହିଁ ।

ଚତୁର୍ଦ୍ଦିଗେ ଭିନ୍ନ ସମୟରେ

ଯାଅ ଯାଅ ମୋ ଆଖିର ଲୁହ ସବୁ ଯାଅ
ମୋ ମନର ଦୁଃଖମାନେ ଚାଲିଯାଅ। ଯାଅ
ସଞ୍ଜବେଳେ, ଚଢ଼େଇଙ୍କ ରକ୍ତରେ ତମର
ଆକାଶ ଦିଶୁଛି ଲାଲ୍। ଚାଲିଯାଅ ରାତି,
ଅନେକ ଅପୂର୍ଣ୍ଣ ଇଚ୍ଛା ତମ ଅନ୍ଧକାର
ଉହାଡ଼ରେ ଲୁଚିଛନ୍ତି। ମୁଁ ଯଦି ଭାବିବି
ତମକୁ ତାହେଲେ କେଉଁ ପୁରୁଣା ଦିନର
ପବନରେ ଶୁଣାଯିବ ଫେରିବା ଆଦେଶ।

ଶୁଣି ସେହି ଲୋଡ଼ିବା ଓ ଲୋଡ଼ି ନ ପାଇବା
ସମୟରେ ଲୁଚି ଲୁଚି ଆସିବ ନୈରାଶ୍ୟ।
ପୁଣି ସେହି ରକ୍ତସ୍ନାନ ଧସାଧସି, ପୁଣି
ଖାଁ ଖାଁ ବଖରାରେ ଯୋଜନ ଯୋଜନ
ଅପନ୍ତରା, ଅପନ୍ତରା ପରି
ଧୂ ଧୂ ଜଳୁଥିବ ମନ।

ଏ ସବୁ ଘଟିବ ବୋଲି ମୁଁ ଜାଣିଚି, ଆଖି
ଚାହିଁଥିବ ନଈପରି ଶୀତଳ ଦେହରେ
ପ୍ରତ୍ୟାଗମନକୁ, କାନଡେରି ହୋଇ ଯାଇଥିବ
ଶୁଣିବାକୁ ଚୁପ୍ ଚୁପ୍ କଥା କେତେ ପଦ
ଅନ୍ଧାରରେ, ପ୍ରତି ଲୋମକୂପେ

ପ୍ରତି ମୁହୂର୍ତ୍ତରେ ଭୂମିକମ୍ପ ହେଉଥିବ।
ହାତ ଥରେ, ଛାତିର ଅଳନ୍ଧୁ
ସଫା କରି ହୁଏ ନାହିଁ, ଦର୍ପଣରେ ନିଜ ଚେହେରାର
ଉଜ୍ଜ୍ୱଳତା ଦେଖି କରି ଲାଗେ ଆଖି ଫୁଟିଗଲା ପରି।
ଏକମାତ୍ର ଉପତ୍ୟକା, ତାର କନ୍ଦି ବିକନ୍ଦି ଭିତରେ
ପୁରୁଷାର୍ଥ ରହେ ଲୁଚି କରି।

ତଥାପି ବି ବେଳେବେଳେ, ଚାରିଆଡ଼ ଶୁନ୍‌ଶାନ୍ ବେଳେ
ପବନରେ ଶୁଣାଯାଏ କାହାର ଆଦେଶ,
ରଖିଥିବ ସବୁ ଲୁହ, ଯନ୍ତ୍ରଣା, ରାତିରେ
ଦହଗଞ୍ଜ କରୁଥିବା ସ୍ୱପ୍ନ ରଖିଥିବ,
ଆମେ ଦୁହେଁ ଭେଟାଭେଟି ହେବା ମୁହୂର୍ତ୍ତରେ
ତମେ କଣ ଖାଲିହାତ ହୋଇ ପହଞ୍ଚିବ ?
ତମେ କଣ ଆସିବକି ଶବଟିଏ ହୋଇ ?
ସେ ମୁହୂର୍ତ୍ତେ ମୁଁ ଜଳିବି ଦିଗ୍‌ବିଦିଗରେ
ଶୁଖିଲା ଜିନିଷ ସବୁ ପୋଡୁଥିବା ନିଆଁଟିଏ ହୋଇ,
ବ୍ୟାପିଯିବି ନିଜ ପ୍ରତି ନିଜର ପ୍ରେମରେ
ବାଲୁଚର ପୃଥିବୀରେ। ଅସ୍ଥିମଜ୍ଜା ଜାଳିବି ଯଦି ସେ
ଦେହ ଦୁଲୁକେନି ଯେବେ ମନେ ପଡ଼ିବାର
ଓଦା ଓଦା ହାୱାଟିଏ ଆସେ।

ସତରେ ସେପରି ସ୍ୱର ଶୁଭିଥିଲା, ନା ମତେ କେବଳ
ଲାଗୁଥିଲା ଶୁଭିଥିବା ପରି
ବେଳେବେଳେ ରାତିଅଧେ ବୋହୁଥିବା ବତାସରେ କାହା
କଣ୍ଠସ୍ୱର ଶୁଭେ ଯେଉଁପରି ?
କିନ୍ତୁ ମୋର ହାଡ଼ମାଂସ ଦୁଲୁକୁଛି ବହୁତ ଦୂରରେ
ଶୁଭୁଥିବା ପାଦଶବ୍ଦେ, କାହିଁ କେଉଁଠାରୁ
ଆଲୁଅ ହଠାତ୍ ଆସି ଚାଲିଯାଏ ସମୁଦ୍ର ଉପରେ।

ଅନ୍ଧାରରେ ଲୁଚିଥିବା ଢେଉ ସବୁ ଝଲସନ୍ତି, ମୋର
ସାରା ଜୀବନର ଦୁଃଖ ସରିଯାଏ ସେହି ମୁହୂର୍ତ୍ତରେ।
ଶୁଖିଲା ଡାଳର ଅଗେ କଅଁଳନ୍ତି ଛନ୍ ଛନ୍ ଦୁଇ
ପତ୍ର, ପତ୍ରଙ୍କ ଭିତରେ
କଢ଼ିଟିଏ ଦେଖାଦିଏ, ଆଖି ପିଛୁଳାକେ
ମୋ ଦେହାନ୍ତ ହୋଇଯାଏ ଅଜସ୍ର ସୁଖରେ।

ଏହା ହିଁ ଜୀବନ ମୋର, ବେଳେ ବେଳେ ଆଦିମ ପ୍ରେମର
ନିଃଶ୍ୱାସ ପ୍ରଶ୍ୱାସ ପରି ଶୁଭୁଥିବା ଆଦେଶ ଶୁଣିବା,
ବେଳେ ବେଳେ ଫୁଲଟିଏ ମଉଳିଲେ ଦେହଟିଏ ଅନ୍ତର୍ହିତ ହେଲେ
ସେ ଚିନ୍ତାରେ ଭୂଲୁଣ୍ଠିତ ହେବା।
ଏହା ହିଁ ଜୀବନ ମୋର, ନିଜ ପ୍ରତି ଶତ୍ରୁତା ନିଜର
ଅଜସ୍ର, ଅଜସ୍ର ବି ପ୍ରେମ ନିଜ ପ୍ରତି।
ମୁଁ ଅସଂଖ୍ୟ ରୂପ ନିଏ ବୃକ୍ଷଲତା ପଶୁପକ୍ଷୀ ହୁଏ
ମୁଁ ସମୁଦ୍ର ମୁଁ ଦିନ ମୁଁ ରାତି।
ପ୍ରତି ରୂପ ତା ନିଜର ମୃତ୍ୟୁର ଆଲୋକେ
ଲିଭିଯାଏ, ମୁଁ ହିଁ ରହିଯାଏ।
ମୋ ନିଜ ମୁର୍ଦ୍ଦାର ବୋହି ଯୁଗୁଁ ଯୁଗାନ୍ତର
ଜନ୍ମୁ ଜନ୍ମାନ୍ତର ବୁଲେ। କିନ୍ତୁ ବେଳେବେଳେ
ମୁଁ ମୁର୍ଦ୍ଦାର ଜୀଇଁଉଠେ ଓ ବାହୁନେ, ଯେତେବେଳେ ତା'ର
ଆଖିରୁ ମୁଁ ଲୁହ ପୋଛେ ଓ ସାନ୍ତ୍ୱନା ଦିଏ।
ଦେଲାବେଳେ ମତେ ଲାଗେ ମୋର ସ୍ୱର ଯେପରି ସେ ସ୍ୱର
ଯାହା ଡାକେ ସମୟର ସେ ପାଖରୁ, ଯାହା ପୁଣି ଦିଏ
ଉତ୍ତର ପୋଖରୀକୂଳ ଅନ୍ଧାର ଭିତରୁ।
ବିଦାୟ ସଙ୍ଗୀତ ଶୁଭେ ଫୁଟିବା ମାତ୍ରକେ
କଇଁଫୁଲମାନଙ୍କ କଣ୍ଠରୁ।

ପ୍ରହରୀ

ଆମେ ଦୁହେଁ ପାଖାପାଖି ହୋଇଥିଲୁଁ
ତିନିଶହ ବର୍ଷ ପରେ, ପୁଣି
ତିନିଶହ ବର୍ଷ ପରେ ଆମେ ଦୁହେଁ ପାଖାପାଖି ହେବା
ବର୍ଷମାନଙ୍କର ଧୂଳି ଇତ୍ୟବସରରେ
ମୋ ଆତ୍ମାରେ ଜମିଥିବ, ନିରିଦ୍ଦିଷ୍ଟ ହୋଇଯିବି
କୃତ୍ରିମ ଶବ୍ଦଙ୍କ ଅଗ୍ନାଅଗ୍ନି ବନସ୍ତରେ।
ଚିତ୍କାର କରିବି ନାହିଁ, ବଣ୍ୟ ଜନ୍ତୁମାନେ
କାଳେ ମୋ ଚିତ୍କାର ଶୁଣି ପହଞ୍ଚିବେ ମୁଁ ଥିବା ଜାଗାରେ।
ବୁଦା ଉହାଡ଼ରେ ଲୁଚି ଦେଖୁଥିବି ବିଦୂଷକମାନେ
ଲୋକଙ୍କୁ ପକାନ୍ତି ଛେପ, ଲୋକମାନେ ଧୀରସ୍ଥିର ହୋଇ
ବସିଥିବେ ନିଜ ନିଜ ସ୍ଥାନେ।
ସବୁ ମୋର ମନେଥିବ, ତମେ ମନେଥିବ,
ମନେଥିବ ମେଘ ଉଠେ କେଉଁପରି ତମର ଆଖିରେ,
ସେ ମେଘ ବର୍ଷିବା ମୋର ମନେଥିବ, ବର୍ଷା ହେଲେ ହେବ
ତିନିଶହ ବର୍ଷ ପରେ ଥରେ।

ଏତେ ବର୍ଷଯାଏଁ ତମେ ପୋତି ହୋଇ ରହିଥିବ
ପାଉଁଶରେ, ଧୂଳିରେ ଓ କେତେ ପ୍ରବଞ୍ଚିତ
ସମ୍ଭାବନାମାନଙ୍କର ଧ୍ୱଂସାବଶେଷରେ।
ଅପୂର୍ଣ୍ଣ ଶପଥ ତମେ ଇତିହାସର ଓ
ଲୁହର ଝରଣାଟିଏ, ନସରିବା ଦୁଃଖ,

ଅଧୈର୍ଯ୍ୟ ଆବାଜ ଅଟ ବନ୍ଦ ଦୁଆରରେ,
ପଥରର ରାଜକନ୍ୟା, କିମ୍ବା ଅଶରୀରୀ
କାନ୍ଦଟିଏ ସ୍ତବ୍ଧ ନିଶାର୍ଦ୍ଧରେ।

ଦିନେ ତମେ ପୁନର୍ବାର ଆବିର୍ଭୂତ ହେବ
ବର୍ଷାରେ ଗାଧୋଇଥିବା ଗଛପରି। ଧୂପ ପରି, ଅଧଃପତନର
କିଟିକିଟି ଅନ୍ଧାରରୁ ମିଳିଥିବା ପୁଣ୍ୟ ପରି ତମ
ଅପାସୋରା ଦେହ ମହକିବ।
ତମ ମନେ ନଥିବ ଯେ ମୁଁ ତମକୁ ମନେ ରଖିଥିଲି
ଏତେ ବର୍ଷ, ଏତେ ବର୍ଷ ରାତିରାତି ଧରି
ଗୋଟିଏ ମାତ୍ରକ ସ୍ୱପ୍ନେ ମୁଁ ତମକୁ ନିତି ଦେଖୁଥିଲି।
ତମେ ଚାଲିଯିବା ଦିନ ମିଳିଥିବା ଦୁଃଖେ ପ୍ରତିଦିନ
ତିନିଶହ ବର୍ଷ ଧରି ଦୁଃଖୀ ହେଉଥିଲି।

ସେତେବେଳେ ଆମେ ଦୁହେଁ ସବୁଦିନ ଲାଗି
ଛଡ଼ାଛଡ଼ି ହୋଇଯିବା, ହାତ ଥୁରୁ ଥୁରୁ
ହେଉଥିବ ଯେତେବେଳେ ଶେଷଥର ପାଇଁ
ନମସ୍କାର କରୁଥିବି ସମୁଦ୍ର କୂଳରୁ।

ଅଦୃଷ୍ଟର ସୁବାସିତ ବେଳ

ତମେ ଦିଶ ବେଳେ ବେଳେ ସ୍ୱପ୍ନରେ ଅଥଚ
ନିଜେ ଦେଖା ଦିଅ ନାହିଁ, ବିବାହ ଓ ନିହତ ବେହାର
ମଧ୍ୟବର୍ତ୍ତୀ ସମୟରେ ତମେ ତମ ଅନୁପସ୍ଥିତିରେ
ସବୁବେଳେ କଲବଲ କର।
ଭୟରେ ମୁଁ କମ୍ପୁଥାଏ, ଅନାଗତ ସମୟର ତମ
ରାଜ୍ୟ ଆଡ଼େ ଯିବା ଲାଗି ପାଦ ଚଳେ ନାହିଁ।
ମାଟିର ହାତରେ ମୋର ମାଂସଶୂନ୍ୟ ମୁହଁକୁ ତମର
ଛୁଇଁଲେ ବି ଛୁଇଁ ହୁଏ ନାହିଁ।
ଦିନ ପରେ ଦିନ ବିତେ, ଋତୁ ପରେ ଋତୁ ବିତିଯାଏ
ତମର ସ୍ମୃତିରେ ନାହିଁ ବିଷାଦ ଟିକିଏ
ତମ ଆଖି ମିଶିଯାଇ ହୃଦୟ ସହିତ
ଏକ ମହାସାଗରରେ ପରିଣତ ହୁଏ।
ନୀଳବର୍ଣ୍ଣ ଢେଉମାନେ ନାଚନ୍ତି ଖରାରେ।
ସମୁଦ୍ର ମଝିକୁ ବାଟ ନାହିଁ, ଆମେ ଦୁହେଁ
ପରସ୍ପରଠାରୁ ଦୂର ହୋଇଗଲୁ ଏପରି ଭାବରେ।
ବିଦାୟ ବେଳରେ ମୋର ହାତ ଖୁବ୍ ଖୋଲା, ନିଜ ପାଇଁ
କିଛି ନ ରଖି ମୁଁ ସବୁ ବାଣ୍ଟି ଦେଲି ଯାହାକୁ ତାହାକୁ।
ମୋ ଶରୀର ଦେଇଦେଲି ଅପ୍ରମିତ କ୍ଷୁଧାଜର୍ଜରିତ
ପୃଥିବୀକୁ, ମୋ ଅପୂର୍ଣ୍ଣ ଆଶା
ଦେଇଦେଲି ଅଚେତନ ରାତିର ନିଦକୁ।
ଲକ୍ଷ ଲକ୍ଷ ଶବ୍ଦପୂର୍ଣ୍ଣ ମୋର ନୀରବତା

ମୁଁ ତମକୁ ଦେଲି କିଛି ପ୍ରତ୍ୟାଶା ନ ରଖି।
ଦୂରରୁ ବି ଦିଶିବନି ତମର ଚେହେରା।
ଆମେ ଦୁହେଁ ଏକ ହେଉଁ ମୋ ବିଫଳ ଲୋଡ଼ିବା ଭିତରେ।
ସେତେବେଳେ, କିଛି କ୍ଷଣ ପାଇଁ,
ସୁଗନ୍ଧର ଦମ୍‌କାଏ ବୋହି ଚାଲିଯାଏ
ମୋ ଅମରତ୍ୱର ନାନା କନ୍ଦି ବିକନ୍ଦିରେ।

ଚାଲ ଯିବା

କିଏ ତମେ, ସ୍ୱପ୍ନର ଝାପ୍‌ସା
କୋଠରୀରେ, ଛାଇ ଛାଇ ବାରଣ୍ଡାରେ ମୋର
ବାଟ ଚାହିଁ ବସିଅଛ, ଖବର ଦେଉଛ
ଖୁବ୍ ଜଣାଶୁଣା ସ୍ୱରେ, ଅଥଚ ମୁଁ ଜମା
ବୁଝିପାରୁ ନଥିବା ଭାଷାରେ ?
କିଏ ତମେ, ପୃଥିବୀର ସବୁଯାକ ଆଲୁଅ ଲିଭାଅ
ନିଃଶ୍ୱାସର ଅସମ୍ଭାଳ ଝଡ଼ ବତାସରେ ?
ତାରା ଦିଶୁ ନାହାନ୍ତି, ମୋ ଶରୀରର କାକୁତିମିନତି
ଠାରୁ ବହୁଦୂର ଅରଣ୍ୟରେ
ତମର ପ୍ରେତାତ୍ମା ମତେ ଘେରିଯାଏ, କେତେ ସୁଖ କେତେ
ବୁଝାମଣା ବାସୁଥିବା ପାପୁଲିରେ ମୁହଁ ବନ୍ଦ କରେ।
ରାତିର ହାୱାର ହାତ ତମ ହାତ ପରି,
ମୋ ଆଖିରୁ ଲୁହତକ ପୋଛିଦିଏ, ତାର
ଲମ୍ବା ବାଳ ବାଜି ମତେ କୁତୁକୁତୁ ଲାଗେ,
ମୁଁ ବୋଧେ ହସିଲି, କିନ୍ତୁ ସେ କାନ୍ଦ ସବୁ ଏକାକାର।
ଉଲ୍ଲାସ ନାହିଁ କି ନାହିଁ ହତାଶା, ଯୁଆଡ଼େ
ଚାହିଁଲେ ସେଠାରେ ଦିଶେ ଆରମ୍ଭ ତମର।
ମୁଁ କେବଳ ଜାଣେ ଯେ ମୁଁ ତମ ହାତ ଧରି
ପାଦ ଚିପି ଚିପି ଯିବି, ଯୁଗସ୍ରଷ୍ଟା ଲୋକମାନଙ୍କର
ଶଙ୍ଖ ମଲ୍‌ମଲ୍ ମୂର୍ତ୍ତି ଡେଇଁ ଉଠିପଡ଼ିବା ଭୟରେ,
ସବୁରି ହାତରେ ଲମ୍ବା ତଲୁଆର୍ ଥିବ,

ଅଟଳ ପ୍ରତିଜ୍ଞା ଥିବ ମୁଖମଣ୍ଡଳରେ ।
ଚାଲ ତେବେ, କେତେ ଫୁଲ ଫୁଟିଛନ୍ତି ତମ
ହୃଦୟର ଅସରନ୍ତି ରାସ୍ତା ଦିପାଖରେ ।

ଯିବାବେଳ

୧

କାଠଘର ପୋଡ଼ିଗଲା, କାଠ ଘରଟିର
ଭାଡ଼ିରେ ଯେତେକ ସ୍ୱପ୍ନ, ଜଙ୍ଗଲ ଭିତରେ
ପାହାଡ଼ର ଏଣେ ତେଣେ ଧାଇଁବା ନିଃଶ୍ୱାସ,
ମାଳମାଳ ଗ୍ରହ ଏବଂ ନକ୍ଷତ୍ରରେ ସଜା
ହୋଇଥିବା କୃଷ୍ଣପକ୍ଷ ରାତିର ରହସ୍ୟ

ସବୁ ପୋଡ଼ି ଜଳିଗଲେ। କେତେବେଳେ ଯାଏଁ
ଶୁଭୁଥିଲା ଆର୍ତ୍ତନାଦ ସେ ଘର ଭିତରୁ,
ନିଆଁର ହୁଙ୍କାର କିନ୍ତୁ ଆହୁରି ପ୍ରବଳ
ଶୁଭୁଥିଲା ଈଶ୍ୱରଙ୍କ ପ୍ରତିଧ୍ୱନି ଠାରୁ।

ଉପଦ୍ରବ କରୁଥିବା ଦନ୍ତାହାତୀ ପରି
ନିଆଁ ଗର୍ଜୁଥିଲା, ସାପ ପରି ଫଁ ଫଁ କଲା
ପେଚା ପରି ତୁହା ତୁହା କୁହାଡ଼ରେ, ବିଲୁଆ ରଡ଼ିରେ
ଆକାଶ ପାତାଳ ଧରି କମ୍ପମାନ କଲା।

କାଠଘର ପୋଡ଼ିଗଲା ବେଳେ ଦିଗ୍‌ବଳୟ
ଗୋଟାକ ଦିଶିଲା ଲାଲ୍, ଆକାଶର କେଉଁ
କୋଣେ ଠିଆ ହୋଇକରି ମାଆଟି ଦେଖିଲା

ଘର ଜଳିଯାଏ, ବଗିଚାର ଗଛମାନଙ୍କରେ
କଳା ଓ ଦୁର୍ଗନ୍ଧ ଫୁଲ, ତାର ବରାଭୟ
ପଣ୍ଡ ହୋଇଯାଏ ଦୈତ୍ୟମାନଙ୍କ ମାୟାରେ।

ମାଆଟି ଚାହିଁଲା ବୁହେ କାନ୍ଦିବ, ହୁଏତ
ଅଭିଶାପ ଦେବ, କିନ୍ତୁ କି ଲାଭ ସେଥିରେ ?
ଆଉ କାହା ଡାକ ଶୁଭୁ ନଥିଲା, ମାଆଟି
କେଉଁଆଡ଼େ ଚାଲିଗଲା। ସେଦିନ ଉତ୍ତାରେ
ତା ଆଶୀର୍ବାଦର, ଆଶ୍ୱାସନା ବା ପ୍ରତିଶ୍ରୁତିର
ଟୋପେ ବାସ୍ନା ନାହିଁ ପବନରେ।

୨
ଆଜ୍ଞା ହେଲା ସ୍ତବ୍‌ଧ ହୁଅ, ହୁଅ ତୁ ଅଚଳ
ମହାମେରୁ, ତୁଷାରାଚ୍ଛାଦିତ
ଅପନ୍ତରା ହୁଅ, ଛନ୍ ଛନ୍ ଘାସର ପଡ଼ିଆ
ପୋତି ହେଉ, ବାଟ ଲୁଚିଯାଉ
ତୋ ସ୍ନାୟୁ ଅଥର୍ବ ହେଉ, ରକ୍ତ ପାଣି ଫାଟୁ
ତୋ ଛାତି ଭିତରେ ମହାଶୂନ୍ୟ ବ୍ୟାପି ଯାଉ।

ମୁଁ ଶୁଣିଲି ଅନ୍ଧାରରେ ଘଡ଼ଘଡ଼ି ଶବ୍ଦ, ମାଆଙ୍କର
ବାହୁନିବା, ମୁଁ ଦେଖିଲି ବିଷାକ୍ତ ନିଃଶ୍ୱାସେ
ଉଡୁଥିବା ହଂସରାଳି ଦଳ
ମରି ଖସି ପଡୁଥିଲେ। ପୁଣି ଆଜ୍ଞା ହେଲା
ଚୁପ୍ ହୁଅ, ଆଖି ଫୁଟିଯାଉ,
ଆଦ୍ୟପ୍ରାନ୍ତ ନଥିବା ମୋ ସମୟ ଭିତରେ
ତୋର ଆଦ୍ୟପ୍ରାନ୍ତ ମିଶିଯାଉ।

ତାପରେ ସେ ଅଭିଶାପ ଜହ୍ନ ଆଲୁଅରେ
ଲାଜକୁଳି ବୋହୁଟିଏ ପରି ଓହ୍ଲାଇଲା।

ମୋ ଆଖି ଫିଟିଲା ପୁଣି, ପୁଣି ମୋ ରକ୍ତରେ
ପ୍ରଚଣ୍ଡ ଉତ୍ତାପ, ପୁଣି ମତେ ଦେଖାଗଲା
ସେହି ଧୂଳି ଧୂରିତ ମୁହଁ। ମୁଁ ଅନେକ
ଜନ୍ମ ପୁନର୍ଜନ୍ମ ଧରି ତା ଆଲିଙ୍ଗନକୁ
ଆସୁଥିଲି। ହଠାତ୍ ସଂସାର
ହଲ୍ ଚଲ୍ ହେଲା, ଏବଂ ମୁଁ ଧରିଲି ତାକୁ
ମୋ ଛାତିରେ ଭିଡ଼ି, ଭବିଷ୍ୟତ
ଓ ଅତୀତ ଭିତରର ସବୁ ଶୂନ୍ୟତାକୁ
ମୁଁ ଧରିଲି ମୋ ଛାତିରେ ଭିଡ଼ି, ମୁଁ ଧରିଲି
ସମୁଦ୍ରକୁ, ଯଦିଓ ଏ ଋତୁରେ ଅନେକ
ମାଛି ବେଢ଼ିଯାଇଥା'ନ୍ତି ସମୁଦ୍ର କୂଳକୁ।

୩

ଆକାଶରେ, ସିଂହାସନଟିରେ
ଠାକୁରାଣୀ ବସିଥିଲେ, ଜହ୍ନ ଆଲୁଅରେ
ଦାଉ ଦାଉ ଦିଶୁଥିଲା ପିତଳର ମୁହଁ।
ଜହ୍ନ ପୁଣି ଦିଶୁଥିଲା ପୃଥିବୀରେ, ପୋଖରୀ ଭିତରେ।
ମାଛମାନେ ଚମକିଲେ, ବାଉଁଶ ବଣରେ
ଶୂନ୍ୟ ହାତଟିଏ ମିଶି ପବନ ସହିତ
ବାହୁଡ଼ିଲା ବହୁଦିନ ପରେ।

ପୃଥିବୀ ବଦଳିଗଲା ପରି ଜଣାଗଲା।
ମାଦଳ ଶୁଭିଲା ବହୁଦୂରେ ଓ ସେଥିରେ
ଶୁଭିଲା ସେ ହଁ ହଁ ସବୁ ବଦଳିଲା।
ଠାକୁରାଣୀ ହସୁଥିବା ପରି ଲାଗିଲା ଓ
ତାଙ୍କ ମୁହଁ ଝଲମଲ୍ କଲା ଆଲୁଅରେ।
କାଗଜର ଲେଖାଲେଖି କଟିଲା, କାକର
ଠୋପା ଠୋପା ହୋଇ ପଡ଼େ ମନ୍ଦାର ଫୁଲରେ।

ଗଳିକନ୍ଦି ଧରି ପୂର୍ଣ୍ଣ ଆର୍ତ୍ତନାଦମାନ
କୀର୍ତ୍ତନ ପାଲଟି ଗଲେ ସେହି ମୁହୂର୍ତ୍ତରେ।

ତାପରେ ସକାଳ ହେଲା। ଆକାଶଟା ଖାଲି।
ପକ୍ଷୀମାନେ ଉଠି କରି ବୋବାଳି ଛାଡ଼ିଲେ।
କାହା ହସ ଥାପୁଡ଼ାଇ ଶୁଆଇ ଦେବ ବା
କୁହୁକ ସାମର୍ଥ୍ୟ କାହା ସୁନ୍ଦର ଆଖିର
ଅକ୍ଳେଶେ ଫେରାଉଥିବ ଘୃଣାର ପାତାଳୁଁ
ଆସୁଥିବା ବାଣୁଆଙ୍କ ଶର?

୪
ବତାସ ମାଡ଼ରେ ଲହୁଲୁହାଣ ରାତିର
କାନ୍ଦଣା ହିଁ ସ୍ୱର ତାର। ତଲୁଆର୍, ବନ୍ଧୁକ, ଭୟାଲୁ
ଆତ୍ମାର ଔଦ୍ଧତ୍ୟ ଦ୍ୱାରା ସଶସ୍ତ୍ର ସିପାହୀ
ମାନଙ୍କର ଆଙ୍ଗୁଆଳେ ସେ ଦେଉଳ ତୋଳେ।
ତା ହାତକୁ ଚାହିଁ ହୁଏ ନାହିଁ।

ରକ୍ତ ଝର ଝର ହୋଇଯାଏ ବୋହିଯାଏ ହାତରୁ ଅଥଚ
ସାହସ ହୁଏନି ହାତ ଧୋଇବାକୁ ନଈରେ, ଏ ନଈ
ବୋହିଯାଏ ଅନ୍ୟ ଏକ ଦେଶକୁ, ନଈର
ରକ୍ତାକ୍ତ ପାଣିକୁ ଦେଖି ଏ ଦେଶର ଆକାଶର ସୀମା
ମାଡ଼ିବେନି ସେ ଦେଶ ଚଢ଼େଇ।

ସମାଜେ ଘୋଟିବ ଘୋର, ଅନ୍ଧକାର। ରାଜାଙ୍କ ଆଦେଶ
ଖୋଜୁଥିବ ତା ଦେହକୁ, ସିପାହୀମାନଙ୍କୁ
ସେ ଦିଶିବ ସବୁଆଡ଼େ ଅନ୍ଧାର ଭିତରେ।
ସେମାନେ ଧାଇଁବେ ତାର ପଛେ ପଛେ, ରାଜ୍ୟ ଗୋଟାକର
ସୈନ୍ୟବଳ ଠୁଳ ହେବ ଉଆସ ଆଗରେ।

ରାଜାଙ୍କ ନିର୍ଦ୍ଦେଶମତେ ଛାପିଦେବେ ଖବରକାଗଜ
ନିଜ ପ୍ରତିନିଧିଙ୍କଠୁ ମିଳିଥିବା ଖବର ଯେ ତାକୁ
ହର୍ଷଧ୍ୱନି କରୁଥିବା ଲକ୍ଷାଧିକ ଲୋକ ସମ୍ମୁଖରେ
ଫାଶୀ ଦିଆଗଲା, କାଲି ଏକ ବିଶେଷ ଛୁଟୀର
ଦିବସ ପାଳିତ ହେବ ସମଗ୍ର ଦେଶରେ।

ରାଜା ଆଶା କରିଛନ୍ତି ତା ସ୍ୱର କାହାକୁ
ଶୁଭିବନି, ଯଦିଓ ସେ ନିଜେ ବାରମ୍ବାର
ଶୁଣୁଛନ୍ତି, ତା ସ୍ୱର ଶୁଭୁଛି
ସ୍ୱପ୍ନରେ ଶୁଭିଲା ସ୍ୱର ପରି, ଯେଉଁ ସ୍ୱର
ଉଠାଏ ସୂର୍ଯ୍ୟଙ୍କୁ ଆଉ ପବନକୁ, ଦୂର କୁଞ୍ଜବନେ
ବାଜୁଥିବା ବଂଶୀସ୍ୱନ ଶୁଣିଥିବା ସ୍ମୃତିକୁ, ଦେହରେ
ସେ ସ୍ୱର ରହିନି ଆଉ, ଦେହକୁ ତ ଫାଶୀ
ଦିଆଗଲା (ନିଜ ପ୍ରତିନିଧିଙ୍କର ବିବରଣୀମତେ)
ଲକ୍ଷାଧିକ ଲୋକ ସମ୍ମୁଖରେ।

୫
ବର୍ଷା କହିଲା ଯେ ଚାଲ
ଚାଲ ବେଳ ହେଲା।
ତମେ ଟାଳଟୁଳ କଲ
ନଜାଣି ଯେ ଯୁଦ୍ଧ ସରିଥିଲା।
ନଈର ନିଃଶ୍ୱାସ ଏବେ
ଦୁର୍ଗନ୍ଧ ଓ ଗଜା ଶାଳଗଛ
ମାନଙ୍କରେ ପଲ ପଲ ଉଇ, ସବୁ କୂଅ
ମାନଙ୍କର ପାଣି ଅଟେ ବିଷାକ୍ତ ଏକଥା
ନଜାଣି ଅନେକ ଥର ସେ ପାଣି ପିଇଛ।
ଯେତେବେଳେ ବିଷ ପିଇ
ଲୋକେ ମରୁ ନଥିଲେ ସେ ବେଳ

ଆଉ ନାହିଁ, ଆକ୍ରମଣକାରୀ
ମାନେ ଚାଲିଆସିଲେଣି, ପାହାଡ଼ପର୍ବତ
ଧୀରେ ଧୀରେ ଗଲେଣି ଓହରି ।

ସେମାନେ ରହିବେ ଏଠି
ବେଶ୍ କିଛି ଦିନ ।
ବର୍ଷା କହିଲା ଯେ ଚାଲ
ବିଳମ୍ବରେ ନାହିଁ ପ୍ରୟୋଜନ ।
ଚାଲିଆସ, ତମ ଅପେକ୍ଷାରେ
ତମର ଅଦୃଷ୍ଟ ବଜ୍ରପାତଟିଏ ହୋଇ
କେତେବେଳୁଁ ବସିଲାଣି ।
ଖଟୁଲି ଉପରେ ।

କାନନର ବିତାନରେ

ଘନଘୋର ବନସ୍ତର ଘନଘୋର ଅନ୍ଧାର ଭିତରେ
ବଂଶୀଶବ୍ଦ ରହିଗଲା, ଆଉ ବାଜିବ କି
ବାଜିବନି ଏହା ଭାବି ଭାବି,
କେତେବେଲୁଁ ସଢୁଅଛି କେଉଁ ଏକ ରାକ୍ଷସର ଶବ।
ତଥାପି ଆହୁରି କେତେ ରାକ୍ଷସ ବାଟରେ
ଜଗିଛନ୍ତି, ଦେହକୁ ଯିବାକୁ ଦେଇ ଅତର୍କିତ ଭାବେ
ଆକ୍ରମଣ କରୁଛନ୍ତି ନାଆଁଙ୍କ ଉପରେ।
ଅଶରୀରୀ ଉତ୍ତରରେ ପରିଣତ ହୋଇଯାଇଥିବା
ଲୋକଙ୍କ ଭିତରେ ମିଶି ନାନାଦି ବେଶରେ
ବିନାମୂଲ୍ୟେ ବିତରଣ କରୁଛନ୍ତି ମୃତ୍ୟୁ, ବାର୍ଦ୍ଧକ୍ୟକୁ
ବିକୁଛନ୍ତି ସୁଲଭ ମୂଲ୍ୟରେ।
ସେମାନେ ନିର୍ଭର ଭାବେ କହନ୍ତି ସେମାନେ
ମଥୁରାର ରାଜାଙ୍କର ଦୂତ,
ଅନେକ ଦିନରୁ ତାଙ୍କ ସମ୍ପର୍କ ରହିଛି
ବୃନ୍ଦାବନ ଲୋକଙ୍କ ସହିତ,
ସେମାନେ ଚିହ୍ନନ୍ତି ପ୍ରତି ଲୋକକୁ, ତାହାର
ଗତିବିଧି ରଖିଛନ୍ତି ଲିପିବଦ୍ଧ କରି।
ଏହା ଶୁଣି ବୃନ୍ଦାବନ ଲୋକେ ଆତଙ୍କରେ
ବତାସେ କଦଳୀଗଛ ପରି ଥରି ଥରି
ହୃଦ୍‌ବୋଧ କରନ୍ତି ନିଜ ଗତିବିଧିମାନ
ଅନେକ ଦିନରୁ ଭୁଲିଯାଇଛନ୍ତି, କାଲି କଣ ହେଲା

କଣ ହେଲା ତାର ପୂର୍ବଦିନ
ତାଙ୍କ ମନେ ନାହିଁ, ସେମାନେ ତ
ପବନ ପାଲଟିଥିଲେ, ବଂଶୀର ଶବ୍ଦରେ
ହେଉଥିଲେ ଯାହା ଆନ୍ଦୋଳିତ।
ହଠାତ୍ ତାଙ୍କର ଦେହ ଓଜନ ଲାଗେ ଓ
ପାଦ କାଟେ କଣ୍ଟା ଫୋଡ଼ି ହୋଇ।
ସେମାନେ ଆସନ୍ତି, କିନ୍ତୁ ନିଜର ରକ୍ତାକ୍ତ
ପାଦ ଅନ୍ୟମାନଙ୍କୁ ଦେଖାଇ।
ହୁଏତ ସେମାନେ ଫେରିଯିବା ଏବେ ହେବ
ଶ୍ରେୟସ୍କର, ଭଲ ହେବ ଯଦି ଇତିହାସ
ଭିତରର ସ୍ତବ୍ଧତାରେ ବଂଶୀସ୍ୱର ଚୁପ୍ ହୋଇଯାଏ।
ନାନା ଅଙ୍ଗଭଙ୍ଗୀ ଥାଏ, କିନ୍ତୁ ଉଚ୍ଚାରଣ
ସେ ସ୍ତବ୍ଧତା ଭିତରେ ନଥାଏ।

ଅଜ୍ଞାନୀ

ମୁଁ ଦେଖିଲି ଏକାଧିକ ମୁହଁ ମିଶିଯାଇ
ପରିଣତ ହେଉଛନ୍ତି ଗୋଟିଏ ମୁହଁରେ,
କାହାର ମୁଣ୍ଡର କଳାବାଳ ମିଶିଯାଏ
ଆଉ କାହା ଝୋଟପରି ସଫେଦ୍ ବାଳରେ।
ନୂଆ ମୁଣ୍ଡଟିରେ କଳାବାଳ ଧଳାବାଳ
ମିଶାମିଶି, ନୂଆ ମୁହଁଟିର
ବିଷଣ୍ଣ ଦୁଇଟି ଆଖି ବଦଳରେ ଦିଶେ
ଗୋଟିଏ ଚାହାଣି, ସମୟର ଗୋଟିଏ ପ୍ରାନ୍ତରୁ
ସୁରୁ ହୋଇ ଅନ୍ୟ ପ୍ରାନ୍ତେ ମିଶେ
ରାସ୍ତାପରି, ସେ ରାସ୍ତାରେ କେତେ ଶୋଭାଯାତ୍ରା
ମଉଳନ୍ତି, ଖାଲି ଲାଖିରହେ
ଅଲିଭା ରକ୍ତର ଦାଗ। ଅପନ୍ତରା ଭିତରୁ କେଉଁଠୁ
କରୁଣା କୁଆଡ଼େ ଗଲା ପଚାରୁଛି ମଲା ପକ୍ଷୀଟିଏ।
ଶବ୍ଦ ଅନ୍ତର୍ଦ୍ଧାନ, କିନ୍ତୁ ରହିଅଛି ସ୍ୱର।
ସେ ମୁହଁର ଆକାଶର କେଉଁ କୋଣେ ଭସା ମେଘଟିଏ
ଦେଖାଯାଏ, ଶବ୍ଦ ଶୁଭେ ବର୍ଷା ପଡ଼ିବାର।
ଏ ମୁହୂର୍ତ୍ତେ ମିଳିଯାଏ ମୋ ଆତ୍ମାର ମୁରୁକି ହସରେ
ମୋ ଅଧୈର୍ଯ୍ୟ ପ୍ରଶ୍ନଙ୍କ ଉତ୍ତର।
କିନ୍ତୁ ତମେ କିଆଁ ହସ, ହେ ମୁହଁ, କୁଆଡ଼େ
ଚାଲିଗଲା ଅଳ୍ପକ୍ଷଣ ତଳେ
ତମର ଆଖିରେ ଦେଖାଯାଉଥିବା ବାଲିବନ୍ତଙ୍କର

ନିର୍ଜ୍ଜନତା ? ତମେ ଠିକ୍ ଜାଣ ଏତେବେଳେ
ମୁଁ ମରୁଛି, କିମ୍ବା ତମେ ସେହି
ଆଶା ମୁଁ ଯାହାକୁ ଖୋଜେ ମୋ ଅସତ୍ୟ ଚିନ୍ତାମାନଙ୍କର
ଆବର୍ଜ୍ଜନା ଓ ଧୂଳିରେ ଶ୍ୱାସରୁଦ୍ଧ ହୋଇ ?

ଏ ନଈ କୂଳରେ

ଏ ନଈକୂଳରେ କେଉଁଠାରେ ଗୀତଟିଏ
ପଡ଼ିଅଛି, ଏ ଉପତ୍ୟକାର
ଅନ୍ଧାରରେ କେଉଁଠାରେ ରକ୍ତସ୍ରାବ ହୁଏ
ସୂର୍ଯ୍ୟର, କେଉଁଠାରେ ଭଙ୍ଗା ବୋଇତର
ଟୁକୁଡ଼ା ଏକାଠି ଯୋଡ଼ି ହୋଇଯାନ୍ତି, ତମେ
ମୋ ଆଲିଙ୍ଗନକୁ ଫେରି ଦୀପ ଜାଳିଦେଇ
ମନେ ପଡ଼ିବାର ସବୁ ଗଳିକନ୍ଦି ଆଲୋକିତ କର !

ମୁଁ ଚିହ୍ନିପାରୁଛି ରାସ୍ତା କଡ଼େ ସବୁ ଗଛ, ଏପରିକି
ଆକାଶରେ ସବୁଯାକ ତାରା,
ତମେ ଫେରି ଆସିବାର ମୁହୂର୍ତ୍ତରେ ହୁଏ
ସଜାସଜି ବ୍ରହ୍ମାଣ୍ଡ ସାରା ।
ମୁଁ ଶୁଣୁଛି ତୁମ ସ୍ୱର କଳ୍ପନାର ବହିର୍ଭୂତ ବହୁ
ଶବ୍ଦଙ୍କର ଜଳପ୍ରପାତରେ,
ପୁଣି ଯୋଡ଼ି ହୋଇଯାନ୍ତି ମୋର ଜୀବନର
ଟୁକୁଡ଼ା ଓ ତମ ନିଃଶ୍ୱାସରେ
ମୁଁ ଚଳପ୍ରଚଳ ହୁଏଁ, ମୁଁ ଖୋଜିଛି ଏ ନଈକୂଳରେ
ଅନେକ ମୃତ୍ୟୁରେ ଲିପା ଗୋଟିଏ ଅତୀତ,
ଶୋଇ ପଡ଼ିଥିବା ପକ୍ଷୀମାନଙ୍କ କଣ୍ଠରେ
ନିରୁଦ୍ଦିଷ୍ଟ ମୋର ଭବିଷ୍ୟତ ।
ତମ ପରେ କିଛି ନାହିଁ, ଆକାଶ ତମଠିଁ

ସରିଯାଏ, ତମ ନାଭିମଣ୍ଡଳ ପାଖରେ
ସୂର୍ଯ୍ୟଚନ୍ଦ୍ର ଝଲସନ୍ତି। ତମେ ମୋର ବୋଲି
କହିବାକୁ ଶଙ୍କା ଲାଗେ, କିନ୍ତୁ ତମ ବ୍ୟତିରେକ କିଛି
ନାହିଁ, ମୁଁ ବି ନିଜେ ନାହିଁ
ତମ ଦୁଇ ଆଖିଙ୍କର ସ୍ୱୀକୃତି ବାହାରେ।

ଏ ନଈକୂଳରେ କଣ ତମେ ଅଛ ? ତମେ
ହଜିଛକି ଏ ଉପତ୍ୟକାରେ
ଅନ୍ଧାରରେ କେଉଁଠାରେ ? ଅନୁମତି ଦେଲେ
ପ୍ରଜାପତି ଉଡୁଥାନ୍ତେ ତମର ସ୍ତନର
ଚାରିପାଖେ। ଭଲ ପାଉଥିବା
ଆମ୍ବାଟିର ମୁଁ ଶୈଶବ, ମୁଁ ତାର ଯୌବନ,
ନିଷିଦ୍ଧ କାମନା ତାର, ମୁଁ ବି ତାର ଶୋଷ।
ତମେ ଯଦି ନଆସିବ ରାସ୍ତା କଡ଼େ କେତେ
ଫୁଲ ଝଡ଼ିଯିବେ, ତେଣୁ ତମେ ନିଶ୍ଚେ ଆସ।
ମୁଁ ତମକୁ ଛୁଏଁ, ମେଘ ଫାଟିଯାଇ
ବର୍ଷା ହେଉ, ବର୍ଷା ପଡ଼ିବାର
ମୁହୂର୍ତ୍ତରେ ତମେ ଆସ ମୋ ପାଖକୁ, ମୁଁ ତମ କାନରେ
ମୋ ଦୁଃଖର ଶତାବ୍ଦୀଙ୍କ ଖବର କହିବି
ଦେବୀମାନେ ବୁଝିବା ଭାଷାରେ।

ଥରେ ହେଲେ

କେଉଁଠି ରହିବ ତମେ, ତମ ଦେଖା ମିଳିବକି ନାହିଁ
ନ ଜାଣି ମୁଁ ଆସିଗଲି ତମ ମୁଲକକୁ।
ମୋର ସବୁ ଅବିଶ୍ୱାସ ମୋ ପାଖରେ, କିନ୍ତୁ ଏ ଜାଗାରୁ
ଯିବାକୁ ବାରଣ ମତେ ନଭେଟି ତମକୁ।
ନକହି ତମକୁ କଥା କେତେ ପଦ ଯାହା ମୁଁ ସଂଗ୍ରହ
କରିଛି ନିଃଶବ୍ଦ ବହୁ ଉତ୍କଣ୍ଠା ଭିତରୁ।
ମୁଁ ଯାହା କହିବି ତମେ ଜାଣିଥିବ, ଜାଣ କି ନଜାଣ
ତମକୁ କହିବା ଲାଗି ଆପ୍ରାଣ ଶାସ୍ତିରୁ
ମୁକ୍ତି କାହିଁ? ତ୍ରାହି କାହିଁ କଷ୍ଟାନ୍ତର
ଅନୁପସ୍ଥିତିରେ ତମ ସ୍ଥିତି ଖୋଜିବାରୁ?

ବେଳେ ବେଳେ ମୋର ନାଆଁ ଡକାହେଲା ପରି
ଲାଗେ, ମୁଁ ଖୁବ୍ ସୁଖରେ
ଆଖି ବୁଜିଦିଏଁ, ଏପରିକି ତମକୁ ଦେଖିବା
ଉତ୍କଣ୍ଠା ନଥାଏ, ଯଦିଓ ମୋ ଜୀବନର ଅନେକ ଅଧୈର୍ଯ୍ୟ
ବର୍ଷ କଟିଗଲା ତମ ପଶ୍ଚାଦ୍ଧାବନରେ।
ମତେ କଣ ଡରମାଡ଼େ ମୁଁ ଆଖି ଖୋଲିଲେ
ତମେ ଅନ୍ତର୍ହିତ ହେବ? ମୋ ଦେଖିବା କଣ
ତମର ଦୃଷ୍ଟିରେ ହେବ ତମଠାରୁ ମୋର
ଦୂରତ୍ୱର ଅନ୍ତିମ ପ୍ରମାଣ?

ମୁଁ ଦେଖୁଚି ଯେଉଁଠାରୁ ଆରମ୍ଭ ସେଠାକୁ
ମୋ ଜୀବନ ଫେରିଆସେ, ଫେରିବା ବେଳରେ
ମତେ ଲାଗେ ମୁଁ ତମର ଉଦ୍‌ବିଗ୍ନ ଆଖିର
ବ୍ରହ୍ମାଣ୍ଡ ଭିତରେ ଥିଲି ସବୁ ସମୟରେ,
ସବୁ ସମୟରେ ତମେ ମୋ ଅନ୍ଧକାରର
ସ୍ୱପ୍ନ ସବୁ ଦେଖୁଥିଲ, ଶୁଣୁଥିଲ ଆର୍ତ୍ତନାଦମାନ।
ବର୍ତ୍ତମାନ ମୋ ଚମଡ଼ା ଧୁଡୁ ଧୁଡୁ ହେଲାବେଳେ,
ବାଳ ଧଳା ହୋଇଗଲା ବେଳେ
ଗୋଲାପର ଗୁପ୍ତ ଉପବନ
ଭିତରୁ ଫିଟାଇ ଦିଅ ଭୋକିଲା ସଂଗୀତ।
ମୁଁ କିପରି ଆତ୍ମରକ୍ଷା କରିବି ବା ଧରିବି ତମକୁ?
ତମର ହସରେ ନିରୁଦ୍ଦିଷ୍ଟ ମୋର ହାତ
ମୁଁ କଣ କହିବି? ତମ ପ୍ରତ୍ୟାବର୍ତ୍ତନର
ବତାସରେ ମୋର ସବୁ ଶବ୍ଦ ବିପର୍ଯ୍ୟସ୍ତ।

ଆସ ତେବେ, ମୋ କଳ୍ପନା ବହିର୍ଭୂତ
ବେଶ ହୋଇ, ବା ଆକୃତି ନେଇ।
ମୋ କହିବା କଥାତକ ଶୁଣିଯାଅ ଯଦିଓ ଏଣିକି
ସେ ଭାଷା ମୁଁ ନିଜେ ବୁଝେ ନାହିଁ।
ମୋ ଆତ୍ମାରେ ସବୁ ରଙ୍ଗ ରହିଛି, କିନ୍ତୁ ମୋ
ଆଖିକୁ ଦିଶୁନି, ହାତ ଥୁରୁଥୁରୁ ହୁଏ।
ଥରେ ହେଲେ ଲଇଁପଡ଼ି ଆକାଶ ଯେପରି
ଲୁହର ସମୁଦ୍ର ବୋହି ଲଇଁପଡ଼େ, ଥରେ ଲଇଁ ପଡ଼
ଦୀନହୀନ ଭିକାରୀଙ୍କ ପରି।

ଅଲଙ୍ଘ୍ୟ ଇସାରା

ମୁଁ ଏବେ ଦେଖୁଛି ସବୁ-ପାଖୁଡ଼ା ବିହୁନେ
ଫୁଲ, ଜଳ ବ୍ୟତିରେକେ
ସମୁଦ୍ର, ଋତୁଙ୍କ କୁହୁକ
ବିବର୍ଜିତ ଗାଆଁ, ଘରଦ୍ୱାର କି ଜନମାନବ
ନ ଥାଇ ସହର। ଆକାଶର ଏକ
କୋଣରୁ ମୁଁ ଖସିପଡ଼େ ନିର୍ବାକ୍ ନିଦର
ପାହାଡ଼ରେ କାକରର ଟୋପାଟିଏ ପରି,
ସବୁଠୁଁ ବିଛିନ୍ନ କିନ୍ତୁ ମୋ ମୃତ୍ୟୁ ସହିତ
ମୁଁ ସଂଯୁକ୍ତ, ସେ ମୋ ହାତ ଧରି
ହସି ହସି ମୋ ଆଖିରେ ତା ଆଖି ମିଳାଏ,
ମୋ ସ୍ତବ୍ଧ ଶତାବ୍ଦୀ ସବୁ, ଖନି ଖନି କଥାର ଶତାବ୍ଦୀ
ଆପଣାର କରି ନିଏ, ମୋ ମରୁଭୂମିରେ
ବନ୍ୟାପରି ବ୍ୟାପିଯାଏ ଦିଗ୍‌ବିଦିଗରେ।

ସେ ମତେ ହଜାଇ ଦିଏ ଶହ ଶହ ଥର,
ପ୍ରତିଥର କିନ୍ତୁ ଖୋଜି ଆଣେ,
ଅସଂଖ୍ୟ ଥର ମୁଁ ମରେ କିନ୍ତୁ ଜୀବନ୍ୟାସ
ପ୍ରତିଥର ତାର ଉଚ୍ଚାରଣେ
ମିଳିଯାଏ, ଉଚ୍ଚାରଣ ତାର
ବାସୁଥାଏ ଧୂପ ପରି, ତାରା ଶୂନ୍ୟ ଓଦା ରାତିଙ୍କର
ନିଭୃତ ଆକାଙ୍କ୍ଷା ପରି, ସୂର୍ଯ୍ୟମଣ୍ଡଳଠୁଁ

ବହୁଦୂର ଆସ୍ଥାନରୁ ସେ ଓହ୍ଲାଇ ଆସେ,
ମୋ ଏକାଗ୍ର କାମନାର ନୀରବତା ଦ୍ୱାରା
ମୁଖରିତ ବେଳ ଚାହିଁ ବସେ ।

ମୁଁ ବୁଲେ ଭିକାରୀ ପରି । ଡାକ୍ତରଖାନାର
ଉଦାସୀନ ଇତିହାସ ମୋ ଦେହକୁ କବଳିତ କରେ,
(ପୂର୍ବୋକ୍ତ କହିବା ମତେ) ଜଳ ବ୍ୟତିରେକେ
ସମୁଦ୍ର ମୁଁ ଦେଖିପାରେ, ଦର୍ପଣ ଭିତରେ
ମୁଁ ଦେଖୁଛି ଶହ ଶହ ରବିବାର ସୋମବାର ଓ ଅନ୍ୟାନ୍ୟ ବାର
ବ୍ୟତିରେକେ ମୋ ସମୟ, ଆହୁରି ଦେଖୁଛି
ମୁଁ ଖାଲି କାମନାଟିଏ, ମୋ ମୃତ୍ୟୁ ସହିତ
ବାରମ୍ବାର ଆଖି ମିଳାଉଛି ।
ମୁଁ ଶୁଣୁଛି କିଏ ଡାକେ ବହୁ ପୂର୍ବଜନ୍ମ
ସେ ପାଖରେ, ଘୃଣା ଭୟ ଏବଂ ଅନ୍ଧତାର
କେତେ ପରମାୟୁ ଡେଇଁ, ଅତିକ୍ରମ କରି
ଶୋକଜର୍ଜ୍ଜରିତ କେତେ ଜଖମ ଶରୀର,
ଝାଳ ନାଳ ହୋଇ ରକ୍ତ ସୁଡୁସୁଡୁ ହୋଇ
ଚିରି କେତେ ଫୁଲପକା ବିଛଣା ଚାଦର
ମୁଁ ତାକୁ ଭେଟିବା ଲାଗି ଦଉଡୁଛି । ସେ ଡାକ ନିଶ୍ଚୟ
ଆତ୍ମହତ୍ୟା ପରି ଏକ ସମୁଦାୟ ବୋଧଗମ୍ୟତାର ।

ଫେରିବା ସମୟେ

୧

ମୁଁ କହିଲି ଅନ୍ଧାର ରାତିକୁ
ତୁହିଁ ମୋର ବନ୍ଧୁ, ମୁଁ ପ୍ରତିଫଳିତ
ତୋ ଦେହରେ। ମୋର ମଧ୍ୟ ନାହିଁ
ଚନ୍ଦ୍ର, କି ମୁଁ ନୁହେଁ ତାରକାଖଚିତ।
ମୁଁ ବି ଦେଖିପାରେ ନାହିଁ ମୋ ନିଜର ସୀମାନ୍ତ ମୋ ନିଜ
ଅରଣ୍ୟରେ ଯାତାୟାତ ଯୁଦ୍ଧ କୋଳାହଳ
ସବୁ ମୋର ଅଗୋଚର ନିରର୍ଥକ ନିବେଦନ ପରେ
ଆକାଶରେ ମେଘ ମାଳମାଳ।
ଶୂନ୍ୟ ଘର, ଅସରନ୍ତି ସମୟ, ନିସ୍ତବ୍ଧ
ଚିତ୍କାର ପରି ମୁଁ ବୁଲେ ଖୋଜି ଖୋଜି ମୋ ଉପସଂହାର।
ଟିକିଏ ଅପେକ୍ଷା କର, ବୁଲୁ ବୁଲୁ ହୁଏତ ମୁଁ ଦିନେ
ସେ ଦେଶରେ ପହଞ୍ଚିବି ଯେଉଁଠି ମେଘରୁ
ବର୍ଷା ହୁଏ, ଯେଉଁଠି ହଠାତ୍
କିଏ ଜଣେ ଆବିର୍ଭୂତ ହୋଇଯାଏ ଅନୁପସ୍ଥିତିରୁ।
ଟିକିଏ ଅପେକ୍ଷା କର, ମୁଁ କହିଲି। କାହାକୁ କହିଲି ?
ରାତିର ପ୍ରତ୍ୟେକ ଉକ୍ତି ସ୍ୱଗତୋକ୍ତି, ରାତି ଖୋଜୁଥାଏ
ଶ୍ରୋତାଟିଏ ହାଟ ବଜାରରେ
ବଜ୍ରପାତଦ୍ୱାରା କିମ୍ବା ବିଜୁଳିରେ ଧ୍ୟାନ
ନିଜ ଆଡ଼େ ଆକର୍ଷଣ କରେ।

କିଏ ସେ ଶୁଣିବ ? କିଏ ସେ ଦେଖିବ ? ରାତିର
ଇତିହାସ ଜନଶୂନ୍ୟ ସବୁ ସମୟରେ ।

୨
କଷ୍ଟେମଷ୍ଟେ ଘୁଷୁରି ଘୁଷୁରି
ତମ ନିକଟକୁ ଗଲି, ତମକୁ କହିଲି
ଚାଲିଯାଅ ମୋ ରାଜ୍ୟରୁ ବର୍ତ୍ତମାନ ପକ୍ଷୀଙ୍କୁ ଫୁଲଙ୍କୁ
ପବନ ଯେଉଁଠୁ ଆସେ ସେ ଜାଗାକୁ ଚାବିଦିଏଁ ତମ
ଅଶାନ୍ତ ସ୍ୱରରେ ଆଉ ବିଚଳିତ ନ ହୋଇ, ଫେରାଅ
ମୋ ମନ ଭିତରୁ ତମ ଡାକିବାର ପ୍ରତିଧ୍ୱନିମାନ,
କ୍ୟାଲେଣ୍ଡର ଅନୁଯାୟୀ ଭୂତ ଭବିଷ୍ୟତ
ଯାଆନ୍ତୁ ଆସନ୍ତୁ ତମ ହସ୍ତକ୍ଷେପ ନାହିଁ ପ୍ରୟୋଜନ ।

ମୁଁ ପୁଣି ସ୍ୱାଧୀନ ଭାବେ ଅନ୍ଧାର ଭିତରେ
ଖୋଜି ବୁଲେ ମୋ ରକ୍ତର ଦୁଆର ଝରକା,
ପ୍ରଶସ୍ତ ଅଗଣା ତାର, ମୋ ଆଦିମ ଅପରିବର୍ତ୍ତିତ
ରୂପ, ସୂର୍ଯ୍ୟ ଚନ୍ଦ୍ର ତାରାଙ୍କର ସମ୍ବନ୍ଧ ନଥାଇ
ମୁଁ ପୁଣି ତିଆରି କରେଁ ମୋ ସୌରଜଗତ ।
ସେଠାରେ ଆଲୋକହୀନ ତାରା ମାଳମାଳ
ଦପ୍ ଦପ୍ କରୁଥିବେ, ନଥିବ କୌଣସି
କୋଣରେ କଳ୍ପନାତୀତ କୌଣସି ଚହଲ ।

ଯାଅ ଯାଅ ମୋ ପାଖରେ ରହୁ ମୋ ନିଜର
ମୁକୁଟମଣ୍ଡିତ ନାନା ଅଳଙ୍କାରଭୂଷିତ ପ୍ରତିମା,
ସବୁ ଶକ୍ତି ବିନିମୟେ ମୁଁ ରକ୍ଷା କରିବି
ମୋ ମାନଚିତ୍ରର ରାତି ପରି ଦୀର୍ଘ ସୀମା ।
ବିଜୁଳୀରେ ଝଲ୍ ମଲ୍ କରୁଥିବା ଅଜ୍ଞାତ ମୃତ୍ୟୁର
ବଦଳରେ ମିଳୁ ମତେ ପୂର୍ବ ପରିଚିତ
ମୃତ୍ୟୁ, କାଳାତୀତ ଆଶୀର୍ବାଦଠାରେ

ମୁଣ୍ଡ ନ ନୁଆଁଇ ମତେ ଗଢ଼ିଥିବା ଅସଂଖ୍ୟ ମୁହୂର୍ତ୍ତ
ରହିଥାନ୍ତୁ, ଅନ୍ୟତ୍ର କେଉଁଠି
ଶୁଖିଲା ରକ୍ତରେ ପ୍ରାଣ ହଲ୍ ଚଲ୍ ହେଲେ ହେଉଥାଉ।
ମୁଁ ସ୍ୱାଧୀନ ରହିଥିବି, ଆଖିପତା ତଳେ
ଥିବା ଇଚ୍ଛା ଦେଶାନ୍ତର ଯାତ୍ରା କରୁଥାଉ,
ପକ୍ଷୀ ଶବ୍ଦ ପରି ଶବ୍ଦ ଅଦୃଶ୍ୟ ଦ୍ୱୀପରୁ
ମନଧ୍ୟାନ ଦେଇ ଶୁଣୁଥାଉ।

୩
ମୁଁ ଶୋଇ ପଡ଼ିବାମାତ୍ରେ ମୋ ଜୀବନକାଳ
କେତେ କଥା ଲେଖିଯାଏ ପବନର ଅସଂଖ୍ୟ ପୃଷ୍ଠାରେ,
ମନଦୁଃଖ ମନେମାରି ହସିଦିଏ ତାର
ଉତ୍ପତ୍ତିଠୁଁ ଏ ପର୍ଯ୍ୟନ୍ତ ବ୍ୟାପିଥିବା ଗୋଧୂଳି ବେଳାରେ।
ହଠାତ୍ ଅଟକିଯାଏ କାଳାକାଳ ଶୁଭୁଥିବା ସ୍ୱର
ପଥର ପାଲଟିଥିବା ପୂଜାରିଣୀ କଣ୍ଠରେ, ତା ବାଳ
ଫିଟି ଲୋଟେ ଶୁଦ୍ଧପୂତ ନିସ୍ପନ୍ଦ ପିଠିରେ।
ଶଙ୍ଖ ମଲ୍ ମଲ୍ ସ୍ତନ ଭିତରେ ରହିଛି
ମରିବାକୁ ନିମନ୍ତ୍ରଣ, ଇତିହାସ ବର୍ଣ୍ଣିତ ପ୍ରତ୍ୟେକ
ଆକାଙ୍‌କ୍ଷା, ମୁଁ ତା ଆଜ୍ଞା ଶିରୋଧାର୍ଯ୍ୟ କରି
ଛଅଖଣ୍ଡ କାଠ ଖୋଜେ ବ୍ରହ୍ମାଣ୍ଡ ଗୋଟାକ
ବିଜୟ ମୁକୁଟ ପିନ୍ଧି ମୁଁ ଆସେ ଓ ମୋର
ଆତ୍ମାକୁ ଆଉଁସି ଦିଏ, ଭୟରେ ସେ ଥରେ।
ଲୁହ ଉବୁଟୁବୁ ହୁଏ ତା ଦୁଇ ଆଖିରେ।

ତମ ପ୍ରତିମୂର୍ତ୍ତି

ଯେଉଁଦିନ ତମ ପ୍ରତିମୂର୍ତ୍ତି
ସ୍ଥାପିତ ହେବ ମୁଁ ଦେବି ପକ୍ଷୀଙ୍କୁ ଆହାର,
ଦେଶର ଭୟାଳୁ ସାଧୁସନ୍ଥଙ୍କର ଅଧିବେଶନରେ
ଭାଷଣ ଦେବି ଓ ଫୁଲମାଳ ପିନ୍ଧାଇବି
ଘାତକଙ୍କ ବାଷ୍ପୀୟ ବେକରେ।
ପଥରର କ୍ଷତମାନ ପିଲାଙ୍କୁ ଦେଖାଇ।
କହିବି କରୁଣା ବାସେ ଏପରି ଭାବରେ।
ଝୋଲାମାରି ଯାଉଥିବା ବାଟୋଇମାନଙ୍କୁ
କହିବି ବିଶ୍ରାମ କର ଏ ମୂର୍ତ୍ତି ଛାଇରେ।
ଡକାୟତ ଦଳ ଦ୍ୱାରା ନିଯୁକ୍ତ ସିପାହୀ-
ମାନଙ୍କୁ କହିବି ତମ ମୁହଁ ଭାବିବାକୁ,
ନଈକୁ ଡାକିବି ଆସ ଜଳାର୍ଣ୍ଣବ ହୋଇ
ସଂସାରରୁ ଛିନ୍ନ କର ଆମର ଗାଆଁକୁ।
ହୁଏତ ତ ସେଦିନ ଘୋର ବର୍ଷା ଯୋଗୁଁ
ଲଢ଼ାଲଢ଼ି ରହିବ ସ୍ଥଗିତ,
ହୁଏ ତ କୃଷକମାନେ ହଳ ଓ ବଳଦ
ଧରି ବାହାରିବେ ଏବଂ ପୂରା ରଣକ୍ଷେତ୍ର
ଚଷି ଦେଇ ଯିବେ ଏବଂ ହୁଏ ତ ସେଦିନ
ଲୋକଙ୍କର ଆତ୍ମାମାନେ ପାସୋରି ନିଜକୁ
ଡହଳବିକଳ ହୋଇ ଚାହିଁ ରହିଥିବେ
ଅନ୍ୟ ଏକ ସ୍ୱର ଶୁଣିବାକୁ

ହୁଏ ତ ସେଦିନ ତମ ମୂର୍ତ୍ତିରୁ ସେମାନେ
ମଳିଧୂଳି ଝାଡ଼ିଦେବେ ରୁମାଲ୍‌ରେ ଏବଂ
ହୁଏ ତ ସେଦିନ ତମ ମୂର୍ତ୍ତିକୁ ମୁଁ ନିଜେ
ଭାଙ୍ଗିଦେବି, ଯେହେତୁ ଜୀବିତ
ଲୋକଙ୍କର ପ୍ରତିମୂର୍ତ୍ତି ଗଢ଼ିବା ଆମର
ଲୋକାଚାର ପ୍ରକାରେ ବର୍ଜ୍ଜିତ।

ବିଚ୍ଛେଦ

୧

ଏକ ପରେ ଅନ୍ୟ ଏକ ଅନ୍ଧାରକୁ ଡେଇଁ
ମୁଁ ଲୁଚାଏଁ ଚନ୍ଦ୍ରଦ୍ୱାରା ପରିତ୍ୟକ୍ତ ହେବା ଅପମାନ,
ଜୀବନ ଗୋଟାକଯାକ କଟିଗଲା ଚାହିଁଚାହିଁ କାଳେ
ଫଟୋର ଆଖିର ପତା ମିଟିଟିଟି ହେବ, ତାର ଓଠ
ଥରି ଥରି ମେଲା ହେବ ତିଆରିବା ଲାଗି
କେତୋଟି ଶବ୍ଦ ମୁଁ ଯାହା ଶୁଣିବାକୁ ଡେରିଥିଲି କାନ।
କି ମୂର୍ଖାମି! ମୁଁ ବୁଝିବା ଉଚିତ୍ ଥିଲା ଯେ
ଏପରି କାମନା ଦ୍ୱାରା ପ୍ରମାଣିତ ହୁଏ
ପୃଥିବୀର ମହାନିଦ୍ରା ଜୀବାତ୍ମାକୁ ବେଢ଼ିଛି, ମୃତ୍ୟୁର
ପୋତି ହୋଇ ଆସୁଥିବା ପୋଖରୀର ସଢ଼ା ପାଣିରେ ସେ
ତା ନିର୍ଦ୍ଦିଷ୍ଟ ଆୟୁଷ ବିତାଏ।

ଅନ୍ୟ କେଉଁ ପ୍ରକାରେ ମୁଁ କରିଥାନ୍ତି କାମନା? ଯେପରି
ଫୁଲ କରେ, କିନ୍ତୁ ମୋର ଶରୀର
ଅଧେ ଜଳିଯାଇଥିଲା, ଭୁଲନ୍ତି କିପରି
ନିଜ ଭିତରର ଯେତେ ଯନ୍ତ୍ରଣା ଓ ଯେତେକ ଅଙ୍ଗାର?
ମୋ ନିଷ୍ଫଳ ଇତିହାସ ଅରଣ୍ୟ ଭିତରେ
ନିଷ୍କୃତିର ବାଟ ଖୋଜି ବେଳେବେଳେ ବାଟବଣା ହେଲି,
ବେଳେବେଳେ ମୋ ଦେହରେ ଖୁବ୍ ଜର ତାତି ଥିଲାବେଳେ
ନାନାଦି ବିଚିତ୍ର ରୂପମାନଙ୍କୁ ଦେଖିଲି

ଶୁଣିଲି ଅନେକ ସ୍ୱର, ଏସବୁ ମୁଁ ଅଙ୍ଗେ ନିଭାଇଛି।
ତମେ ଯଦି କହିଥାନ୍ତ ପଦେ କଥା, ଯଦି ତମ ଆଖି
ନିଶ୍ଚଳ ନ ହୋଇଥାନ୍ତା ଅଗୋଚର ସୁନାଖଣି ପରି
ଏ ଜୀବନ ହୋଇଥାନ୍ତା ପୃଥକ୍, ମୋ ନିଃଶ୍ୱାସ ତାରାଙ୍କ
ଆଲୁଅରେ ଯାଇଥାନ୍ତା ତମର ଛାତିକୁ
ଘଣ୍ଟଧ୍ୱନି ଆରୋହଣ କରି।

୨
ତମେ ଆଉ ଆସୁନାହଁ ମୋ ସ୍ୱପ୍ନକୁ
ମୁଁ ତମକୁ ଭୁଲିଯିବା ପରେ
ଯଦିଓ ଏବେ ବି ମତେ ସୁସମ୍ବାଦ ଆଣିଥିବା ଟେଲିଗ୍ରାମ୍
ବେଳେବେଳେ ମିଳୁଛି ସ୍ୱପ୍ନରେ।
ସେସବୁ ହୁଏତ ତମେ ପଠାଉଛ ତମେ ଏବେ ରହୁଥିବା
ପୃଥକ୍ ସ୍ୱପ୍ନରୁ,
ପ୍ରତି ରୋଗା ମୁହଁ ଦିଶେ ମୁଁ ତମକୁ ଭୁଲିଯିବା ପରେ
ତମ ମୁହଁ ପରି ଏବଂ ତମର ଆଖିର
ଅତଳ ସମୁଦ୍ର ଦିଶେ ପ୍ରତ୍ୟେକ ଆଖିରେ।
ତମେ ଲୁଚି ରହିଥିବା ରହସ୍ୟରେ ପ୍ରତି ଘର ଝଲ୍ ମଲ୍ କରେ।
କି ସୁନ୍ଦର ଫୁଲମାନେ ଚାହୁଁ ଚାହୁଁ ଫୁଟନ୍ତି ରାସ୍ତାରେ।
ଯାତାୟାତ ବନ୍ଦ ହୁଏ, କାହାରି ସାହସ ନାହିଁ ଚାଲିଯିବ ଅଜ୍ଞାତ
ଶକ୍ତିରେ
ଶକ୍ତିମାନ ଫୁଲଙ୍କର ବଗିଚା ଉପରେ।
ଏକରେ ବଗିଚା ତାର ଦି'ପାଖରେ ହଜାର ହଜାର
ଲୋକ ଓ ମଟରଗାଡ଼ି ରହିଗଲେ, ସେମାନଙ୍କ ପଛରେ ହଠାତ୍
ଆହୁରି ଅନେକ ଫୁଲ ଫୁଟିଲେଣି, ବନ୍ଦ ହେଲା ବାଟ ଫେରିବାର
ସେମାନେ କେବଳ ସିନା ଅପେକ୍ଷା କରିବେ ମୁଁ ଯେପରି
ଅପେକ୍ଷା କରୁଛି
କୌଣସି ଲକ୍ଷଣ ନାହିଁ ଫୁଲଙ୍କର ମଉଳି ଯିବାର।
ବରଂ ମୁଁ ଦେଖୁଛି ତମେ ଆସୁଅଛ ରାତିଅଧ ରେଳଗାଡ଼ି ପରି,

ଚାଲିଯାଅ ମୋ ବେକକୁ କାଟିଦେଇ, ଏ ଘଟଣା ପରେ
ବଞ୍ଚିବା ସମ୍ଭବ ଖାଲି ତମ ଦ୍ରୁତ ଚାଲିବା ଶବ୍ଦରେ
ତମେ ଯେବେ ସମୁଦ୍ରର ଢେଉ ହୋଇ ମାଡ଼ି ଆସ,
ଧୋଇ ନେଇଯାଅ
ଅସଂଖ୍ୟ ବାଲିର ଘର ସମୁଦ୍ର କୂଳରେ।

୩
ସ୍ୱପ୍ନରେ ପଛକେ ହେଉ
ତମ ସାଙ୍ଗ ଥରେ
ଦେଖାହେବା ପରେ ଆଉ କିଛି ଲୋଡ଼ା ନାହିଁ, ତମ
ସ୍ୱର ଥରେ ଶୁଣିବା ଉତ୍ତାରେ,
ଦେଖିବା ଉତ୍ତାରେ ତମ ଅପାସୋରା ଆଖି
ଆଉ କିଛି ଲୋଡ଼ା ନାହିଁ, ମତେ
ଶୁଭିଲାଣି ତମେ ଯାହା କହିବ ଏଥର।
ତମ ନୀରବତା ଅତି ସଂକ୍ଷିପ୍ତ, ସେପରି
ଅବଶିଷ୍ଟ ପରମାୟୁ ମୋର।
ତରାଙ୍କଠୁଁ ମୁଁ ଶିଖିଛି ଅପେକ୍ଷା କରିବା।
ଦେଖ ମୋର ଆଖି ଆଉ ମରୁଭୂମି ନୁହେଁ।
ଦେଖ ମୋ ହତାଶା ଏବେ ତମ ପରି ସୁନ୍ଦର ଦୂରରେ
ଯେବେ ତମ ରୂପ ଦେଖାଯାଏ।
ଅଣାୟତ୍ତ ବତାସର ହସିବା ଭାବରେ।
ତମେ ସବୁ ବୁଝିପାର,
ବୁଝିପାର ନିର୍ଜ୍ଜନତା, ଦୁଃଖ, ଅନ୍ଧକାର,
ମୁଁ ଅପେକ୍ଷା କରିଅଛି କେତେବେଳେ ତମେ
ମୃତ୍ୟୁକୁ ଇସାରା ଦେବ, ତମର ଫଟୋର
ଯୋଜନ ଯୋଜନ ବ୍ୟାପି ଆକାଶର ଆନନ୍ଦ ସହିତ
ମୋ ସମୟ ହେବ ଏକାକାର।

ଗୋଟିଏ ସମ୍ବନ୍ଧ ଶେଷେ

ତମକୁ ମୁଁ ଖୋଜି ଖୋଜି
ପହଞ୍ଚିଲି ମୋ ଚେଷ୍ଟାର ସୀମାନ୍ତ ପ୍ରଦେଶେ,
ସେଠାରେ ବି ତରବାରୀ ରଣଝଣ ହୁଏ,
ସେଠାରେ ବି ମରିବାର ଭୟ ମାଡ଼ି ଆସେ,
ସେଠାରେ ବି ମୁଁ ଏକାକୀ
ମୋ ଆତଙ୍କ, ଶୋଚନା ସହିତ,
ସେଠାରେ ବି ମରୁଭୂମି, ତା' ଭିତରେ ତମେ
ମୋ ଅଜ୍ଞାତ ହୁଅ ଆତଯାତ।

ତମର ଦିନକୁ ଦିନ ବିଭିନ୍ନ ରୂପକୁ
ଆପଣାର କରି ଆସୁଥିବା
ମୋ ଦୃଷ୍ଟିର ଶକ୍ତି ନାହିଁ ପୁଣି ଏକ ନୂଆ ଚେହେରାକୁ
ଆଲିଙ୍ଗନେ ଜୀବନ୍ତ କରିବା,
ଆଜୀବନ ଅନ୍ଧକାର ଭିତରେ ବେଦମ୍
ହୋଇ ଧାଉଁଥିବା ମୋ ଆତ୍ମାରୁ
ଝାଳ ପୋଛିଦେବା ଲାଗି ମୋ ହାତରେ ଜୋର୍
ଆଉ ନାହିଁ ଏବଂ ମୋ ମନରୁ
ତମେ ଦେଖାଦିଅ ବୋଲି ପ୍ରାର୍ଥନା କରୁଆଡ଼େ
ଚାଲିଗଲା, ମୁଁ ଲୋଡୁଛି ବାକି ପରମାୟୁ
ତମେ ଥିବା ସ୍ୱପ୍ନ ଦ୍ୱାରା କଲବଲ ନ ହୋଇ ନିଦର
ଗୋଟିଏ ଅଚେତ ପର୍ଯ୍ୟାୟରେ କଟିଯାଉ।

କ୍ରମାଗତ ଆସୁଥିବା ଦିନ ଆଉ ରାତି
ତିଆରି କରନ୍ତୁ ଏକ ଦୁର୍ଘଟଣା ଆମେ ଯେଉଁଥିରେ
ସମ୍ପୂର୍ଣ୍ଣ ଅଲଗା ହେବା, ମୋର ମୃତ୍ୟୁ ହେବ
ତମ ଉଦାସୀନତା ବାହାରେ।

କିନ୍ତୁ ମୋର ସମୟର ଶେଷ କଣ ହେବ
ଶେଷ ମଧ୍ୟ ତମ ସମୟର ?
ତମେ ମୋର ସ୍ମୃତି ଏବଂ ଆଶାଙ୍କ ବନସ୍ତେ
ଅନାୟାସେ ଝଡ଼ ଆଣିପାରେ
ସାମାନ୍ୟ ନିଃଶ୍ୱାସେ, ମତେ ଛିନ୍ନ କରି
ମୋର ମୃତ୍ୟୁଠାରୁ ତମେ ରୁଦ୍ଧ ଦେଇପାର
ତମକୁ ଚିହ୍ନିବା ପୂର୍ବ ସମୟକୁ ଫେରିବାର ବାଟ,
ସେତେବେଳେ ରାତି ନିଜ ହତାଶାର ଧଳା
ରକ୍ତର କାକର ଦ୍ୱାରା ବୋଝେଇ ବୋଇତ
ପଠାଇ ନ ଥାଏ, ସେତେବେଳେ ଗଛପତ୍ରଙ୍କର
ନିଜ ସଙ୍ଗେ ମିଶିଥାଏ ମୋର ଭବିଷ୍ୟତ।

ଜୀବନ ଗୋଟାକଯାକ
କଟିଗଲା ଏପରି ଭାବରେ,
ବର୍ତ୍ତମାନ ଆଖି ମୋର କ୍ଳାନ୍ତ ଚାହିଁ ଚାହିଁ
ତମେ କାଳେ ଆସୁଥିବ ତାରାଙ୍କ ଭିତରେ,
କାନରେ ନ ଥିଲା ନିଦ ଚାହିଁ ଚାହିଁ ତମ
ଆସିବା ଆଗରୁ ଯେଉଁ ବାଦ୍ୟଧ୍ୱନି ଶୁଭେ,
ମୋ ଅଜସ୍ର ଶବ୍ଦଙ୍କୁ ମୁଁ କଲି ପରିଣତ
ଫୁଲରେ ଯେହେତୁ ଚୁମା ନେଲାବେଳେ ନେବ
ଶରତରତୁର ସର୍ବପ୍ରଥମ ଅମୃତ।

ଆଜି କିନ୍ତୁ ମୋ ନିଜସ୍ୱ ସମୟରେ
ଭଙ୍ଗାରୁଜା ମୋ ଦେହର ଅନେକ ଦାରୁଣ

ସ୍ମୃତି ତମେ ପରିତ୍ୟାଗ କରିଥିବା ମୋର ନିୟତିରେ
ଗୋଟି ଗୋଟି ହୁଅନ୍ତି ବିଲୀନ;
ତଥାପି ମୋ ହାଡ଼େ ହାଡ଼େ
ଅପ୍ରମିତ ଶାନ୍ତି, ବୁଝାମଣା,
ମୁଁ ବୁଝୁଛି ଆଉ କିଛି ଅଛି ଯାହା ଅଟେ
ତମ ପ୍ରେମ ଅପେକ୍ଷା ପୁରୁଣା,
ମୁଁ ବୁଝୁଛି ଆଉ କିଛି ଅଛି ଯେଉଁଥିରେ
ପୃଥିବୀ ସର୍ଜନା ଆଗୁଁଥିବା ବାଦ୍ୟଧ୍ୱନି ଶୁଣି ଶୁଣି
ମୁଁ ନିଶ୍ଚିହ୍ନ ହୋଇଯିବି, ମୋ ନିସ୍ତେଜ ଦେହ
ମରୁଭୂମି ହୋଇଯିବ, କାଠକୋଇଲା ଓ
ସ୍ତବ୍ଧତା ଓ ଖରାଦିନ ବାସୁଥିବା ହାତ ମୋ ଆଖିରୁ
ପୋଛିଦେବ ସବୁଯାକ ଲୁହ।

ଆତ୍ମୀୟତାର ତିନୋଟି ପର୍ଯ୍ୟାୟ

୧

କାହା ଡାକ ପହଞ୍ଚିବ
ସେ କାନ ପାଖରେ ?
ସେ କାନ କେବଳ ଶୁଣେ ପ୍ରତିଧ୍ୱନି, ସବୁ
ସ୍ୱର ଅଟେ ତାର ନିକଟରେ
ଗୋଟିଏ ସ୍ୱରର ପ୍ରତିଧ୍ୱନି ଯେଉଁ ସ୍ୱର
ଶୁଭୁଥାଏ ବିନା ଉଚ୍ଚାରଣେ
ନିର୍ବାସିତା ରାଣୀଙ୍କର ଉଆସରେ ପ୍ରତି
କୋଣେ କୋଣେ, ଅସଂଖ୍ୟ ପ୍ରାଙ୍ଗଣେ

ବାଟ ଭୁଲି ମୁଁ ଆସିଲି
ତାଙ୍କ ସାମ୍ରାଜ୍ୟକୁ ।
ସେ ମତେ ଚିହ୍ନନ୍ତି ନାହିଁ, ପାଗଳିନୀ ପ୍ରାୟେ
ଅସ୍ୱୀକାର କରୁଛନ୍ତି
ସବୁରି ସତ୍ତାକୁ,
ବଦଳାଇ ଚାଲିଛନ୍ତି
ସବୁ କିଛି, ଆଉ ଟିକକରେ
ମତେ ବି ମିଶାଇ ଦେବେ
ପବନ ଭିତରେ ।

କିଏ ସେ ଶୁଣିବ ମୋର
ପ୍ରତିବାଦ, ମୋ ଦେହ ବୃତ୍ତାନ୍ତ
କାହା ମନେଥିବ ? ଏ ଦେହ ଜନ୍ମିଲା
ଅନ୍ୟ ଦେହୁଁ, ସେହି ଅନ୍ୟ ଦେହ
ପୁଣି ଅନ୍ୟ ଦେହୁଁ ହେଲା ଜାତ।
ଦେହରେ ନିର୍ମିତ ମୋର
ତ୍ରିକାଳ ଆକାଶେ
ମିଛ ସୂର୍ଯ୍ୟୋଦୟ ଆଗୁଁ
କୁଆଁତାରା ଦିଶେ।

୨
ଯାଆରେ ଚଢ଼େଇ ଯାଆ
ତିନିଟି କୁଟାରେ
ତିଆରି ବସାରୁ ଉଡ଼ି
ଗଛପତ୍ରଶୂନ୍ୟ ଆକାଶରେ।
ସୂର୍ଯ୍ୟଚନ୍ଦ୍ର ହୁଅନ୍ତୁ ତୋ
କାନର ଝୁମୁକା,
ନିଶ୍ଚଳ ପବନେ ଉଡୁ
ତୋ ଉଡ଼ନ୍ତା ନାଆର ପତାକା।
ତୋ ବ୍ରହ୍ମାଣ୍ଡେ ବର୍ଷମାସ
ଦିନମାନଙ୍କର
ଯାଆ ଆସ ବନ୍ଦ ହେଉ,
ତୋ ଉଡ଼ିବା ହେଉ ଫେରିବାର
ମହାସୁଖ, ତୁ କାହାର ନୋହୁଁ,
କିଛି ନୁହେଁ ତୋର, ତୁ କେବଳ
ନିର୍ମାୟା ଚଢ଼େଇଟିଏ
ଅତିକ୍ରମ କରି ତିନିକାଳ,
ଅତିକ୍ରମ କରି ହିଂସ୍ର

ଆତଙ୍କିତ ହାହାକାରମୟ
ବନସ୍ତ ତୁ ଉଡ଼ିଯାଆ,
ତୋ ନିର୍ବାକ୍ ବିଭୋର ହୃଦୟ
ପଦ୍ମର ପଲଙ୍କ ହେଉ
ପଲଙ୍କ ଉପରୁ
ଯୁଗ ଯୁଗ ଚାହିଁଥିବା ବିଦେହୀ ସୁନ୍ଦରୀ
ତୋ ଭାଗ୍ୟକୁ ଟେକି ଆଣୁ
ଅସଂଖ୍ୟ ଜନ୍ମରୁ ଏବଂ
ଅସଂଖ୍ୟ ମୃତ୍ୟୁରୁ ।

୩

କାନ୍ଦକାନ୍ଦ ଆକାଶର
ଭୋଜବିଦ୍ୟା ଫଳେ
ତମେ ମୁଁ ଏକାଠି ହେଉଁ
ତମ ଆଖିପତା ଛାଇ ତଳେ ।
ତମ ଅପେକ୍ଷାରେ ପ୍ରତି
ଦୀର୍ଘନିଃଶ୍ୱାସରେ
ଜୁଆର ଯାଉଚି ମାଡ଼ି
ମୋ ନଈପଠାରେ ।
କେଉଁଠି ରଖିଲ କହ
ନ ଫୁଟିବା ଫୁଲ,
କାଳକାଳ ନ ଫଳିବା
ବିଷାଦରେ ନିଷ୍ଫଳ ଫସଲ ?
କେଉଁଠି ରଖିଲ କହ
ବାଲିଚର ଯୋଜନ ଯୋଜନ,
ଅନିଚ୍ଛାର ଦିପହରେ
ନିଛାଟିଆ ଦିନପରେ ଦିନ ?

ଅବଶେଷେ ଯେତେବେଳେ ତମ
ସୁଖରେ ମୁଁ ମିଶିଯିବି ମୋର
ମନେ ପଡ଼ିବନି ତୃଷା,
ନିର୍ଜ୍ଜନତା ଅନେକ ଜନ୍ମର,
ବା କିମ୍ଭୂତକିମାକାର ମେଘ
ସାକ୍ଷୀ ମୋର ଆଶା ନିରାଶାର।
କ୍ଲାନ୍ତ ଋତୁମାନେ ତାଙ୍କ
ନାନାଜାତି ଫୁଲଙ୍କ ସହିତ
ଢେଉ ଢେଉ ଆନନ୍ଦରେ
ବୁଡ଼ିଯିବେ। ତମେ ଆଲୋକିତ
ଭାଷାରେ କହିବ ଯାହା
ଅନାୟାସେ ବୁଝିପାରୁଥିବି,
ତମକୁ ଉତ୍ତର ଦେବା
ବେଳେ ତମେ ହୋଇଯାଇଥିବି।

ଶେଷରେ ମୁଁ ନିଜେ

୧

ପୁଣି କେଉଁ ବଗିଚାର
କନ୍ଦି ବିକନ୍ଦିରେ
ନିରୁଦ୍ଦିଷ୍ଟ ସୁବାସର
ପଲଙ୍କ ଉପରେ
ବସି ତମେ ଡାକୁଅଛ,
ମୁଁ ଉତ୍ତର ଦେବି କି ନ ଦେବି
ବୁଝିପାରୁ ନାହିଁ। ମୋର ରକ୍ତ ନୁହେଁ
ଆଗପରି ଉଷୁମ, ତମର
ଅମାପ ଉତ୍ତାପପୂର୍ଣ୍ଣ
ଡାକବେଳେ ରହେ ନିରୁତ୍ତର।

ଆମର ଦୂରତ୍ୱ କେତେ
ମୁଁ କଳ୍ପନା କରେ।
ତମ ପାଇଁ ବୋହୁଥିବା
ପ୍ରତି ବୁନ୍ଦା
ଲୁହ ସ୍ପର୍ଶ କରେ।
ମତେ ଧରି ରଖିଥିବା
ଗର୍ଭର ପାଚେରୀ
ଧକ୍କା ମାରି ଦୋହଲାଏ।
ନା, ନା, ତମ ଅଶରୀରୀ

ସମ୍ଭାବନା ମୋର ନୁହେଁ।
ମୁଁ ଏକାକୀ।
ମୁଁ କାହାର ନୁହେଁ।
ମୋ ମଳିନ ଇସ୍ପାତର
ନିୟତିରେ
ତମେ ପୁଣି କିଏ ?

୨
ମୁଁ ପହରାବାଲା ହୋଇ
ଅନ୍ଧାରରେ ଠିଆ ହେଲି
ମୋ ନିଜର ବାଟକୁ ଆଗୁଳି।
ହେ ଅନୁପ୍ରବେଶକାରୀ, ଦେଖିପାରୁନାହଁ
ମୋ ମାଂସରେ ବୁଜା ସବୁ
ବାହାରକୁ ଯିବାର ଉପାୟ ?

ତମ ହାତ କମ୍ପୁଅଛି
କେଉଁ ଉତ୍ସାହରେ !
ସକାଳେ ଝରଣା ପରି
ତମ ଆଖି ଚକ୍ ଚକ୍ କରେ।
କେଉଁ ମିଛ ସୂର୍ଯ୍ୟୋଦୟ
କେଉଁ ମିଛ କ୍ରମବିକାଶର
ଭୋର୍ ବେଳେ ପ୍ରତାରିତ
କଳା ତମ ଜନ୍ମ ଜନ୍ମାନ୍ତର !
ମୁଁ ସଶସ୍ତ୍ର ନୀରବତା,
ରକ୍ତହୀନ ଅଟଳ ପର୍ବତ।
ତମ ଷଡ଼ଯନ୍ତ୍ର ଲାଗି
ବହୁଦିନୁଁ ହେଲିଣି ପ୍ରସ୍ତୁତ।
ଜାଣିଥିଲି
ଅପାର୍ଥିବ ଦୁଃସାହସେ ଦିନେ

ମୋ ଅନ୍ଧାର କାନ୍ଥବାଡ଼
ସୂର୍ଯ୍ୟ ଚନ୍ଦ୍ର ତାରା ବିଜ୍ଞାପନେ
ପୂର୍ଣ୍ଣକରି ଆଲୋକର ପ୍ରହେଳିକା ଦ୍ଵାରା
ଆଲୋକିତ ବାଟରେ ଆସିବ,
ଜାଣିଥିଲି, ତେଣୁ ତମ ପରିତ୍ୟକ୍ତ
ଆୟୁଷ କିପରି
ମୋ ପ୍ରାଚୀନ କୁଣ୍ଠା ଆଉ ନିରାଶାର
ସାମ୍ରାଜ୍ୟର ସୀମାନ୍ତ ଡେଇଁବ ?

୩

ତମେ ସିନା ବାଛିପାର ପ୍ରବେଶ ଓ ପ୍ରସ୍ଥାନର ବେଳ,
ସୁଚିନ୍ତିତ କାଇଦାରେ ସାଜିପାର ଯିବା ଓ ଆସିବା,
ତମେ ସିନା ସଉକ୍‌ରେ ଏଠି ବାଟ କିଛି କାଳ, କିନ୍ତୁ
ମୋ ଭାଗ୍ୟରୋ ଅଛି ଖାଲି କାଳକାଳ ଏଠାରେ ରହିବା ।
ମୋର କିଛି ହାତ ନାହିଁ କେଉଁ ଘଟଣାରେ ।
କିଛି କେବେ ଘଟେ ନାହିଁ ମୋ ଇଚ୍ଛା ବା ସୁବିଧାନୁସାରେ ।
ଏଣିକି ଘଟିବ କଣ ? ଯେଉଁଠାରେ କିଛି
ଅଗ୍ରସର ହୁଏ ନାହିଁ, ବଙ୍କା ହୋଇ ବରଂ ଫେରିଆସେ
ଆରମ୍ଭର ଅବସ୍ଥାକୁ, ସେପରି ଜାଗାରେ
ପହଞ୍ଚିବା ପରେ ତମ ସହିତ ସମ୍ପର୍କ
ଆଉ କଣ ? ଦେଖ ଆମ ବିଦାୟ ବେଳରେ
ପବନରେ ଉଚ୍ଚାରଣ ନାହିଁ, ଖାଲି ଯାହା ଶୁଭେ
ଓହ୍ଲାଇବା ଶବ୍ଦ ମାଂସପେଶୀରେ ଓ ଶିରାପ୍ରଶିରାରେ ।

ବିଶ୍ଵାସ କର ମୁଁ ଏବେ
ମୋ ନିର୍ଜ୍ଜନ ମୁହୂର୍ତ୍ତରେ ଆତଙ୍କିତ ନୁହେଁ ।
ମୁଁ ଜାଣିଛି, ଜୀବଦ୍ଦଶା ସରିବନି ଉଚିତ ବେଳରେ
କାହା କାହା କପାଳରେ ଥାଏ ।
ଯେଉଁମାନେ ଅବଶେଷେ ଆକାଶମଣ୍ଡଳେ

ତାରା ହୋଇ ଝଲସନ୍ତି ସେମାନଙ୍କ ପ୍ରତି
ଈର୍ଷା ନାହିଁ, ମିଟିମିଟି ଆଖିରେ ସେମାନେ
ତମକୁ ନ ବୁଝିପାରି ଚାହିଁ ରହିଥାନ୍ତି।
ତମେ ଜାଣ ମୁଁ ତମକୁ ଚିହ୍ନିଛି, ଆମର
ଦିନ ସବୁ ରଙ୍ଗ କର ଆଉ ମଧ୍ୟ ଜାଣେ ଯେ ନକଲି
ରଙ୍ଗ ବ୍ୟବହାର କର, ତମ ରଙ୍ଗ ଧୋଇ ହୋଇଯାଏ
ପ୍ରଥମ ବର୍ଷାରେ, କାନ୍ଥ ଦିଶେ ଅସୁନ୍ଦର।

ଜାଣେ ସବୁ ଜାଣେ କିନ୍ତୁ ପାଟି ଫିଟାଏନି।
ଅସ୍ଥିମଜ୍ଜା ଭେଦକରି ରହିଥିବା ଚିହ୍ନା ପରିଚୟ
ଅସ୍ଥିମଜ୍ଜା ଭିତରେ ହିଁ ରହିଯାଏ, ଶବ୍ଦମାନଙ୍କର
ବୁଦ୍ଧି ସେହି ଅବସ୍ଥାରେ ବଡ଼ ଦୟନୀୟ।
ସେଠାରେ ଆଗକୁ ନାହିଁ ଏକ ପରେ ଏକ
ଉନ୍ମୁକ୍ତ ଦୁଆର, ସେ ଅବସ୍ଥା ଆସେ
ଶେଷ ଦୁଆରଟି ବନ୍ଦ ହୋଇଯିବା ପରେ।
କିଏ ସେ କୁଆଡ଼େ ନାହିଁ, ଦିନ କଟିଯାଏ
ଏକା ଏକା, ନିଜର ସାଙ୍ଗରେ।

ଶରତର ରାତିଟିଏ

ହେ ଶୀତଳ ସମୁଦ୍ର ମୁଁ ଆଜିକ ନଫେରେଁ
ତମ ନିକଟକୁ, ଆଜି ରାତିସାରା
ବୁଲୁଥାଏଁ କକ୍ଷଚ୍ୟୁତ ତାରାଙ୍କ ସାଙ୍ଗରେ।
ନାନାଦି ଉଜ୍ଜ୍ୱଳବର୍ଣ୍ଣ ଚଢ଼େଇଙ୍କ ପ୍ରେତାତ୍ମା ସହିତ
ଆଜି ଲାଗି ଗପିବାକୁ ଅନୁମତି ଦିଅ,
ମୁଁ ଶୁଣେ ତାଙ୍କର ବାଷ୍ପରୁଦ୍ଧ ବର୍ଣ୍ଣନାରୁ
ଅଲୌକିକ ଘଟଣାରେ ପୂର୍ଣ୍ଣ ଦିନମାନଙ୍କ ବିଷୟ।
କାଲି ପଛେ ମନଇଚ୍ଛା ଗର୍ଜନ କରିବ;
ଦିଗ୍‌ବିଦିଗେ ମାଡ଼ିଯିବ, ତମର ଭୋକିଲା
ଶୂନ୍ୟ ଅଭ୍ୟନ୍ତରକୁ ମୋ ସତ୍ତା ଶୋଷିନେବ,
ଆଜି କିନ୍ତୁ ଛାଡ଼ିଦିଅ ମୋ ଆତ୍ମାକୁ
ବୁଲିବାକୁ ନିର୍ଭୟ ଭାବରେ,
ଆଜି ସେ ପାଲଟିଯାଉ ସ୍ୱପ୍ନଟିଏ
ଅନ୍ୟ ଏକ ସୁନ୍ଦର ସ୍ୱପ୍ନରେ,
ଆଜି ସେ ନିଖୋଜ ହେଉ ଫୁଟି ଆସୁଥିବା
କଢ଼ିର ଆନନ୍ଦେ, ସନ୍ଧ୍ୟାବେଳ କଣ
ଏ ଯାଏଁ ନଜାଣିଥିବା ଆଲୋକ ରଶ୍ମିରେ।

ଜନ୍ମଜନ୍ମ ହତାଶରେ ମୁଁ ଖୋଜିଛି
ସ୍ୱାଧୀନତା ଆଜିର ରାତିର,
କଥା କହୁ ନଥିବା ଓ ପଲସ୍ତରା ଝଡ଼ି ପଡୁଥିବା

କାନ୍ଥର ସାମ୍ନାରେ ବସି ଯୁଗଯୁଗାନ୍ତର
ମୁଁ ଶୁଣିଛି ଟଣ୍‌ଟଣ୍ ଆବାଜ ମୋ
ଭଙ୍ଗାରୁଜା ହାଡ଼ମାନଙ୍କର ।
ଶାଗୁଣାକୁ ଦେଇଛି ମୋ ଶରୀର, ତମକୁ
ଦେଇଛି ମୋ ସାରା ଭବିଷ୍ୟତ,
ଆଜି କିନ୍ତୁ କାକର ଓ ଚନ୍ଦ୍ରକିରଣରେ
ବାସୁଥିବା ପୁନରୁଜ୍ଜୀବିତ
ଫୁଲଙ୍କର ମାଳଟିଏ ଏକମାତ୍ର ଇଚ୍ଛାର ବେକରେ
ପିନ୍ଧାଇ କରିବି ତାକୁ ବିସ୍ମୟାଭିଭୂତ ।

ମୋ ଅହଙ୍କାରକୁ ଆଜି ପ୍ରଥମ ଥର ମୁଁ
ପରିଣତ କରିଦେବି ଦୀର୍ଘ ନିଃଶ୍ୱାସରେ,
ସମୁଦାୟ ସମୟ ମୁଁ ଏକାଠି ଧରିବି
ଆଉ ଥରେ ତିଆରି ହାତରେ,
ଦୁଃଖ କଷ୍ଟ ପୋଛିଦେବି ସ୍ୱରରୁ, ମୁଁ କେଉଁ
ଉଷ୍ଣମଣ୍ଡଳର ଦେଶେ ଗୋଟିଏ ଝରଣା
ହୋଇଯିବି, କୁଳୁକୁଳୁ ଶବ୍ଦ ଶୁଭୁଥିବ
କଥା କହୁଥିବା ବେଳେ, ବହୁଦିନୁ ଭଲ ପାଇବାର
ଉଲ୍ଲାସର ପ୍ରତିଧ୍ୱନି ପବନରେ ଭାସି ଆସୁଥିବ ।

ଆଜିକ ଏତିକି ଦିଅ, କାଲିଠୁଁ ପିଇବି
ରକ୍ତ ଓ ପାଉଁଶମିଶା ପାନୀୟ, କାଲିଠୁଁ
ପ୍ରତ୍ୟେକ ରାତି ତ ତମ ପାଖରେ କଟିବ
ମୋ ଆସନ୍ତା ଦିନସବୁ ଏକ ଅସରନ୍ତି
ଚୁମ୍ବନର ଅସରନ୍ତି ରାତିଟିଏ ହେବ ।

ତମେ ଆଜି ମନେ ପଡ଼

ତମେ ଆଜି ମନେ ପଡ଼ ତମେ ଦେଖାଦିଅ
ଅସମାପ୍ତ ଦିନଙ୍କର ଖୋଲା ବଖରାରେ,
ତମ ଚନ୍ଦ୍ରବର୍ଣ୍ଣ ସତ୍ତା ଉଇଁ ଆସୁଅଛି
ପାଉଁଶରେ ପଲସ୍ତରା ସଚରାଚରରେ।
ମୋର ଭଙ୍ଗାରୁଜା ମନ
ପୁଣି ତମ ସମ୍ବନ୍ଧରେ ଯୋଡ଼ିଯାଡ଼ି ହୁଏ,
ପୁଣି ନୂଆ ଆଲୋକରେ ନିର୍ବାପିତ ତାରାମାନଙ୍କର
ନିରୁଦ୍ଦିଷ୍ଟ ଆୟତନ ଉଦ୍‌ଭାସିତ ହୁଏ।
କାକରରେ ସୁଡୁବୁଡୁ ଉଦ୍ଭିଦ, ପବନ
ବୁଝିନାହିଁ ଦୁଃଖଶୋକ ମରିବା ଦାୟିତ୍ୱ,
ବୁଢ଼ିଆଣି ଜାଲ ଆଉ ଅଳନ୍ଧୁ ଭିତରୁ
ସଂଗୃହୀତ ମୋ ହାତରେ ପୁଣି ତମ ହାତ।

ଜନଶୂନ୍ୟ ପୃଥିବୀର ନିଛାଟିଆ ଅନ୍ଧାର ଭିତରେ
ଆଦିମ ସନ୍ଧାନ ପରି ତମେ ଦୀର୍ଘଶ୍ୱାସ
ହୋଇ ମୋ ନିଦ୍ରିତ ବାଲିଚର ଉପକୂଳେ
ଉତ୍ତେଜିତ ରକ୍ତ ପରି ପୁଣି ମାଡ଼ିଆସେ;
ପୁଣି ଆଣ କୋଳାହଳ, ପକ୍ଷୀଙ୍କର ପ୍ରଥମ କାକଳି,
ଫେରିବାର ହୁଲସ୍ଥୁଲ୍ ପ୍ରଥମ ଚୁମାର
ଧରି ହେଉଥିବା ସ୍ୱପ୍ନ, ମୋ ପୁନର୍ଗଠିତ
ଶରୀରରେ ଆଲିଙ୍ଗନ ତମ ଶରୀରର।

ତମେ ଆଜି ମନେ ପଡ଼, ମୋ ବହଳ ଧୂଳିଧୁସରିତ
ଅଚେତନ ନିୟତିକୁ ତରଳାଇ ଦିଅ
ଜିଭର ଉତ୍ତାପେ, ଶିଖିଲା ପତ୍ରଙ୍କ
ଅଗୋଚର ଇତିହାସେ ଶୀର୍ ଶୀର୍ ହୁଅ
ଆତଙ୍କିତ ପବନର ରେଳଗାଡ଼ି ପରି।
ଅଲୌକିକ ପୁନର୍ଜନ୍ମ ପ୍ରତ୍ୟାଶାରେ ତମେ
ମୋ ନିର୍ଜୀବ କେନ୍ଦ୍ରବିନ୍ଦୁ ଆନ୍ଦୋଳିତ କରି
କେତେ ଧ୍ୱନି ପ୍ରତିଧ୍ୱନି କେତେ କୋଳାହଳ
ସୃଷ୍ଟି କର। କେତେ ବିଜୁଳୀରେ
ଭିଜାଅ ମୋ ରକ୍ତହୀନ ନକ୍ଷତ୍ର ମଣ୍ଡଳ!

ଆଜି କିନ୍ତୁ ମନେ ପଡ଼େ ମୋ ମୃତ୍ୟୁର ପୋଡ଼ା ତେଲ ଆଉ
ପୋଡ଼ା ରବରର ଗନ୍ଧ, ଭଲ ପାଇବାଠୁଁ
ପଛଘୁଞ୍ଚା ଦେଇଥିବା ହୃଦୟର ଭୟ ଚାରିଆଡ଼େ,
ମନେ ପଡ଼େ ମୋ ଚମଡ଼ା, ହାଡ଼ମାଳ, ହଠାତ୍ ଦିନେ ଯେଉଁ
ମାଂସ ବାଷ୍ପାକାର ହେଲା, ଆଉ ମନେ ପଡ଼େ
ମୋ ଶୀତ ରାତିଙ୍କର ନିର୍ଜ୍ଜନତା, ବରଫ ଭିତରେ
ପରିତ୍ୟକ୍ତ ଜାହାଜର ଶୀତରତ୍ନ, ଦୂରତ୍ୱ, ଅନ୍ଧାର,
ଅନୁପସ୍ଥିତି, ମୋ ଆତ୍ମା ଖସିପଡୁଅଛି
ରକ୍ତାକ୍ତ ହ୍ରଦକୁ ନାନା ଜଘନ୍ୟ ହତ୍ୟାର।
ସବୁ ମନେ ପଡ଼େ କିଛି ମନେ ପଡ଼େ ନାହିଁ,
ତମେ ମନ ପଡ଼ ନାହିଁ ଖାଲି ଯାହା ମୋ ଆଲିଙ୍ଗନର
ନକ୍ସାରେ ରହିଛି ନକ୍ସା ତମ ଶରୀରର।

ଆମେ ଦୁହେଁ

ମୁଁ ଫେରିଆସିଛି ତମ
ସାମ୍ରାଜ୍ୟରୁ ବୁଢ଼ାହୋଇ, କଳା କଳା ନଖ, ଧଳା ବାଳ,
ଧୁଡୁଧୁଡୁ ଚମଧରି, ବରଫର ମୁଖମଣ୍ଡଳରେ
ଯୋଡ଼ିଏ ନିଷ୍ପନ୍ଦ ଆଖି, ଚଡ଼ଚଡ଼ି ପଡ଼ି ପୋଡ଼ିଥିବା
ଗଛଟିଏ, ତମ ଦୂରତ୍ୱରେ
ଅପଦସ୍ଥ ହୋଇ ଫେରି ଆସିଛି ମୁଁ ଅନେକ ଦିନରୁ
ପରିତ୍ୟକ୍ତ ବ୍ୟୋମଯାନ ପଡ଼ିଆର ସ୍ତବ୍ଧ ଆୟୁଷକୁ,
ମୁଁ ଫେରି ଆସିଛି ମୋର ଆଶାଶୂନ୍ୟ ଅନନ୍ତ କାଳର
ହିଂସ୍ରତାକୁ ଓ ଅଣନିଃଶ୍ୱାସୀ
ହୃଦଯନ୍ତ୍ରର ଧୂକୁଧୂକୁ ଅନ୍ତିମ ଦିନକୁ।

ମୁଁ ଆଉ ଚାଲୁନି ମୋର ଆତ୍ମାର ନିର୍ମଳ
ରକ୍ତରେ ଚଞ୍ଚଳ ସ୍ୱପ୍ନମାନଙ୍କ ସହିତ
ଛନ୍ଦିଦେଇ ବାହୁରେ ବାହୁକୁ,
ତାରାମାନେ ଆଜିକାଲି କୁଣ୍ଠିତ ହେଲେଣି
ମତେ ଚିହ୍ନିବାକୁ କିମ୍ବା ମନେରଖିବାକୁ।
ଏଣିକି ନିଃଶ୍ୱାସ ମୋର ଖୁବ୍ ଭାରୀ,
ଅଟକୁଛି ଶ୍ୱାସନଳୀ ଓ ନାକପୁଡ଼ାରେ,
ସେ ନିଶ୍ୱାସ ଜାଳେ ନାହିଁ
ନିଆଁ ଆଉ ଧମନୀରେ, ଦିଗ୍‌ବଳୟରେ

ତୋଫାନକୁ କହିବାକୁ ତାର ଶେଷ କଥା
ଖାଲି ଯାହା ଲେଖିଅଛି ଗତାୟୁ ଦେହରେ।

ହେ ସୁନ୍ଦର ଫୁଲ ମୋର
ମୃଣ୍ମୟ ଭାଗ୍ୟର,
ତମର ପାଖୁଡ଼ା ସବୁ ମୁଁ ଛୁଇଁଛି, ସେଥିରେ ଲଦିଛି
କେତେ ଯେ କାକରଟୋପା ମୋ ଅମରତ୍ୱର।
କେଉଁଠୁ ଆସିଲା ତମ ରଙ୍ଗ ଓ ସୁବାସ
ଜାଣେ ନାହିଁ ଖାଲି ମନେ ଅଛି
ଏକଦା ମୋ ରଙ୍ଗ ଥିଲା ସେପରି, ଏକଦା
ସେ ଅତର ମହକରେ ମୁଁ ମଧ ବାସିଛି।
ଆହୁରି ଲାଗିଛି ମତେ ମୁଁ କେବଳ ନିଜେ
ହେବାର ଅନ୍ଧାର, ଶୋକାକୁଳ ମୁହୂର୍ତ୍ତରେ
ତମେ ମତେ ଦେଇଥିବା ପରମ ସୁଖର
ଅପାର୍ଥିବ କରଜ ମୁଁ
ଶୁଝୁଅଛି ସୁବାସିତ ରକ୍ତର ରଙ୍ଗରେ।

ତମେ ବି ନିର୍ଦ୍ଦୟ କିନ୍ତୁ
ଖୋଜି ଖୋଜି ନମଳିବା ଶବ୍ଦଟିଏ ପରି,
ତମେ ମନେ ପକାଅ ଯେ ମୋର ଦିନବେଳ
କଦାକାର, ଅଙ୍କକରେ ରାତିଯାଏ ସରି।
ଆହୁରି ପକାଳ ମନେ କୋଳାହଳମୟ
ଖାଦ୍ୟର ବାସ୍ନାରେ ମୋର ନିର୍ଯ୍ୟାତିତ ହୃଦୟର ରଡ଼ି,
ଶବ୍ଦ ଝୁରି ହେଉଥିବା ଅର୍ଥ, ଅର୍ଥ ବ୍ୟତୀରେକେ
ମାଲମାଲ ଶବ୍ଦ, ଅସୁସ୍ଥତା,
ପବନ ନଥିବା କଣା ବେଲୁନ୍ ପରି ମୋ
ଦେହର ଅନିୟନ୍ତ୍ରିତ ଝୁଲିବା ଅବସ୍ଥା।

ତମ ଆଖି ଏବେ ଅଟେ କାତର, ଯଦିବା
ହୃଦୟ ତମର ଥାଏ ତାର ଆଉ କିଛି ମନେ ନାହିଁ।
ମୁଁ ଫେରିଆସିଛି ଛାଡ଼ି ତମକୁ ଶୀତଳ
ସୁନ୍ଦରପଣର ଚିରସ୍ଥାୟୀ ମୁହୂର୍ତ୍ତରେ।
ସେ ମୁହୂର୍ତ୍ତ ସୁବାସିତ
ବିତିଥିବା ଦିନ ଆଉ ଆସୁଥିବା ଦିନଙ୍କ ବାସ୍ନାରେ।
ପତ୍ର ଝଡ଼ିଯାଇଥିବା ଗଛଙ୍କର, ଫୁଟିବାକୁ ବାକୀଥିବା ଫୁଲ
ମାନଙ୍କର ପ୍ରତିଜ୍ଞାର ବାସ୍ନା ମହକୁଛି।
ମୁଁ କ୍ଷତବିକ୍ଷତ ହୋଇ ପୂର୍ବନିରୂପିତ
ବିଚ୍ଛେଦ ଓ ବାର୍ଦ୍ଧକ୍ୟକୁ ଲେଉଟି ଆସିଛି।

ବିଦାୟ ବେଳା

ସବୁ ରଙ୍ଗ ଚାଲିଗଲା
ହଠାତ୍ ଆଖିରୁ,
ସବୁ ଭଲ ପାଇବା ଓ ସବୁ କ୍ରୋଧ
ଦେବାପାଇଁ ନେବାପାଇଁ
ସବୁ ଇଚ୍ଛା ଚାଲିଗଲା ହୃଦୟ ଭିତରୁ।

ସମୁଦ୍ର କଚାଡ଼ି ହୁଏ ସମୁଦ୍ର କୂଳରେ,
ତାର କିଛି କହିବାର ନାହିଁ।
ସୂର୍ଯ୍ୟ ବୁଡ଼େ ଚୁପ୍‌ଚାପ୍ ବିନା ବକ୍ତୃତାରେ
ମୁଁ ବି ଯାଏ ଖଣ୍ଡ ଖଣ୍ଡ ହୋଇ।

ମୋର କିଛି ମନେ ନାହିଁ।
ମୁଁ ଚାଲିଲି ମହୁମାଛି ପରି,
ତା ନିର୍ଜୀବ ଦେହ ଖସି ପଡ଼େ ମେଦିନୀରେ,
ଅଥଚ ସେ ଆଉ କେଉଁ ଫୁଲ ପାଖୁ
ଉଡ଼ିଯାଏ ତା ଡେଣାର ପରିକଳ୍ପନାରେ।

ମୋର ଯଦି ଭାଗ୍ୟ ଥିବ ତେବେ ଭୁଲିଯିବି
ଏ ବେଳକୁ ଯାହା ଥିଲା
ମୋ ଜନ୍ମ ଆଗରୁ ମୋର ଯିବା ଅପେକ୍ଷାରେ।

ସ୍ଥାୟୀ ବାସିନ୍ଦା

କାଦୁଅରେ ଲାଖିଥିବା
ଗୋଡ଼, କୋଳାହଳମୟ
ମୃତ୍ୟୁ ସଙ୍ଗେ ରକ୍ତ ଦ୍ୱାରା
ଲେସି ହୋଇ ରହିଥିବା ଦେହ-

ଏ ସବୁ ସତ୍ତ୍ୱେ ମୁଁ ଜାଣେ
ମୋ ହାଡ଼ର ସ୍ୱପ୍ନ ଅଛି, ଚାନ୍ଦିନୀ ରାତିରେ
ଉଲୁସିବା ଇକ୍ଷିକାର ବା ଆର୍ତ୍ତନାଦରେ
ସୀମାହୀନ ଦିଶୁଥିବା ଆକାଶ କମ୍ପାଇ
ଅସୁସ୍ଥତା ବା ଦୁର୍ଘଟଣାରେ
ସବୁଥିରେ ଡୋର ବାନ୍ଧି ହଜିଯିବା ପାଇଁ
ଅଚେତନ ଅପେକ୍ଷାରେ ଯୁଗଯୁଗାନ୍ତରେ

ଧୈର୍ଯ୍ୟ ଅଛି। ମତେ ଜଣା ନାହିଁ
ଯାହାକୁ ଚିହ୍ନିଛି ତା ଠୁଁ ମେଲାଣି ନେବାର
ଭାଷା, ବା ଅର୍ଥଜ୍ଞାପକ
ଅଙ୍ଗଭଙ୍ଗୀ, ସୁତରାଂ କିଛିବାଟ ଯାଇ
ମୁଁ ପୁଣି ଲେଉଟି ଆସେ, ପୁଣି ଧୂଳି ପୁଣି କାଦୁଅରେ
କୋତରା ମୋ ଆପାଦମସ୍ତକ,
ପୁଣି ନଈକୂଳେ ବସି
ଝାଡ଼ିଝୁଡ଼ି ହୁଏ,

ପବନରେ ଝାଳ ପୋଛେ କ୍ରମେ କ୍ରମେ ଆକାଶରେ ପୁଣି
ଆଗ ପରି ଜହ୍ନ ଦେଖାଦିଏ ।

ମୁଁ ହୁଏ ଏପରି ଭାବେ ଚଳପ୍ରଚଳ, ମୁଁ
ଆପଣା ଆକାଶେ ଆପେ ଉଡ଼ିବା ସୁଖରେ
ମତୁଆଲା ପକ୍ଷୀ ନୁହେଁ ଉଡ଼ିଯିବି ଆହୁରି ଆହୁରି
ଆଲୋକିତ ଉପରକୁ ଉନ୍ମାଦ ଡେଣାରୁ
ମଳିଧୂଳି ସବୁ ଝାଡ଼ି କରି ।
ମୁଁ ଏଠାରେ ରହିଥିବି, ବର୍ଷା ପାଣି ପଡ଼ି
ଫୁଲୁଥିବା ବିହନର ଗୀତ ଶୁଣୁଥିବି,
ଗଛ ସାଙ୍ଗେ ରାତି ରାତି ବସି ଦେଖୁଥିବି
ଅନ୍ଧାର କିପରି ଘୋଟେ ଡାଳରେ ପତ୍ରରେ ।
ମନେ ମନେ ଫେରିଯାଇ କାହିଁ କେତେ ବାଟ
ଠକ୍ ଠକ୍ କରୁଥିବି ମୋ'ଠାରୁ ଅଲଗା
ହୋଇଯାଇଥିବା ଲୋକମାନଙ୍କ ଦୁଆରେ ।

ମୁଁ ଜୀଇଁ ରହିବା ଲାଗି ଅନ୍ୟ ପନ୍ଥା ନାହିଁ
ସମ୍ଭବତଃ ଏତଦ୍‌ବ୍ୟତୀତ,
ମୁଁ ଯାହା ଜାଣିବା କଥା କେବଳ ଜାଣିବି
ଘଡ଼ଘଡ଼ି ଗର୍ଜନରେ ହୁଲସ୍ଥୁଲ୍ ହେଉଥିବା
ହାଡ଼ରେ ହୁଏତ ।
ଦଦରା ହାଲିଆ ହାଡ଼ କେତେ କୋଳାହଳେ
କେତେଥର ଉଠିଛି ପଡ଼ିଛି,
କେତେଥର ଭୁଲିଯାଇ ସବୁକଥା ପୁଣି କେତେଥର
ସବୁକଥା ମନେ ପକାଇଛି,
କେତେଥର ଶୁଣାଯାଏ
ସେଇ ଏକା ପାଦଶବ୍ଦ
ଲମ୍ବା ଧଳା ଦାଢ଼ିଥିବା ଘର ମୁହାଁ ପରିବ୍ରାଜକର,
ସେଇ ଏକା ପାଦଶବ୍ଦ

ସଞ୍ଜ ପରେ ଡରି ଡରି ଫେରୁଥିବା ଇସ୍କୁଲ ପିଲାର,
ସେଇ ଏକା ସ୍ୱର, କେତେବେଳେ ତାହା
ମର୍ମସ୍ପର୍ଶୀ ବାହୁନିବା, କେତେବେଳେ ସ୍ୱାଗତ ଭାଷଣ,
ସେଇ ଏକା କ୍ଳାନ୍ତି, ଯେତେବେଳେ ପଞ୍ଚଭୂତଯାକ
ଆସିଥିବା ଜାଗାଠାକୁ ଫେରିବାର ଛଳନା କରନ୍ତି,
ଯେତେବେଳେ ପୁଣିଥରେ ହାଡ଼ ଚାରିପାଖେ
ବେଢ଼ି ହୋଇ ଆଉ ଥରେ ବାଲ୍ୟଲୀଳାଠାରୁ
ଆରମ୍ଭ କରନ୍ତି ଚିରନୂତନ ନାଟକ।

ଟିକିଏ ବିଶ୍ରାମ ଲାଗି
ଜାଗା କଣ ଅଛି କେଉଁଠାରେ ?
ଆଉ କଣ ସମ୍ଭବ ଯେ
ସମୟର ନିରୋଳା କୋଣରେ
ଘୁମେଇ ପଡ଼ିବି, କାୟମନୋବାକ୍ୟରେ ମୁଁ ହେବି
ନ ଥିବାର ବିସ୍ଫୋରଣେ ଅନ୍ତର୍ହିତ ନିଦରେ ନିଦରେ ?
ଆଉ କଣ ସମ୍ଭବ ଯେ
ଏପରି ମୁହୂର୍ତ୍ତ ଥିବ ଯେତେବେଳେ ଥରେ
ଯାହା ଚାଲିଯାଏ ତାର ସୋର୍ ଶବ୍ଦ ନାହିଁ ପବନରେ ?
ଯେତେବେଳେ ତରାମାନେ ଥିବା ଜାଗାଠାରେ
ରହିଥିବ କେବଳ ଅନ୍ଧାର,
କେବଳ ଭୁଲିବା ଥିବ, କେବଳ ମରିବା
ଥିବ, ନ ଥିବ ଆତ୍ମାର
ରକ୍ତମାଂସ କିମ୍ବା ସ୍ୱପ୍ନ, ଜୀବନ ନ ଥିବ
ଆକାଶର ଅଥବା ପାଣିର ?

ସେପରି ମୁହୂର୍ତ୍ତ ଅଛି କିମ୍ବା ନାହିଁ ମୋର
ଜାଣିବା ଉପାୟ କଣ ? ବାଟ ହୁଡ଼ିଗଲି
ଯିବା ଆଉ ଆସିବାର ଗହଳି ଭିତରେ,

ବାର୍ଦ୍ଧକ୍ୟକୁ ପ୍ରସ୍ଥାନରେ ଏବଂ ଯୌବନକୁ
ଲାଜ ଲାଜ ପ୍ରତ୍ୟାବର୍ତ୍ତନରେ।

ମୁଁ ଏଠି ଦେଖୁଛି ନଈ
କୁଳୁକୁଳୁ ହୋଇ ବୋହିଯାଏ।
ନାନା ରଙ୍ଗ ସଡ଼କରେ ସୂର୍ଯ୍ୟ ପଛେ ପଛେ
ପ୍ରତିଦିନ ଆକାଶ ଗୋଡ଼ାଏ।
ଘଡ଼ିଘଡ଼ି ଗର୍ଜ୍ଜନରେ ଖାଲି ନୁହେଁ, ନାନାଦି ଶବ୍ଦରେ
ମୋ ହାଡ଼ ଦୁଲୁସୁଅଛି, ପରସ୍ପର ପାଖକୁ ଯିବାର
ଘୋ ଘୋ ଶବ୍ଦ ଶୁଭେ କୌଣସି ନା କୌଣସି ଖୋପରେ।
ଏକ ହେବା, ଏକ ହୋଇ ଛିନ୍ନ ହେବା, ତାପରେ ମରିବା,
ମରିସାରି ଜନ୍ମହେବା ସବୁ ଘଟୁଅଛି
ଏ ଜାଗାରେ, ମୁଁ ଥିବା ଜାଗାରେ।
ଏଠାରୋ ମୋ ପରିତ୍ୟକ୍ତ ହାଡ଼ ବାରମ୍ବାର
ଧୂଳି ଝାଡ଼ିଝୁଡ଼ି ହୋଇ ଉଠେ, ହାଇ ମାରେ।
ଏଠାରେ ମୃତ୍ୟୁର ଗନ୍ଧ
ବେଳେବେଳେ ଉତ୍କଟ ତ ପୁଣି ବେଳେ ବେଳେ
ଦୁଃଖକଷ୍ଟ ପୋଛି ଦେଇ ମହକି ଯାଉଛି
କଅଁଳ ହାଡ଼ରେ, ଏହି ନଈ କୂଳେ କୂଳେ।

ନିଜ ଭୁବନ

ଯିଏ ସେ ଯେଉଁଠି ମଲା
ତାକୁ ଛାଡ଼ି ସେଠାରେ ଆଗକୁ
ଯିବାକୁ ଆମର ଇଚ୍ଛା, କିନ୍ତୁ ମଲା ଲୋକେ
ମୁହୂର୍ତ୍ତେ ବି ନ ଛାଡ଼ି ଆମକୁ
ଚାଲିଛନ୍ତି, ନିଆଁ ପୋଇବାକୁ
ବସିଯାନ୍ତି ଆମରି ଭିତରେ।
ଖାଇବା ବେଳକୁ ଥାଳି ବଢ଼ାଇ ଦିଅନ୍ତି
ଆମର ଯେପରି ହାତ ସେପରି ହାତରେ।
ବାରମ୍ବାର ତଡ଼ିଲେ ବି
ଯାଆନ୍ତିନି, କହନ୍ତି ଯେ ପ୍ରଥମେ ସେମାନେ
ଦେଶକୁ ଫେରିବା କଥା, ଫେରିବା ଉତ୍ତାରେ
ତାଙ୍କର ଆପତ୍ତି ନାହିଁ
କୌଣସି କଥାରେ,
ଆମେ ତାଙ୍କୁ ପୋଡ଼ିପାରୁ, ପୋତିପାରୁ, ଭୁଲିଯାଇପାରୁ
ସେମାନେ ଦେଶକୁ ଥରେ
ଲେଉଟିବା ପରେ।

ପୁଣି କେତେ ବାଟ ଅଛି,
ପୁଣି କେତେ ପାହାଡ଼ ପର୍ବତ,
ପୁଣି କେତେ ଅତର୍କିତ ଆକ୍ରମଣ, କେତେ
ଧୂଳିଝଡ଼ ଓ ତୁଷାରପାତ,

ଏ ସବୁ ଭାବିବା ବେଳେ ଓଜନ ଲାଗୁଛି
ଯେତେ ଯୁଦ୍ଧ ସରଞ୍ଜାମ ଲଦା ଏ ଦେହରେ।
ଗୋଡ଼ ଭାଙ୍ଗିପଡ଼େ, ସବୁ କୋଳାହଳ ସବୁ
କଥାବାର୍ତ୍ତା ବନ୍ଦ ହୋଇଯାଏ ହୃଦୟରେ।
ବିନା ବିଚାରରେ ରକ୍ତପାତର ଛିଟିକା
ପୋଛିଦେବା ଲାଗି ଜୋର୍ ନାହିଁ ହୃଦୟର,
ଜୋର୍ ନାହିଁ ଆମ ସାଙ୍ଗେ ଆମ ମୃତ୍ୟୁଯାଏଁ
ଚାଲିବାକୁ ଦୃଢ଼ପରିକର
ମରିଯାଇଥିବା ଲୋକମାନଙ୍କୁ କହିବ
ଚାଲିଯାଅ ନିଜ ନିଜ ବାଟରେ ଏଥର।
ସେମାନେ ତ ସହକର୍ମୀ
ସେଇ ଏକା ବୃଥା ଉଦ୍ୟମରେ,
ମଣିଷକୁ ଭୂଇଁଠାରୁ ଦୁଇତିନି ହାତ
ଉଠାଇବା ମହାପାତକରେ
ସେମାନେ ବି ପାପୀ, ଖାଲି ଯାହା ତାଙ୍କ ତରବାରୀ
ଆକାଶରେ ବାଜି ଭାଙ୍ଗିଗଲା,
ବର୍ଷ ବର୍ଷ ଜାଣିବା ଓ ଶୋଚନାରେ ଆମ
ହାତେ ଥିବା ହତିଆର୍ କଳଙ୍କି ଖାଇଲା।

ଅନ୍ତିମ ସମୟ ଯାଏଁ ସେମାନେ ଚାଲିବେ
ଆମ ସାଙ୍ଗେ, ଏପରିକି ବିଗୁଲ୍ ବାଜିଲେ
ଧଡ଼୍‌ଧାଡ଼୍ ବାହାରିବେ ନିଜନିଜ ଅସତ୍ୟ ତମ୍ବୁରୁ,
ଧାଡ଼ିବାନ୍ଧି ଠିଆ ହେବେ। ବେଶୀ ଖରା କିମ୍ବା ଶୀତ ହେଲେ
ଚିଡ଼ି ଚିଡ଼ି ହେବେ। ଆମ ସାଙ୍ଗେ ମିଶି ଚାଲିଥିବେ
ସକାଳଠୁଁ ସନ୍ଧ୍ୟାଯାଏଁ ନିଜ ନିଜ ମୃତ୍ୟୁ ଭୁଲିଯାଇ,
ଆମର ବି ଭ୍ରମ ହେବ, କେଉଁଠାରେ ପ୍ରଥମେ କିଏସେ
ଅସତ୍ୟ ପାଲଟିଗଲା ଆଉ ମନେ ନାହିଁ।

ଆମେ ଏବେ ଡରିଲୁଣି
ସେମାନଙ୍କୁ-ବେଳେ ବେଳେ ଉଦାସୀନ ଏବଂ
ବେଳେ ବେଳେ ରକ୍ତଜର୍ଜ୍ଜରିତ ଅତୀତର
ସୁହୃଦ୍‌ମାନଙ୍କୁ, ସେମାନେ ହୁଏତ
ଟପିଯାଇ ଆମ ରକ୍ତମାଂସର ସମୟ
ଆଗତୁରା ପହଞ୍ଚିବେ ଓ ଲୋତକାପ୍ଲୁତ
ନୟନରେ କହିବେ ଯେ ଆମେ ଆଉ ନାହୁଁ,
ମନଗଢ଼ା ଜଳଯାତ୍ରା କିମ୍ବା ଲଢ଼େଇରେ
ସେମାନେ ସୌଭାଗ୍ୟକ୍ରମେ ବର୍ତ୍ତିଗଲେ, କିନ୍ତୁ
ବିରୋଚିତ ମୃତ୍ୟୁ ଥିଲା ଆମର ଭାଗ୍ୟରେ।

ଆମେମାନେ ଅବଶେଷେ ଲେଉଟିବା ପରେ
କେହି ଚିହ୍ନି ପାରିବେନି, କେତେଦିନୁଁ ଲେଖା ସରିଥିବ
ମରିବା ତାରିଖ ଆମ ନିଜ ନିଜ ଗାଆଁ ଓ ସହର
ମାନଙ୍କରେ ରହିଥିବା ଜନ୍ମମୃତ୍ୟୁ ଖାତାମାନଙ୍କରେ।
ଆମ ପିଲାକବିଲାଙ୍କ ଇତିହାସ ବହିରେ ଆମର
ମରିବାର କାଳ୍ପନିକ ବିବରଣୀ ଥିବ,
ସେମାନଙ୍କ ପଛେ ପଛେ ଆମେ ଯାଇ ନାଆଁ ଧରି ତାଙ୍କୁ
ଡାକିଲେ ବି ଆମ ଡାକ କାହାକୁ ଶୁଭିବ ?
ଆଗ ପରି ଦେଶ ଥିବ, ସେଇ ରାସ୍ତା ସମୁଦ୍ର ପର୍ବତ,
ସେଇ ଏକା ଖରା ନିତି ନଡ଼ିଆ ଗଛରେ
ସୁନାପାଣି ବୋଳିଦିଏ, ବିଲବାଡ଼ି ସବୁ
ସୁଦ୍ଧୁ ବୁଦ୍ଧୁ ସେଇ ଏକା ଜହ୍ନ ଆଲୁଅରେ।
ଆମେ ମଧ୍ୟ ଆଗପରି, କିନ୍ତୁ ଆମ ଅତୀତର କେଉଁ
ସାଙ୍ଗସାଥୀମାନଙ୍କର ବର୍ଣ୍ଣନା ଫଳରେ
ପ୍ରତିମୂର୍ତ୍ତି, ସଡ଼କ ବା ସ୍କୁଲ୍ ନାଆଁ ହୋଇ
ବା କିଛି ନହୋଇ ଆମେ ବାସ କରୁଁ ଆମର ଦେଶରେ।

ବୀରବର

୧

ଏକଦା ଆକାଶଠାରୁ
ବହୁଦୂର କୌଣସି ଜାଗାରେ
ମୁଁ ବାଛିଲି ଏ ଦେହକୁ, ଯେତେ
ଆନନ୍ଦ ଓ ଯନ୍ତ୍ରଣା ସେଥିରେ
ସଂଲଗ୍ନ ଥିଲା ମୁଁ ସବୁ ନିଜେ ବାଛିଥିଲି
ଏକଦା ଆକାଶଠାରୁ
ବହୁଦୂର କୌଣସି ଜାଗାରେ ।

ଏକଦା ଆକାଶଠାରୁ
ବହୁଦୂର କୌଣସି ଜାଗାରେ
ଅନ୍ୟମାନେ ବାଛିଥିବା
ରକ୍ତଜର୍ଜ୍ଜରିତ ଧୂଳିଝଡ଼ ମୋ ଭାଗ୍ୟରେ
ଅଛି ବୋଲି ଜାଣିଥାନ୍ତି
ମୁଁ କେଉଁ ପ୍ରକାରେ ?

୨

ଶତ୍ରୁପକ୍ଷ ଲୋକେ ଆସିବାକୁ
ଅପେକ୍ଷା କରି ମୁଁ ଏଠି ଠିଆ ହୋଇଅଛି
ହାତରେ ବନ୍ଧୁକ ଧରି, ଦିନ ପରେ ଦିନ
ସେମାନଙ୍କୁ ବାଟଚାହିଁ ବିତିଯାଉଅଛି

ମୁଁ ଜାଣିଛି ଶତ୍ରୁପକ୍ଷ ଲୋକେ ସଂଖ୍ୟାଧିକ,
ଆହୁରି ଜାଣିଛି ତାଙ୍କ ଅସ୍ତ୍ରଶସ୍ତ୍ର ଅଟେ
ମୋ ବନ୍ଧୁକ ତୁଳନାରେ ବେଶୀ ମାରାତ୍ମକ,
କିନ୍ତୁ କହ, ଏ ଜାଗା ବ୍ୟତୀତ
କେଉଁଠାର ଜଳବାୟୁ ବେଶୀ ଅନୁକୂଳ
ଜୀଇଁବା ବା ମରିବା ନିମିତ୍ତ ?

ମୁଁ ଏଠାରୁ ଦେଖିପାରେ ଶତ୍ରୁପକ୍ଷ ଛାଉଣି, ଖରାରେ
ଚକ୍ ଚକ୍ କରୁଥିବା ନାନା ମନସ୍ତାପ,
ମୁଁ ଏଠାରୁ ପରିଷ୍କାର ଭାବେ ଗଣିପାରେ
ସେମାନଙ୍କ ଆସିବାର ପ୍ରତି ପଦକ୍ଷେପ।
ସେମାନେ ଚାହାନ୍ତି ଖାଲି
ଯେଉଁଠାରେ ଅଛନ୍ତି ସେଠାରୁ
ଛାଉଣି ଉଠାଇ ଯିବେ ଅନ୍ୟ କେଉଁଆଡ଼େ।
କେଉଁଆଡ଼େ ଯିବେ ଏବଂ କିପରି ବା ଯିବେ
ନିର୍ଦ୍ଧାରିତ ସମୟ ଆଗରୁ ?

ନିର୍ଦ୍ଧାରିତ ସମୟରେ
ତାଙ୍କର କଳଙ୍କିଖିଆ ଅସ୍ତ୍ରଶସ୍ତ୍ରମାନ
ଓ ମୋର କଳଙ୍କିଖିଆ ବନ୍ଧୁକ ଦେଖିଲେ
କାହାର ବିଶ୍ୱାସ ହେବ ଅକାମୀ ଲୁହାର
ଭାରବୋହି ବିତିଗଲା ଆମର ଜୀବନ ?
ଶତ୍ରୁପକ୍ଷ ଜାହାଜରେ
ମୋ ପରିବେଷ୍ଟିତ
ଜାହାଜରୁ ମୁଁ ଦେଖିଲି
ଅସ୍ତ୍ରଶସ୍ତ୍ର ଦ୍ୱାରା ସୁସଜ୍ଜିତ
ଆମର ଜାହାଜ ସବୁ ଫେରିଯାଉଛନ୍ତି
ହଠାତ୍ ବିଦେଶ ହୋଇ ଯାଇଥିବା
ନିଜ ଦେଶ ବନ୍ଦର ଆଡକୁ।

ସବୁ ନୂଆ ଦିଶୁଥିବ, ଦୁର୍‌ବୀଣ ଭିତରୁ
ଡାଆଣୀ ଆଲୁଅ ଦ୍ୱାରା ଝଲ୍‌ମଲ୍ ଏକ
ଉପକୂଳ ଦିଶୁଥିବ
ମୋ ଦେଶର ନାବିକମାନଙ୍କୁ।

ବେଳେବେଳେ ଇଚ୍ଛାହୁଏ
ଫେରିଯିବି, ମୋ ଦେଶର ହାଟ ବଜାରରେ
ଅଧିଷ୍ଠିତ ବିଚାରକମାନଙ୍କ ଆଗକୁ
ଏ ଦେହ ଫୋପାଡ଼ି ଦେଇ କହିବି ତମର
ପୂର୍ବନିର୍ବାଚିତ ଶବ୍ଦମାନଙ୍କ ଫାଶିରେ
ଟାଙ୍ଗିଦିଅ ଏଥର ଏହାକୁ।

ବେଳେବେଳେ ଇଚ୍ଛା ହୁଏ
ଏ ପାର୍ବତ୍ୟ ପ୍ରଦେଶରେ ମୋ ଲୁଚିବା ସ୍ଥାନ
ଛାଡ଼ିଦେବି, ଖରା ଆଉ ପବନ ଆହାର
କରି ପାରି ହୋଇଯିବି ସମୁଦ୍ରର ରାତି ଆଉ ଦିନ,
ମୋ ଘରବାହୁଡ଼ା ଦେଖି ହସହସ ମୃତ୍ତିକା ହାତରେ
ହାଡ଼ମାଳ ଲଦିଦେଇ କହିବି ଏଣିକି
ମୋର କିଛି ଭାଗ ନାହିଁ ତୋ ଭବିଷ୍ୟତରେ।

କିନ୍ତୁ ମୁଁ ଅଟକିଯାଏଁ।
ମୋ ଦେଶର ଉପକୂଳ ପୂର୍ଣ୍ଣ ହୋଇଥିବ
ହିଂସା ପ୍ରତିହିଂସା ଦ୍ୱାରା ସ୍ଥାନଚ୍ୟୁତ ପଥରରେ ଏବଂ
କଦର୍ଥର ସଢ଼ା ଉଦ୍ଭିଦରେ,
ତା ଦେହର ଶାଳବଣ ପୋଡ଼ି ଯାଇଥିବ
ମିଛ ଦିଗ୍‌ବିଜୟର କୋଳାହଳମୟ ଘୋଷଣାରେ,
ମିଛ ଦିଗ୍‌ବିଜୟର କୋଳାହଳମୟ ଘୋଷଣାରେ,
ତା କ୍ଷତବିକ୍ଷତ ହେଉ, ତା ଧ୍ୱସ୍ତବିଧ୍ୱସ୍ତ
ରେଳପଥ, ସଡ଼କ, ବନ୍ଦର,

ତା ଆଖିର ଛଳଛଳ ନଈକୂଳେ କେତେ
ଭଡ଼ାଟିଆ ବୈଦେଶିକ ସୈନ୍ୟଙ୍କ ଶିବିର।

ସବୁ ସତ୍ତ୍ୱେ ବେଳେବେଳେ ଖୁବ୍ ଇଚ୍ଛା ହୁଏ
ଫେରିଯିବି, ବେଳେବେଳେ ଇଚ୍ଛା ହୁଏ ନାହିଁ,
ବେଳେ ବେଳେ ମତେ ଲାଗେ ଯେ ମୁଁ ଜାଣିଥିବା
ସବୁପ୍ରେମ ଜହ୍ନଟିଏ, ମୁଁ ଥିବା ଜାଗାରେ,
ସବୁଦିନ ସଞ୍ଜବେଳେ ଉଇଁ
ସବୁଦିନ ପାହାନ୍ତିଆ ବେଳେ ବୁଡ଼ିଯାଏ।

ବେଳେ ବେଳେ କିନ୍ତୁ ଇଚ୍ଛାହୁଏ।

୫
ଏ ଅରମା ଘାସବଣ ଭିତରେ କେଉଁଠି
ହଜିଗଲା ବାଟଘାଟ ମୋର,
ସୁତରାଂ ବର୍ତ୍ତମାନ ବୋହିଯାଉଅଛି
ମୋ ଆଖିରୁ ଲୁହ ଧାର ଧାର।
ହେ ପାଖ ପଡ଼ିଶା ଲୋକେ, ହେ ବନ୍ଧୁବାନ୍ଧବ
ତମେମାନେ ସାକ୍ଷୀ ରହ
ଏ ଶୋକାଭିଭୂତ ମୁହୂର୍ତ୍ତରେ।
ତମେମାନେ ସାକ୍ଷୀ ରହ,
ପାଖ ବଖରାରେ ଥିବା ଖାତାର ପ୍ରଥମ
ସ୍ତମ୍ଭରେ ନିଜର ନାମ, ଦ୍ୱିତୀୟ ସ୍ତମ୍ଭରେ
ସମ୍ପୂର୍ଣ୍ଣ ଠିକଣା ଲେଖି ତୃତୀୟ ସ୍ତମ୍ଭରେ
ଦସ୍ତଖତ୍ କରି ଦେଇଯାଅ।।

ଯୁଦ୍ଧକ୍ଷେତ୍ର

ସକାଳେ ମୁଁ ଠିଆ ହେଲି ଏ କୁଦ ଉପରେ
ଦେଖିବାକୁ ମୋର ସୈନ୍ୟସାମନ୍ତ କିପରି
ତାଙ୍କ ନାଆଁ ଗାଆଁ ଜାଣି ନଥିବା ଲୋକକୁ
ରାଜ୍ୟଟିଏ ଦେବାପାଇଁ ଅସ୍ତ୍ରଶସ୍ତ୍ର ଧରି
ଯୁଦ୍ଧବ୍ୟୂହ ରଚି ଶତ୍ରୁ ଶିବିର ଆଡ଼କୁ
ଚାଲିଛନ୍ତି । ଦେଖୁ ଦେଖୁ ମତେ
ହଠାତ୍ ଲାଗିଲା ତାଙ୍କ ମେଳରେ ମୁଁ ନାହିଁ ।
ସେମାନେ ଲଢ଼ିବେ ତାଙ୍କ ଯୁଦ୍ଧ, ମୁଁ ଲଢ଼ିବି
ମୋ ଯୁଦ୍ଧ କାହାର ସାହା ଭରସା ନ ଥାଇ ।
ଆପେ ଆପେ ଯେଉଁ ଯୁଦ୍ଧ ଲଢ଼ିବି ତା ଲାଗି
ମନେ ମନେ ରଚିଗଲି ବ୍ୟୂହ ପରେ ବ୍ୟୂହ,
ଭୁଲିଗଲି ମୋର ସୈନ୍ୟସାମନ୍ତ, ତାଙ୍କର
ନାଆଁ ଗାଆଁ କିଛି ଜାଣି ନଥିବା ଲୋକକୁ
ରାଜ୍ୟଟିଏ ଦେବାପାଇଁ ରକ୍ତାକ୍ତ ଆଗ୍ରହ ।

ମୁଁ କୁଦ ଉପରୁ ଠିଆ ହୋଇ ଦେଖିଲି ଯେ
ମୋ ସୈନ୍ୟସାମନ୍ତମାନେ ଛତ୍ରଭଙ୍ଗ ଦେଲେ ।
ମୁଁ ଯାହାଙ୍କ ନାଆଁ ଗାଆଁ ଜାଣେ ନାହିଁ ତାଙ୍କ
ଭିତରୁ ଅନେକ ଲୋକ ଯୁଦ୍ଧକ୍ଷେତ୍ରେ ମଲେ ।
ଅଜଣା ପର୍ବତଙ୍କର ପାଦଦେଶେ କିମ୍ବା
ଅଜଣା ନଈଙ୍କ କୂଳେ ଏକା ଶିବିରରେ

ବର୍ଷ ବର୍ଷ ରହିଥିବା ଲୋକମାନଙ୍କର
ନିଧନ ଦେଖିଲି, କିନ୍ତୁ ଭାଙ୍ଗିପଡ଼ିବାର
ଭାବ ଆଉ ନଥିଲା ମନରେ।
ମୁଁ ଏକାକୀ କାହା ସାହା ଭରସା ନଥାଇ
ଲଢୁଥିବା ଯୁଦ୍ଧ ସେତେବେଳେ
ଖୁବ୍ ଘମାଘୋଟ ହେଲା, ମୋ ଶତ୍ରୁ ଲୁଚାଇ
ସବୁ କ୍ରୋଧ ଶୁଭ୍ରତମ ଦୟା ଆଢୁଆଳେ
ଆସିଥିଲା। ଖଣ୍ଡା, ଧନୁଶର,
କମାଣ ଇତ୍ୟାଦି ସିନା ଦେଖାଗଲା ନାହିଁ,
ମୁଁ ଜାଣିଲି ସେ ଆସିଛି ମୋ ଭବିଷ୍ୟତର
ସାରା ରାଜ୍ୟ ନେଇଯିବା ପାଇଁ,
ଭୂମିଷ୍ଠ ନ ହୋଇଥିବା ଲୋକଙ୍କୁ ଉଚ୍ଚାଟ
କଲାଭଳି ଭବିଷ୍ୟତ୍‌ବାଣୀ
ତା ସ୍ୱରରେ ଶୁଣାଗଲା ଯେପରି ମୁଁ ନିଜେ
ସବୁ କହିଯାଉଥିଲି କୌଣସି କଥାର
ଅର୍ଥ ବିନ୍ଦୁବିସର୍ଗ ନ ଜାଣି।

ସେ ଯୁଦ୍ଧ ସରିଛି, ସୂର୍ଯ୍ୟ
ବୁଡ଼ିବାକୁ ବେଶ୍ ଡେରି ଅଛି,
କିନ୍ତୁ ମତେ ଆପେ ଆପେ ଲଢ଼ିବାକୁ ହେବ
ଯେଉଁ ଯୁଦ୍ଧ ତାହା ଏବେ ଆରମ୍ଭ ହୋଇଛି।
ଚାରିଆଡ଼େ ଘନଘୋର ଅନ୍ଧାର, ଯୁଆଡ଼େ
ଗଲେ ଡେଇଁବାକୁ ପଡ଼େ ଅସଂଖ୍ୟ ମୁର୍ଦ୍ଦାର।
ଚିନ୍ତା କଣ ? ସେମାନେ ସମସ୍ତେ
ଅପରିବର୍ତ୍ତିତ ମୋର ଜନ୍ମଜନ୍ମାନ୍ତର।

ତମେ ହିଁ

(ଦଶଟି ପ୍ରେମ କବିତା)

୧

ଯାଅନାହିଁ, ଶୁଣ
ତୁ ତମକୁ କହିବାକୁ ଚାହୁଁଥିବା, ଅଥଚ ଏ ଯାଏଁ
ଖୋଜୁଥିବା କେତେ ପଦ କଥା।
ସେଇ କେତେପଦ କଥା କିଟିକିଟି ଅନ୍ଧାର ଭିତରେ
ସମୁଦ୍ର, ମୁଁ ତୁମକୁ ପ୍ରଥମେ
ଦେଖିବା ଦିନଠୁ ଠିଆ ତାହାରି କୂଳରେ।
ଲହଡ଼ି ଭାଙ୍ଗିବା ଶବ୍ଦ ମଝିରେ ମଝିରେ
ଶୁଭେ, ଚାରିଆଡ଼ ଶୁନ୍‌ଶାନ୍ ତାପରେ।

ତମେ ଯଦି ଚାଲିଯିବ
ପାହାନ୍ତିଆ ମରିଯିବ ଆକାଶର ଦୂଷିତ ଗର୍ଭରେ।
ମୋ ଭାଗ୍ୟର ତାରାହୀନ ରାତି ପହଞ୍ଚିବ
ମୋ ସାମ୍ନାରେ, ହାତ ଧରି ନିଶ୍ଚୟ କହିବ,
'ଆଉ କିଆଁ ରହିଛୁ ଏଠାରେ?'

୨

ଏ ମୁହଁର ଉଚ୍ଚାରିତ
ଶବ୍ଦ ନୁହେଁ ମୋର।
ମୋ ଦେହର ପ୍ରାଣମୂର୍ଚ୍ଛା।

ଉଦ୍ୟମରେ, ପରିକଳ୍ପନାରେ,
ନିଃଶ୍ୱାସରେ ଅବରୁଦ୍ଧ
ମୋ ପରମାୟୁରେ,
ପାଉଁଶରେ, ପାଖାପାଖି ହୋଇ
ଶୋଇଥିବା ରାତିଙ୍କର
ଅସରନ୍ତି ଅତୀତକାଳରେ

ଏ ଶବ୍ଦ ବାସୁଛି,
ଶୁଣ
ତମ ସମ୍ମତିର
ଫୁଲଫୁଟା ରାଜ୍ୟକୁ ମୋ
ପ୍ରତ୍ୟାବର୍ତ୍ତନର
ସକାଳେ ଭୂମିଷ୍ଠ ଶବ୍ଦ
ମାନଙ୍କର ସ୍ୱର ।

୩
ଆତଙ୍କରେ ମୁଁ ଚାହିଁଲି
        ତମର ଆଖିକୁ ।
ତା ଆକାଶ ଫାଟିପଡ଼େ
        ଏବେ ବୁଡ଼ିବାକୁ
ଯାଉଥିବା ଛଟପଟ
        ସୂର୍ଯ୍ୟର ରଡ଼ିରେ ।
କେତେ ଛାୟାମୂର୍ତ୍ତି ତାର
        ଝାପ୍‌ସା ସୀମାନ୍ତରେ
ଠିଆ, ତାଙ୍କୁ ମୁଁ ଚିହ୍ନିଲି,
        ଶେତା ପଡ଼ିଗଲି
ଭୟରେ ଓ ଆଖି ବୁଜି
        ପୂରା ମିଶିଗଲି
ମୋ ଆଜନ୍ମ ପରିଚିତ

ଅନ୍ଧାର ସହିତ।
ତା ଉତ୍ତାରେ ଯଦି ତମ
ଆକାଶେ ବହୁତ
ତାରା ଉଦେ ହୋଇଥିବେ
ଚାନ୍ଦିନୀ ରାତିରେ
ମୁଁ ତାହା ଜାଣେନି, ଖାଲି
ଜାଣେ ମୋ ଜିଭରେ
ସଢ଼ା ଶବ୍ଦମାନଙ୍କର
ସ୍ୱାଦ ରହିଥିଲା,
ତମ ନାଆଁ ଉଚ୍ଚାରଣ
କଷ୍ଟକର ହେଲା।

୪
ତମ ଚାରିପାଖେ ଶବ୍ଦମାନଙ୍କର ଜାଲ
ବିଛାଇ ମୁଁ ଆସିଥିଲି, ଭାବିଥିଲି ମୋ ଶବ୍ଦମାନଙ୍କୁ
ଫାଙ୍କିଦେବା ଅସମ୍ଭବ, କେତେ ଶବ୍ଦଙ୍କର
ଏକାଧିକ ଅର୍ଥ ଥିଲା। ଭାବିଥିଲି ମୋ ଜୀବନକାଳ
ଶବ୍ଦରେ ନିର୍ମିତ ହେଲା ପରି ବି ତମର
ପରମାୟୁ ହୋଇଥିବ, ମଝିରେ ମଝିରେ
ଥିବା ନୀରବତା ଥିବ ମୋ ଶବ୍ଦଙ୍କ ଅନତିଦୂରରେ।

ମୁଁ କିପରି ଜାଣିଥାନ୍ତି ତମ ଛାଇ ଖାଲି
ରହିଥିଲା ? ମତେ ଲାଗୁଥିଲା
ମୁଁ କଥା କହିଲା ବେଳେ ସେ ହସୁଛି, ବେଳେବେଳେ ରାଗି
ମୋ ଆଡ଼କୁ ଶବ୍ଦ ଫିଙ୍ଗେ ଆଗ୍ନେୟଗିରିରୁ
ଜଳନ୍ତା ପଥର ପରି, ବେଳେ ବେଳେ ଓଟାରି ଆଣିଛୁ
ସ୍ୱପ୍ନର ନିଖୋଜ ଶବ୍ଦ ପବନ ଭିତରୁ।
ଏକା ସ୍ୱରେ କାନ୍ଦୁ, ଆଉ ଦୁହେଁ ରହିଯାଉ
ଦୁହିଁଙ୍କର ବାହୁ ବନ୍ଧନରେ।

ଶବ୍ଦମାନେ ଏ ସବୁର ସାକ୍ଷୀ । ସବୁ ଚାଲିଥିଲା
ତମେ ନିଜେ ପହଞ୍ଚିବା ପରେ ।

ମୁଁ ନିର୍ବାକ ହୋଇ ଖାଲି ତମକୁ ଚାହିଁଲି ।
ତମେ ତିନିକାଳଯାକ, ସବୁ ଋତୁଙ୍କର
ଯିବା ଆସିବାର ତମେ ଗୋଟିଏ ମୁହୂର୍ତ୍ତ ।
ତମେ ମଲ୍ଲୀଫୁଲଙ୍କର ପ୍ରଜାପତିଙ୍କର
ବଜ୍ରପାତମାନଙ୍କର ଜୀବନ ବୃତ୍ତାନ୍ତ ।
ମୋ ନିଜର କାଳକାଳ ନଥିବା ଅବସ୍ଥା
ବର୍ଣ୍ଣନା କରିବା ମୋର ଶକ୍ତିବହିର୍ଭୂତ ।

୫
ତମ ପ୍ରେମେ ପଡ଼ିଗଲେ ଫେରିବାକୁ ହୁଏ
ସବୁ ଯାତ୍ରା ଆରମ୍ଭର ପୂର୍ବ ଅବସ୍ଥାକୁ ।
ମୁଁ କିପରି ଜାଣିଥାନ୍ତି ହାଡ଼ମାଂସ ରକ୍ତରେ ତିଆରି
ତମ ଦେହ ବାନ୍ଧିଦେବ ଦିନେ ମୋ ଦେହକୁ
ଏପରି ନିବିଡ଼ ଭାବେ ଆଲିଙ୍ଗନେ ଯାହା ଜଣାନାହିଁ
ହାଡ଼କୁ ବା ମାଂସକୁ, ରକ୍ତକୁ ?
ମୋ ଦେହର ଝାଳନାଳ ସ୍ମୃତି ଆଉ ଆଶା
ହଠାତ୍ ଲେଉଟିଗଲେ ଗର୍ଭାଶୟକୁ, ମୁଁ
ବାର୍ଦ୍ଧକ୍ୟକୁ ଯିବା ବାଟ ଭୁଲିଗଲି, ମାସ ମାସ ଧରି
ବସା ବାନ୍ଧିଥିବା ଘରମାନ ଭୁଲିଗଲି,
ମୋ ଭାଗ୍ୟରେ ଲେଖାଥିବା ବାରମ୍ବାର ମୃତ୍ୟୁ
ମୁଣ୍ଡପାତି ନେଉଥିବି ବାରମ୍ବାର ଫେରି
ପୃଥିବୀକୁ ଦେଇଥିବା ନିର୍ଭର ଜବାବ
ଭୁଲିଗଲି, ସବୁ ଭୁଲିଗଲି ।

ମୋ ରକ୍ତ ଯାଇଛି ମିଶି
ତମର ରକ୍ତରେ,

ନିଶ୍ୱାଃସ କେଉଁଠି ଥିବ ତମର ସ୍ତନର
ମଝିମଝି ସଂକୀର୍ଣ୍ଣ ବାଟରେ।
ଲୁହ ଧୂଳି କି ଅଳନ୍ଧୁ
କିଛି ନାହିଁ ଲଲାଟପଟରେ,
ମୋ ପୁନର୍ଗଠିତ ଓଠ ବର୍ଣ୍ଣନା କରୁଛି
ତମର ନିକଟତମ ହେବାର ନୂତନ
ନିଶ୍ଚିହ୍ନତା ନୂତନ ଶବ୍ଦରେ।

ମୋର ଆଉ ଜନ୍ମ ଥିବ ମୃତ୍ୟୁ ଥିବ
ତମ ସଙ୍ଗେ ଏତେ ବେଶୀ ଜଣାଶୁଣା ପରେ ?

୬
କିଛି ପ୍ରଶ୍ନ ପଚାରନି, ଜାଣିପାରୁ ନାହିଁ
ଯେତେବେଳେ ବିନାଶବ୍ଦେ ଆତ୍ମାର ସମ୍ମତି
ତମ ଥରଥର ଓଠେ ପ୍ରକାଶିତ ହୁଏ, ଯେତେବେଳେ
ତମେ ହସ କି ସୁନ୍ଦର ଦିଶେ ତମ ମୁହଁ ?

ତମେ ସବୁ ଜାଣ କିନ୍ତୁ ତମଠୁଁ ଅନେକ
ଲୁଚାଇବା କଥା ଅଛି, ମୁଁ କହି ବସିଲେ
ମୋ ହାତ ମୁଠାରୁ ତମ ହାତ ଖସିଯିବ,
ମୁଁ ଖସିପଡ଼ିବି କେଉଁ ଅତଳକୁ, ସେଠି
ନୃଶଂସ ହତ୍ୟାର ଆଉ ବାରୁଦର ଗନ୍ଧ ରହିଥିବ,
ବହୁଦିନୁଁ ବନ୍ଦଥିବା କୋଠରୀର ଆଉ
ଉଦାସୀନ ପଥର ଉପରେ
ଚୂନା ହୋଇଯାଇଥିବା ତାରାମାନଙ୍କର
ଗନ୍ଧ ଥିବ, ଗନ୍ଧ ଥିବ ଶୁଖିଯାଇଥିବା
ପେନ୍ଥା ପେନ୍ଥା ଫୁଲର ଓ ଦିଆ ହୋଇ ନଥିବା ଚୁମ୍ବାର।

ଏହା ସତ୍ତ୍ୱେ ଯଦି ତମେ
ଅଡ଼ିବସ ମୋ ଉତ୍ତର ପାଇଁ
ତା ହେଲେ ତମର ମେଘମୟ ଆଙ୍ଗୁଠିରେ
ଥରେ ମୋର କାୟା ଦିଅ ଛୁଇଁ।
ମୋର ମରୁଭୂମିମାନଙ୍କର ପାଟି ଫାଟିଯିବ,
ଲୁହଠାରୁ ବୃହତ୍ତର ବନ୍ୟାଧରି ତମ
ପାଖକୁ ଆସିବେ ଛୁଟି ମୋର ନଈନାଳ,
ଜଙ୍ଗଲ କରିବେ ତମ କାନପାଖେ ତାଙ୍କ
କପାଳରେ ଲେଖାଥିବା ଅଭିଶାପ କଥା ଆଲୋଚନା,
ଭଙ୍ଗାରୁଜା ସ୍ୱପ୍ନମାନେ ଯୋଡ଼ହସ୍ତ ହୋଇ
କିଞ୍ଚିତ କରୁଣା ଲାଗି କରିବେ ପ୍ରାର୍ଥନା।

ତମେ ଯଦି ଜିଦ୍ ଧର ମୋ ଉତ୍ତର ପାଇଁ ତେବେ ମତେ
ଛୁଇଁ ଦିଅ, କିନ୍ତୁ ଛୁଅଁ ଗୋଟିଏ ସର୍ତ୍ତରେ,
ଆହୁରି ପାଖକୁ ଆଣି ଆହୁରି ଘନିଷ୍ଠ
ଭାବେ ମତେ ଜାକି ଦେବ ତମ ନିଜ ସଚରାଚରରେ।
ହସ ହସ ରହିଥିବ ସେ ମୁହଁ ତମର
ଯାହାର କଟାକ୍ଷମାତ୍ରେ ଉଭେଇ ଯାଏ ମୋ
ବାକ୍‌ଚାତୁରୀ କରୁଥିବା ଛାଇ କାଦୁଅରେ।

୭

ତମେ କଣ ? ମତେ ଲାଗେ ତମେ
ଖାଲି ଗତି, ଗତି ଛଡ଼ା ଆଉ କିଛି ନୁହଁ,
ବେଳେ ବେଳେ ସିନା ଶାଢ଼ୀ ପିନ୍ଧିଥିଲା ପରି
ମୋ ଆଖିକୁ ତମେ ଦେଖାଯାଅ,
ଅନେକ ସମୟେ କିନ୍ତୁ
ତମେ ଏକ ଅଶରୀରୀ ଅଧୈର୍ଯ୍ୟତା, ତମେ
ଆଖିକୁ ନ ଦିଶୁଥିବା ସମୁଦ୍ର ଉପରେ
ଆଖିକୁ ନ ଦିଶୁଥିବା ଜାହାଜ ଯାଉଛ

ଶ୍ୱାସରୁଦ୍ଧ ଶବ୍ଦଙ୍କର ମାଲ୍‌ମତା ନେଇ
ଦିନସାରା ରାତିସାରା ପବନ ବେଗରେ।

ମୁଁ ଦେଖି ପାରିଲି ନାହିଁ ତମକୁ ଯେହେତୁ
ବତାସରେ କୁଆଡ଼େ ମୋ ଆଖି ଉଡ଼ିଗଲା,
ଯେହେତୁ ମୋ କଥା ତମ ଆଲିଙ୍ଗନ ଭିତରେ କୁଆଡ଼େ
ହଜିଗଲା। ଯେତେବେଳେ ଦୁନିଆଁ ଚାହିଁଲା
ତମର ପୁଙ୍ଖାନୁପୁଙ୍ଖ ସଠିକ ବର୍ଣ୍ଣନା
ନିରୁତ୍ତର ରହିଗଲି। ସବୁଦିନ ପରି
ରାସ୍ତାରେ ଗହଳ ଥିଲା, ସବୁଦିନ ପରି ବଗିଚାରେ
ଫୁଲ ଫୁଟିଥିଲେ, ଆକାଶରେ ସବୁ ରାତି ପରି
ତାରା ଭର୍ତ୍ତି ହୋଇଥିଲେ, ତମେ ଯିଏ ଖାଲି
ଗତି ଏବଂ ଗତି ହିଁ କେବଳ
ସବୁବେଳ ପରି ତମେ କେଉଁଠି ନଥିଲ।

ଅଥଚ ମୁଁ ଜାଣେ ଯେ ମୁଁ ରହିଥିବା ଜାଗା
ତମ ଭିତରରେ ଠାଏ ଛାଇଛାଇ ଝରଣାର କୂଳ।
ତମେ ବନ୍ଦ କରିଦେଲ
ମୋ ମୁହଁକୁ ପୃଥିବୀର ଭବିଷ୍ୟତ ପରି
ଅତିକାୟ ହାତରେ ତମର।
ମୁଁ ଆଉ କହନ୍ତି କଣ ? ଆଉଁସିଲି ତମ
ତାଳୁରୁ ତଳିପା ଯାଏଁ ବିସ୍ତୀର୍ଣ୍ଣ ଶରୀର।
ଯୁଗଯୁଗ ବିତିଗଲା, ପ୍ରତ୍ୟେକ ଜାଗାରେ
ଶହଶହ ବର୍ଷ ରହିଗଲି,
ପ୍ରତ୍ୟେକ ଜାଗାରେ ମୋର ନିୟତି ସହିତ
ଘମାଘୋଟ ଯୁଦ୍ଧରେ ମାତିଲି,
ଅବଶେଷେ ତାକୁ ତମ ଯୌବନର ନାନାଦି ରଙ୍ଗର
ଆକ୍ରମଣେ ଧୂଳିସାତ୍ କଲି।

ତମର କି ଧୈର୍ଯ୍ୟ ! ତମେ
ବିଛଣାରେ ଶୋଇ ହସୁଥିଲ,
ତମର ନାରୀତ୍ୱ ସଦାସର୍ବଦା ରାତିର
ପ୍ରଥମ ପ୍ରହର, ସଦାସର୍ବଦା ସତେଜ
ବିଛଣାରେ ଯେତେ ମଲ୍ଲୀଫୁଲ,
ଜହ୍ନ ଉଇଁ ଆସୁଥିଲା ସଦାସର୍ବଦା ଓ
ବିନା ବାକ୍ୟବ୍ୟୟେ ଦେଇଦେଲ

ମୁଁ ମାଗିବା ନ ମାଗିବା ସମସ୍ତ ସମୟ
ପହଞ୍ଚିବା ଲାଗି ତମ ସମୁଦ୍ର କୂଳରେ,
ଢେଉମାନେ ଘୁ ଘୁ ଗର୍ଜନ କରନ୍ତି
ଅଧା ଆନନ୍ଦରେ ଆଉ ଅଧା ଯନ୍ତ୍ରଣାରେ ।

୯
ଦିନେ ହଠାତ୍ ଖସିପଡ଼ି
କାଚ ଝାଡ଼ବତୀ ପରି
ଚୂନା ହୋଇଗଲା,
ତା ବିଦାୟ ପରବର୍ତ୍ତୀ ବସନ୍ତ ଋତୁରେ
ପୁନର୍ବାର କୋଇଲି ଡାକିଲା
କୁହୁ କୁହୁ, ପୁନର୍ବାର ମଳୟ ପବନ
କଷି ଆମ୍ବ ଜହ୍ନରାତି ଓ ତମ ଓଠର
ସୁବାସିତ ସ୍ୱାଦ ଧରି ଭୂଲୋକ ଦ୍ୟୁଲୋକ
ବାରମ୍ବାର କଲା ପ୍ରଦକ୍ଷିଣ ।

ଏଣିକି ସମ୍ଭବ ନୁହେଁ
ମୁଁ ମରିବି ମୋ ଦିନ ସହିତ,
ଏଣିକି ଏପରି ମୃତ୍ୟୁ
ମାନଙ୍କର କୌଣସି କର୍ତ୍ତୃତ୍ୱ
ମୋ ଉପରେ ନାହିଁ । ମୁଁ ଦେଖୁଛି

ଖଣ୍ଡ ଖଣ୍ଡ ଭଙ୍ଗା କାଚ ଚଟାଣ ଉପରୁ
ସାଉଁଟିବା ଶୋକାକୁଳ ଲୋକଙ୍କ ଚେହେରା
ଭିନ୍ନ ନୁହେଁ ବହୁକାଳ ତଳେ ଉଠିଥିବା
ଫଟୋରେ ମୋ ନିଜ ଚେହେରାରୁ।

ସେଇପରି ଅବନତ
ଚାହାଣି ଆଖିର।
ସେଇପରି ପୋଡ଼ାଧୂଆଁ
ଗନ୍ଧ ଚମଡ଼ାର।
ସେଇପରି ଅନ୍ଧାରକୁ
ନ ଚିହ୍ନିବା ଭାବ,
ତମ ନିଃଶ୍ୱାସକୁ ଶୁଣି ନ ଶୁଣିଲା ପରି
ସେଇପରି ରହିବା ସ୍ୱଭାବ।

ତମ ନିଃଶ୍ୱାସ ମୁଁ ଶୁଣେ
ବେଳେବେଳେ କୋଇଲିର କୁହୁଶବ୍ଦ ପରି,
ବେଳେ ବେଳେ ବତାସର ଗର୍ଜନ ଭାବରେ,
ସବୁବେଳେ ମୋ ଓଠର ଶବ୍ଦ ଚୁପ୍ ହୁଏ
ତମ ଚୁମା ଅନ୍ଧାରରେ
ଆସିବାର ବିଚିତ୍ର ଶବ୍ଦରେ।

୧୦
ତମ ବିଷୟରେ, ଆମ ଦୁହିଁଙ୍କ ସମ୍ପର୍କ
ବିଷୟରେ ଆଉକିଛି କହିବିନି ଏ କବିତା ପରେ।
ସବୁ କିଛି ଶେଷ ହୁଏ ଦିନେ ଅବା ଦିନେ
ସେ କଥା କାରଣ ନୁହେଁ ଯେଣୁ ମୁଁ ତମକୁ
ଭଲ ପାଇବାର କଣ ଶେଷ ଥାଇପାରେ ?
ତମ ଦିହଘଷା ହୋଇଗଲାଣି ସେ କଥା
ଜମାରୁ କାରଣ ନୁହେଁ ଯେଣୁ ମୁଁ ତମକୁ

ଯେତେ ଭିଡ଼ି ଧରିଲେ ବି ଧରିପାରେ ନାହିଁ
ମୋ ହାତ ବାହାରେ ଥିବା ତମ ସୌନ୍ଦର୍ଯ୍ୟକୁ।
କିଛି ବାକି ରହିଯାଏ, ମୁଁ ନ ଜାଣିଥିବା
ବାସ୍ନାଟିଏ, ମୋ ଅଜ୍ଞାତ ମହାଦେଶଟିଏ,
ମୁଁ ନ ଶୁଣିଥିବା କେଉଁ ପକ୍ଷୀର କାକଳି,
ସୁତରାଂ ଆଜି ଯଦି ଚୁପ୍ ହୋଇଯାଏ।

ତା କାରଣ ନୁହେଁ ତମେ ଦେହଘଷା ହେଲ,
ଆଜି ଯଦି ଚୁପ୍ ହେଲି ଏ କବିତା ପରେ
ତା କାରଣ ଏହା-ତମ ଝଡ଼ର ସମ୍ପୂର୍ଣ୍ଣ
ଫସଲ ହୁଏନି ଜାଗା ମୋ ଦୁଇ ହାତରେ।

ତମ ଅଣ୍ଟା ଚାରିପାଖେ ମୁଁ ହାତ ବେଢ଼ାଇ
ତମକୁ ଧରିଛି, ତମ ଜଂଘ ଆଉ ହାତ
ଆଉଁସିଛି, କିନ୍ତୁ ସବୁବେଳେ
ଲାଗିଛି ଯେ ପୁଣି କଣ ବାକି ରହିଗଲା,
ପୁଣି କଣ ରହିଗଲା ଯାହାର କଥା ମୋ
କାନରେ ପଡ଼ିବା ଆଗୁଁ ବେଳ ଗଡ଼ିଗଲା।
କଣ ରହିଗଲା ? ଫୁଲ ମଣ୍ଡି ହୋଇଥିବା
ଗଛଟିଏ ? କିମ୍ବା ଆକାଶର
ମେଘାଚ୍ଛନ୍ନ କୋଣଟିଏ ? ମୋ ଅପରିଚିତ
ଜଳବାୟୁ ତମ ଶରୀରର ?

ସେଥିପାଇଁ ମୁଁ ତମକୁ
ବେଶୀ ବେଶୀ ଭଲ ପାଇବସେ,
ସେଥିପାଇଁ ସୋର୍‌ଶବ୍ଦ ନାହିଁ ମୋ ପାଟିରେ,
ତମେ ଓ ମୁଁ ଏକ କିନ୍ତୁ ସବୁବେଳେ ପ୍ରଥମଥର ମୁଁ
ପଡୁଥାଏଁ ତମରି ପ୍ରେମରେ,
ସବୁବେଳେ କେହି ଜାଣି ନ ପାରିଲା ଭଳି

ମୋ ପାପୁଲି ଛନ୍ଦିଦିଏ ତମ ପାପୁଲିରେ,
କେହି ଦେଖି ନ ପାରିଲା ଭଳି ଫୁଲଟିଏ
ଖୁବ୍ ଶୀଘ୍ର ଖୋସିଦିଏ ତମରି ଜୁଡ଼ାରେ।
ସବୁବେଳେ ଫୁସୁଲାଏ
ରାତି ଅଧେ ନ କହି କାହାକୁ
ଚାଲ ଲୁଚି ପଳାଇବା ଏ ଜାଗାରୁ ତମ ହୃଦୟର
ଅନ୍ୟ ଏକ ନିଭୃତ ଜାଗାକୁ।

ହାଡ଼

ବର୍ଷା ଧୋଇଦେଲା ମୋର
ଦେହ, ଭାସିଗଲା
ଚମ ଆଉ ମାଂସ, ଖାଲି
ହାଡ଼ ରହିଗଲା ।

ବର୍ଷା ଯେତେବେଶ ଧରି
ଆସିଥିଲା ତାର ସୀମା ନାହିଁ,
ଆସିଥିଲା ଗୁଳିଗୋଳା
ହତିଆର୍ ହୋଇ,
ଆସିଥିଲା ଚାହାଣିର
ବରଫ ଭାବରେ,
ଆସିଥିଲା ହୃଦୟର
ପଥର ରୂପରେ,
ବଡ଼ବଡ଼ ହରଫରେ ମିଛକଥା ହୋଇ
ଆସିଥିଲା ସମ୍ବାଦ ପତ୍ରରେ ।

ମୁଁ କେବଳ ହାଡ଼ମାଳ,
ତଥାପି ବି ଯେତେ ଯେତେ ଥର
ଯେତେ ଯେତେ ବେଶଧରି
ଆସିଥିଲା ତାକୁ ସେତେଥର,
ଚିହ୍ନିନେଲି, ମୋର ହାଡ଼ମାଳ

ତମେ ମତେ ଭିଡ଼ି ଧରିବାର
ଅଗ୍ନିପରି ମହମହ ବର୍ଷାପାତ ପାଇଁ
ସଞ୍ଚିଥିଲି କାହିଁ କେତେ କାଳ।

ନିଃଶବ୍ଦତା ପରି ଶୁଦ୍ଧ
ଧ୍ୱନି ମୋର ହାଡ଼ର ଭିତରେ,
ନିର୍ମଳ ଆକାଶ ପରି
ଅଧୀରତା ପ୍ରତି ମୁହୂର୍ତ୍ତରେ,
ଭୁଲିହୋଇ ଯାଇଥିବା
ନାଆଁ ପରି ଭାଙ୍ଗିରୁଜି ଯାଏ
ଓ ତମ ଫୁଙ୍ଗୁଳା କୋଳ ଭିତରେ କେଉଁଠି
ନିର୍ଭୟରେ ହଠାତ୍ ଓହ୍ଲାଏ।

ବର୍ଷା କାହିଁ? ଦିନେ ହେଲେ ମୁଁ ତମ ଆଖିର
ଋତୁ ଛାଡ଼ି ବାହାରକୁ ଯାଇଛି କି? ତମେ
ମରିବାର କାଳ୍ପନିକ ଅନୁଭୂତି ମୋର
ଉଚ୍ଛେଦ କରିଲ ମାତ୍ର ଗୋଟିଏ ଚୁମାରେ,
କି ଅନାୟାସରେ, ଅଛି ବୋଲି ମୁଁ ନଜାଣିଥିବା
ମୋର ରକ୍ତମାଂସର ଓଠରେ!

ମୋ ନିଜର ପ୍ରତିବିମ୍ବ

୧
ଦର୍ପଣ କାଚରେ କିମ୍ବା
ନିର୍ମଳ ପାଣିରେ
ନିଶ୍ଚୟ ମୋ ପ୍ରତିବିମ୍ବ
ଥିବ କେଉଁଠାରେ।
ଶୋଇଥିବା ପକ୍ଷୀଙ୍କୁ ମୁଁ
ଉଠାଇ ପଚାରେ,
ତାରାଙ୍କର ନୀରବତା
ଭାଙ୍ଗି ତାଙ୍କ ବିନାନୁମତିରେ
ପଚାରେ କିଏ ସେ କହ
ଦେଖିଅଛି ପ୍ରତିବିମ୍ବ ମୋର,
ଅଥଚ ସାହସ ନାହିଁ
ନିଜେ ହେବି ମୁହାଁମୁହିଁ ତାର।
ମୁଁ କେତେ ପାହୁଣ୍ଡ ଚାଲେ
ବାଆଁ ଆଉ ଡାହାଣ ପଟକୁ,
ସାହସ ହୁଏନି କିନ୍ତୁ
ପାହୁଣ୍ଡେ ବି ଆଗକୁ ଯିବାକୁ।
ଗୋଟିଏ ସମ୍ପର୍କ ମତେ
ଭୟଭୀତ କରେ,
ତାହାହେଲା ମୋ ସମ୍ପର୍କ
ମୋ ନିଜ ସାଙ୍ଗରେ।

୨
ରହରହ ମୁଁ ଟିକିଏ
ହସ ପିନ୍ଧି ସାରେ,
ବାଳକୁ ସଜାଡ଼ି ନିଏ,
କମିଜ୍‌ର ଭାଙ୍ଗ ଠିକ୍ କରେ,
ଜୋତା ଫିତା ବାନ୍ଧିନିଏ,
ଉପଯୁକ୍ତ ଶବ୍ଦମାନଙ୍କର
ତାଲିକା ତିଆରି କରେ,
ମୋର ସବୁ କାର୍ଯ୍ୟକଳାପର
କୈଫିୟତ୍‌ଟିଏ ଖୋଜେ,
ଆଉ କେତେଦିନ
ବଞ୍ଚିବାର ଯୁକ୍ତିଯୁକ୍ତ
ଗୋଟିଏ କାରଣ
ଖୋଜିସାରେ, ତା ପରେ ଅବଶ୍ୟ
ଦର୍ପଣ ଆଗକୁ ଯିବ
ମୋର ଛଦ୍ମବେଶ।

୩
ମୁଁ ତମକୁ କଣ ବୋଲି
ଡାକିବି ? ତମେ ତ
ମୋ ଜୀବନକାଳଯାକ
ନୈପଥ୍ୟରୁ ହେଲ ଆତଯାତ।
ବେଳେବେଳେ ତମ ଛାଇ
ପଡ଼ିଯାଏ ମୋ ଯିବା ବାଟରେ।
ବେଳେବେଳେ ଚାହୁଁ ଚାହୁଁ
ମେଘ ଘୋଟି ଆସେ ଆକାଶରେ।
ଚାହୁଁ ଚାହୁଁ ମାଡ଼ି ଆସେ
ପୂର୍ବାପର ସଙ୍ଗତି ନ ଥାଇ

ଧୂଳିଝଡ଼, ମୋ ଦେହର ସବୁ
ସଡ଼କରୁ ବତୀ ଲିଭିଯାଇ
ନିଃଶବ୍ଦ ଅନ୍ଧାର ଘୋଟେ।
ଅନ୍ଧାର ଭିତରେ
ମୋ ହାଲୁକା ଆୟତନ
ଆସୁ ଆସୁ ଲାଖିଯାଏ
ଭଙ୍ଗାରୁଜା କାର୍ଯ୍ୟନିର୍ଘଣ୍ଟରେ।

୪
ସୂର୍ଯ୍ୟର ନାନାଦି ଅଂଶେ ବିଭକ୍ତ ଆୟୁରେ
ମପାଯିବା ସମୟର କଳାରଙ୍ଗ ନେଇ
ବୋଳିଦେଲି ମୋ ଆଡ଼କୁ ମାଡ଼ି ଆସୁଥିବା
ସେ ନିର୍ମଳ, ଭୟାନକ ସାଦୃଶ୍ୟ ଉପରେ।

ନିଜକୁ ଭେଟିବା ଛଡ଼ା
ଆଉ କିଛି ଦାୟିତ୍ୱ ନଥିଲା,
ଅଥଚ ସେତିକି ମାତ୍ର
ତୁଲାଇବା କଷ୍ଟକର ହେଲା।
ମୋ ଚେହେରା ପରି ଏକ ହତାଶା ଆଗରେ
ଉପସ୍ଥିତ, ତା ଦୀର୍ଘନିଃଶ୍ୱାସ
ଶୀର୍‌ଶୀର୍ ଶୁଣାଯାଏ ଦିଗ୍‌ବିଦିଗରେ,
ଯେପରି କୃତଘ୍ନପଣ ବା ଉଦାସୀନତା
ଭିତରେ ଆଶ୍ରୟହୀନ ବୃଥା ପରିଶ୍ରମ
ବା ଯେପରି ପାଦେ ହେଲେ ଆଗକୁ ଯିବାକୁ
ଅନିଚ୍ଛାରେ କଲବଲ ହେଉଥିବା ପ୍ରେମ।

୫
ଏ ବିଳମ୍ବ କ୍ଷମାକର,
କ୍ଷମାକର ମୋର ଯେତେ ବର୍ଷ ବିତିଗଲା

ବିଚ୍ଛେଦରେ, ଘୋର ଆତଙ୍କରେ
ଓ ଗୋଟିଏ ଜନରବଠାରୁ ଅନ୍ୟ ଜନରବଠାକୁ
ସବୁବେଳେ ଦଉଡୁଥିବାରେ,
କ୍ଷମାକର ମୋ ସରଳ ବିଶ୍ୱାସ ମୋ ପରି
ଆତଙ୍କିତ ଲୋକମାନେ ଗଢ଼ିଥିବା ତମ
ବିଷର୍ଣ୍ଣତା ବଦଳରେ ନାନାଦି କଥାରେ,
କ୍ଷମାକର ମୋ ନିଜର ଦୂରତ୍ୱ ବିଷୟେ
ମୋର ସବୁ ପ୍ରହେଳିକା, ସବୁ ଆଶା କିଛି
ହୁଲସ୍ଥୁଲ୍ ବ୍ୟତିରେକେ ମରିଯିବା ପାଇଁ,
ସବୁରି ଅଲକ୍ଷ୍ୟେ ଦିନେ ଖସିଯିବା ଲାଗି,
ଅନ୍ଧାରରେ ମିଶିଯିବା ଲାଗି ଯେଉଁଠାରେ
ଭଲ ମନ୍ଦ କିଛି ଘଟେ ନାହିଁ।

ସେ ଆଶା କି ବୃଥା ଆଶା !
ତମକୁ ନଭେଟି କଣ ମରିବା ସମ୍ଭବ ?
ଆରମ୍ଭ ଜାଗାକୁ ଫେରି ନ ଆସିବା ଯାଏଁ
ବୁଲାବୁଲି ଶେଷ ହେଲା ବୋଲି କହିହେବ ?
ସେ ପର୍ଯ୍ୟନ୍ତ କେତେବାଟ
ବାକୀ ଅଛି ଅନ୍ୟାନ୍ୟ ଆଖିରେ,
ସେ ପର୍ଯ୍ୟନ୍ତ ଖୋଜା ହେବ
ଜାଗାଟିକେ ବେଳବୁଡ଼ ପରେ,
ଝଡ଼ଠାରୁ ଓ ଅଚିହ୍ନା ଅନ୍ଧକାରଠାରୁ
ନିରାପତ୍ତା ଖୋଜା ହେଉଥିବ,
ଖୋଜିବା ଓ ଉତ୍ସାହର ଅସଂଖ୍ୟ ସକାଳ
ଓ ଅନ୍ୟାନ୍ୟ ହୃଦୟର ଧୁ ଧୁ ବାଲିଚର
ଭିତରେ ଅସଂଖ୍ୟ କ୍ଲାନ୍ତ ଦିପହର ଥିବ।

କେତେ ଶୀଘ୍ର ବିତିଗଲା
କେତେ ବର୍ଷ ! କେତେ ଶୀଘ୍ର ଅନ୍ୟାନ୍ୟ ଆଖିର

ଲିଭିଗଲା ଯେତେକ ଆଲୁଅ !
ହେ ମୋର ଅଭିନ୍ନ ବନ୍ଧୁ, ତମେ ହିଁ ତ ମତେ
ମୃତ୍ୟୁର ନିରାଶାଠାରୁ କରିଛ ଉଦ୍ଧାର,
ତମେ ହିଁ ତ ମୋ ଭାଗ୍ୟକୁ ଜାଣିବାର କୁହୁକ ଫଳରେ
ମୋ ଭଙ୍ଗା ତୁକୁଡ଼ା ସବୁ ଏକତ୍ରିତ କଲ,
ମୁଁ ଏବେ ତମର ବାହୁବନ୍ଧନ ଭିତରେ
ମତୁଆଲା, ତମକୁ ଅଥବା
ମୋ ନିଜକୁ ଚାହିଁବାକୁ ଜୋର୍ ଆସିଲାଣି
ଧୀରେ ଧୀରେ ମୋ ଆତ୍ମା ଭିତରେ ।

ଏକା ଏକା

ଦିନ ସରିବାର ତେଣାଯୁକ୍ତ ଦିନ, ମୁଁ ତମର
ଅପେକ୍ଷାରେ ରହିଥିବି, ଏକାଗ୍ର ଚିତ୍ତରେ
କଳ୍ପନା କରିବି ତମ ଚଞ୍ଚୁ ଆଉ ନଖ,
ଘୃଣାରେ ଅତିଷ୍ଠ ମୋର ଅପେକ୍ଷା ତଥାପି
କାହାଣୀର ଶେଷ ପରି ସନ୍ତୋଷଜନକ।
ତାପରେ କେବଳ ଥାଏ ନୀରବତା, ସେ ନୀରବତାରେ
ଭଙ୍ଗାରୁଜା ଆତ୍ମୀୟତା କ୍ଷଣକାଳ ଲାଗି ଆଉଥରେ
ଉଠନ୍ତିନି, ପରସ୍ପରେ ଉଠାନ୍ତିନି ଯେଣୁ
ଆଉଥରେ ଭାଙ୍ଗିଯିବେ ନିଶ୍ଚିତ ଭାବରେ।
ମୁଁ ତମର ଅପେକ୍ଷାରେ ରହିଥିବି ମୋର ଦୃଷ୍ଟିଶକ୍ତି,
ଶୁଣିବାର ଶକ୍ତି ନଥିଲେ ବି।
ମୋର କିଛି ଆଶା ଅଛି ? ତିଳେ ମାତ୍ର ନାହିଁ,
ତଥାପି ମୁଁ ଅପେକ୍ଷା କରିବି।

ଅପେକ୍ଷା କରିବା ବେଳେ, କିଏ ଜାଣେ,
ବେଳେବେଳେ ସ୍ମୃତିଭ୍ରମ ହେବ,
କିଏ ଜାଣେ କେତେବେଳେ
କେତେ ସୁଖ ମନେ ପଡୁଥିବ,
ବିନା ଦେହେ ବଞ୍ଚିବାର, ବନା ଭୟ ବିନା ଯନ୍ତ୍ରଣାରେ
ବଞ୍ଚିବାର ପରିପୂର୍ଣ୍ଣ ସୁଖ
ମନେ ପଡ଼ିପାରେ, ଖାଲି ଖାଲି ଲାଗିବା ଭାବରୁ

କିଏ ଜାଣେ କେତେବେଳେ ନକ୍ଷତ୍ରମାନଙ୍କ
ସନ୍ତୋଷରେ ପହଞ୍ଚିବି, ଯେଉଁ ଆତଙ୍କରେ
ଚଳତ୍‌ଶକ୍ତି ଲୋପ ପାଇଯାଏ
ସେଠାରୁ ହୁଏତ ଦିନେ, କିଏ ଜାଣେ, ଯାଇ
ପହଞ୍ଚିବି ଉନ୍ମାଦରେ ସବୁ ଚଳପ୍ରଚଳ ଯେଉଁଠି
ବିଲ୍‌କୁଲ୍ ଅବାନ୍ତର ହୁଏ ।

ମୁଁ ତମର ଅପେକ୍ଷାରେ ରହିଥିବି, ମୋର
ଅନ୍ତରଙ୍ଗ ଆତତାୟୀ, ତମେ ଲୋପ ହେବ
ତମେ ଜନ୍ମ ହେବାଦିନ ପୂର୍ବବର୍ତ୍ତୀ ଦିନର ଉଜ୍ଜ୍ୱଳ
ଐଶ୍ୱର୍ଯ୍ୟ, ତମେ ଆସିବାର
ଆତଙ୍କରେ ଲୋପହେବ ସାରା ଭୂମଣ୍ଡଳ ।
ମୁଁ ଏକାକୀ ରହିଥିବି ମୋ ନିଜ ସହିତ,
ସମୟ କାଟିବା ପାଇଁ ତିଆରି କରିବି
ନୂଆ ନୂଆ ବୃକ୍ଷଲତା ସମୁଦ୍ର ପର୍ବତ,
ଛାଇ ଆଉ ଆଲୁଅରେ ନିର୍ମିତ ପୃଥିବୀ ।
ଚଞ୍ଚୁ ନଖ ସମନ୍ୱିତ ତମକୁ ବି ଦିନେ
ମନ ଭୁଲାଇବା ପାଇଁ ତିଆରି କରିବି ।

ମରୁଭୂମି

୧
ମୁଁ ଯିବାକୁ ସଜବାଜ ହେବା ସମୟରେ
ସୂର୍ଯ୍ୟ ଉଇଁ ଆସୁଅଛି
ଏ ହାଲିଆ ଦ୍ୱୀପର ଉପରେ
ଓ ଚାବୁକ୍ ପିଟି ପିଟି ତଡ଼ିନିଏ ତାକୁ
ବିରକ୍ତିର, ନିଛାଟିଆ ଅବସ୍ଥାର ଅନନ୍ତକାଳକୁ ।

ମତେ ବନ୍ଧାଯାଇଥିବା ସବୁ ଶିକୁଳି ମୁଁ
ଏ ଦ୍ୱୀପକୁ ଲେଉଟାଇ ଦେଲଇ ।
ସେ ଶିକୁଳି ଯେଉଁଥିରେ ନିର୍ମିତ ସେ ଧାତୁ
ବନ୍ଧାହୋଇ ରହିଥିବା ଯାଏଁ ଚିହ୍ନିଥିଲି ।

କେଡ଼େ ଲଜ୍ଜାକର ବନ୍ଧା ହୋଇ ରହିବା ଓ
ଆଖିର ସମସ୍ତ ଜ୍ୟୋତି ହରାଇ ବସିବା,
ମୁଁ କୃତଘ୍ନ ଅଟେ ଏହା ଶୁଣିବା ଭୟରେ
ଯେତେ କାନ୍ଦ ମାଡ଼ିଲେ ବି ନକାନ୍ଦି ରହିବା !

କୃତଘ୍ନ ହେବାକୁ ହେବ, ତାହାହିଁ ନିୟମ ।
ନିଜ ଆତ୍ମା ପରି ବେଳେବେଳେ ଦିଶୁଥିବା
ନୂଆ ନୂଆ ଦେଶକୁ ତ ଯିବାକୁ ପଡ଼ିବ,
ସେଠାରେ ତ ନୂଆ ନୂଆ ହତାଶା ଅବଶ୍ୟ

ଏକୁଟିଆ ଭୋଗିବାକୁ ହେବ।
ଯିବାକୁ ପଡ଼ିବ ଦୂବ କଅଁଳୁ ନଥିବା
ଅପନ୍ତରା ବାଲୁଚର ନ ଆସିବା ଯାଏଁ,
ସେଠାରେ ପ୍ରଚଣ୍ଡ ସୂର୍ଯ୍ୟକିରଣ ପ୍ରାଣର
କାଁ ଭାଁ ପୋଖରୀରୁ ପାଣି ଶୋଷିନିଏ।

ଦ୍ୱୀପର ସବୁଜ ରାଣୀ, ଆଜି ହିଁ ତମର
ଇଚ୍ଛା ହେଲା ମରୁଭୂମି ପରି ତପ୍ତ ଶୂନ୍ୟତାର ବେଶ
ପିନ୍ଧି ମୋର ଆସୁଥିବା ଦିନମାନଙ୍କର
ଚେହେରା ଏବଠୁଁ ମତେ ଦେଖାଇ ଦେବାକୁ?
ତମେ ଯଦି ଆସିଥାନ୍ତ, ଆଖିରେ ଆଖିରେ
କହି ଦେଇଥାନ୍ତ ତମେ ସବୁ ବୁଝିପାର
ମୁଁ କାହିଁକି ଚାଲିଯିବି, ଆଉ ଚାଲିଯାଇ
କାନ୍ଦୁଥିବି ତମ ଅଗୋଚର
କେଉଁ ଏକ ଜାଗାରେ, ତାହେଲେ

ମୁଁ ମଧ୍ୟ ଜଣାଇଥାନ୍ତି ଆଖିରେ ଆଖିରେ
ତମ ପ୍ରତି କୃତଜ୍ଞତା ମୋର।

୨
ରାତିରେ ମୁଁ ଯିବାବେଳେ ଦେଖିଲି ଅନେକ
ମେଣ୍ଢାପଲ ଓ ପ୍ରତ୍ୟେକ ପଲର ପଛରେ
ଭୂତ ପରି ଦିଶୁଥିବା ମଣିଷ ସେମାନେ
ଚାଲୁଥିଲେ ସମ୍ଭବତଃ ନିଦ୍ରିତାବସ୍ଥାରେ।

ସମ୍ଭବତଃ ନିଦ୍ରିତାବସ୍ଥାରେ
ତାଙ୍କୁ ଦେଖାଯାଉଥିଲା ପୋଖରୀ, ସବୁଜ
ବିଲବାଡ଼ି, ଶୁଭୁଥିଲା ଅନତିଦୂରରେ
ଲୁଚିଥିବା ଶସ୍ୟଙ୍କୁ ଓ ଫୁଲଙ୍କୁ ପତ୍ରଙ୍କୁ

ଡାକୁଥିବା ବର୍ଷାର ଆବାଜ।
ପାଣି ପାଇଁ ବ୍ୟାକୁଳ ମଣିଷ,
ସ୍ତ୍ରୀ ପିଲାକବିଲା ଓ ପଶୁମାନଙ୍କର
ଗହଣରେ ଆଉ କିଛି ବେଳ ରହିବାକୁ
ବ୍ୟାକୁଳ ମଣିଷ ଲାଗେ କେଡ଼େ ଅବାନ୍ତର !

ଅବାନ୍ତର ଲାଗୁଅଛି ପଥର ଉପରେ
ପଥର ଲଦିବା କାମ ବହୁ ପୂର୍ବକାଳେ,
ସ୍ଥାନୀୟ ଓ ଦୂରାଗତ ବ୍ୟବସାୟୀଙ୍କର
ଗହଳଚହଳ, ଫୁଟିବା ଓ ମଉଳିବାବେଳେ
ଗୋପନୀୟ ଇଚ୍ଛାମାନଙ୍କର ବିସ୍ଫୋରଣ,
ଘମାଘୋଟ ନୀରବତା ଭିତରେ କୁଆଡ଼େ
ଆୟୁଷର ସଶବ୍ଦ ପ୍ରସ୍ଥାନ।

ତମ ଯାତ୍ରା ଶୁଭ ଆଉ ତମର ଉଦ୍ଦେଶ୍ୟ
ସଫଳ ହୁଅନ୍ତୁ ହେଲେ ବୋଲି ମନାସିଲି।
ସେମାନଙ୍କ ଘରଦ୍ୱାର ଜମିବାଡ଼ି ସବୁ
ପର୍ବତପ୍ରମାଣେ ବାଲି ଦ୍ୱାର ପୋତୁଥିବା
ବାଲିଝଡ଼ ଭିତରକୁ
ଏକା ଏକା ଆଗେଇ ଚାଲିଲି।

୩
କେଡ଼େ ନିଛାଟିଆ ! କିନ୍ତୁ ଅଦ୍ୟାପି ଏ ଦେହ
ଏକ ପରେ ଅନ୍ୟ ଏକ ଗୋଲାପ ଗଢୁଛି,
ପ୍ରତ୍ୟେକ ଗୋଲାପ ସିଝେ, ଅରଖବୁଦାଙ୍କ
ଟାପ୍‌ରାରେ କେଡ଼େ ଶୀଘ୍ର ପୋଡ଼ିଯାଉଅଛି !

ଶୋଷରେ ମଲିଣି, କିନ୍ତୁ
ମୋର ପ୍ରତି ଶିରାପ୍ରଶିରାରେ

କି ପ୍ରଚୁର ତୃପ୍ତି ଏବେ
ମାଡ଼ିଯାଏ ଜୁଆର ଭାବରେ !

ସୂର୍ଯ୍ୟଠାରୁ ବିଷ ନେଇ
ପବନ କିପରି
ମୋର ପ୍ରତି ଚିତ୍କାରକୁ
ଅଶରୀରୀ କରେ !

ମୋର ସବୁ ମାଂସପେଶୀ
ମଉଳି ଗଲେଣି ଏବେ କିମ୍ବଦନ୍ତୀ ପରି
ଅବିଶ୍ୱାସ କରୁଥିବା ଶ୍ରୋତାଙ୍କ ଆଗରେ

ମୁଁ ହେଲିଣି ଆତ୍ମହରା
ଏ ଯନ୍ତ୍ରଣା ଭୋଗିବାର, ଘୁସୁରି ଘୁସୁରି
ବାଲିକୁଦ ଡେଇଁବାର ଅସହ୍ୟ ସୁଖରେ ।

ମୋ ସାମ୍ନାରୁ, ବୁଦା ଉହାଡ଼ରୁ
ଉଡ଼ିଯାଏ ବଡ଼ ପକ୍ଷୀଟିଏ,
ଉଡ଼ିଯାଇ ବସେ ଆଉ ଟିକିଏ ଦୂରରେ,
ମୋ ଆଖିରେ ତା ଆଖି ମିଳାଏ ।

ଏତେ ଶୀଘ୍ର ନୁହେଁ ଆରେ ଏତେ ଶୀଘ୍ର ନୁହେଁ ।
ଅତୀତର ରାତିଙ୍କଠୁ ମୋର ଯେତେ ଋଣ
ତାକୁ ସୁଝିବାକୁ ଆଉ କେତେଦିନ ଯାଏଁ
ନିଃଶ୍ୱାସର ଅଛି ପ୍ରୟୋଜନ ।

୩

ମତେ କିଆଁ ଲାଗୁଅଛି ଆଜିହିଁ ଆମର
ଭେଟାଭେଟି ହେବ ଏକ ତାରକାଖଚିତ
ଆକାଶର ତଳେ, ଏହି ବାଲିରେ ହିଁ ତମେ
ଆଖି ମୋର ଝଲସାଇ ହେବ ଉପସ୍ଥିତ।
ଦେଖ ତାରା ଆଲୁଅରେ ଭିଜା ଏ ଅନ୍ଧାର
କେତେ ପତ୍ର, ଫୁଲ ଧରି ଆସେ!
କିଛି ହେଲେ ନଥିବାର ପ୍ରହେଳିକା ଦ୍ୱାରା
ପରିପୂର୍ଣ୍ଣ ମରୁଭୂମି ଭିତରେ କିଏ ସେ
ସେ ସବୁ କଳ୍ପନା କରେ? ବର୍ଷବର୍ଷ ଧରି
ଚମଡ଼ାରେ, ସ୍ନାୟୁରେ, ସ୍ମୃତିରେ
ଜୀଇଁବାର ଲାଜ ଆଉ କଠୋରତା ଭୁଲି
ତମେ ଏଠି ଥିବା ବାସ୍ନା କେଡ଼େ ଅନାୟାସେ
ଆଜି ମୋର ଆତ୍ମା ବାରିପାରେ!

ଗଛରୁ ନଝଡ଼ି ସଢ଼ି ଯାଉଥିବା ଫଳ
ଆଜି ରାତିରେ ହିଁ ଖସି ପଡ଼ନ୍ତି ଭୂଇଁରେ,
ଗଛର ଯୌବନ ଆଜି ନିର୍ମଳ, ଅଥୟ
ଆପଣାର ପରିକଳ୍ପନାରେ।

ଏଣିକି ଯନ୍ତ୍ରଣା ଲାଗୁ ନଥିବା ଦେହରୁ
ଝଡ଼ିଯାଇ ପରିଣାମଙ୍କର
ପରିଣାମ ପଛେପଛେ ଧାଇଁବାର ସବୁ
କ୍ଲାନ୍ତି ଆଉ ମଳିଧୂଳି ଜୀବନଯାକର
କେତେ ଭଲ ଲାଗୁଅଛି! କି ଆନନ୍ଦ ଆଜି
ତମେ ଯେତେବେଳେ ଦିଶ ଝଲମଲ, ଆକୃତିବିହୀନ
ହୋଇ, ଯେପରି ନିଜକୁ
ଭୁଲିଯାଇଥିବା କେଉଁ ଲେଉଟାଣି ମନ!

ଆଜି ରାତିରେ ହିଁ ଆମେ ଭେଟାଭେଟି ହେବା।
ଆଜି ରାତି ମୋଟେ ନୁହେଁ ଅନ୍ୟରାତି ପରି।
ଆଜି ରାତି ଆସିନାହିଁ ଦିନ ଉତ୍ତାରେ ବା
ସକାଳକୁ ଯିବନାହିଁ ସରି।

ଦିନ କେଭେଁ ନଥିଲା କି ସକାଳ କଦାପି
ହେବ ନାହିଁ, ଆଜି ରାତି ତାର
ସୂର୍ଯ୍ୟକିରଣର ଛଦ୍ମବେଶ ଫିଙ୍ଗି ଦେଇ
ଉନ୍ମୋଚିତ କରୁଛି ତମକୁ।
ମୁଁ ଦେଖୁଛି ତମେ ଆସ ବିଭିନ୍ନ ଦିଗରୁ
ଝୁଲୁଝୁଲି ମୋ ପରମାୟୁକୁ।

ଇଚ୍ଛା ନଥିଲେ ବି

ସମସ୍ତେ ନିଦ୍ରିତ। ପହରାବାଲା ବି
ଶୋଇଛନ୍ତି ନିଘୋଡ଼ ନିଦରେ।
ଏମିତି ସର୍ବଦା ହୁଏ, ଏମାନେ ଶୁଅନ୍ତି
ସବୁବେଳେ। ସକାଳ ପାହିଲେ
ମୁଣ୍ଡକାଟ ହେବ ବୋଲି ଜାଣିଲେ ବି, କାଲି
ରାଜ୍ୟଜୟ ସୁନିଶ୍ଚିତ ଜାଣିଲେ ବି ଆଜି
ଶୋଇଥାନ୍ତି ନିଶ୍ଚିତ ଭାବରେ।
ଏହା ମୋ ଭାଗ୍ୟରେ ଥିଲା, ଏପରି ଲୋକଙ୍କ
ଗହଣରେ ଜୀବନ କାଟିବି ?
ସେମାନେ ନିଦରେ ଯାହା କହନ୍ତି ସେଥିରେ
ସମ୍ମତ ବା ଅସମ୍ମତ ହେବି ?
ସେମାନେ ନିଦରେ ଯଦି ହସନ୍ତି ତାହେଲେ
ମୁଁ ମଧ୍ୟ ହସିବି, ଯେପରି ଗୋଟିଏ
କାଳ୍ପନିକ ସନ୍ତୋଷରେ ସେମାନଙ୍କ ପରି
ମତେ ଆଉ ଦିଶୁ ନାହିଁ ନାଗଫେଣି ବଣ ଆଉ ବାଲି ଭିତରେ ମୁଁ
ଦିନୁ ଦିନ ବୁଢ଼ା ହୋଇଯାଏ ?

ମୋ ଆଖିରେ ନିଦ ନାହିଁ ତେଣୁ ମତେ ସ୍ୱପ୍ନ ଦିଶେ ନାହିଁ।
କିଛି ମନସ୍କାମ ନାହିଁ ତେଣୁ ମନସ୍କାମ
ପୂର୍ଣ୍ଣ ହେବା ପ୍ରଶ୍ନ ଉଠୁନାହିଁ।
ଏଠି ଖାଲି ବାଲି ଏଠି ସମୁଦ୍ର ଲହଡ଼ି

ଭାଙ୍ଗେ ନାହିଁ, ଏଠି ଦେବଦୂତ
ମାନଙ୍କ ଗହଳି ନାହିଁ, ଫେରିବା ବାଟର
ଚିହ୍ନବର୍ଣ୍ଣ ଦିଶେ ନାହିଁ, ପ୍ରତିଦିନ ବଢ଼େ
ମୋଠାରୁ ମୋ ଦେଶର ଦୂରତ୍ୱ।

ଏଠି କିନ୍ତୁ ଖୁବ୍ ପୀଡ଼ା ହୁଏ,
ପୀଡ଼ା ମୋ ସର୍ବାଙ୍ଗଯାକ, ପୀଡ଼ା ମୋ ଆତ୍ମାରେ।
ସବୁ ଠିକ୍ କଥାଯାକ ଠିକ୍ ହୁଏ ମୋ ଅନୁପସ୍ଥିତିରେ।
ମୁଁ ଯାହା କହିଛି ଠିକ୍ ମୁଁ ଯାହା କରିଛି
ସବୁ ଠିକ୍, ସବୁ ପୁଣି ବେଶି ଠିକ୍ ହେବ
ମୁଁ ଯଦି ନଫେରେ ଯଦି ସବୁବେଳେ ରହେ ବିଦେଶରେ,
ମୋ ଶେଯରେ ଯଦି ବାଲି ଭର୍ତ୍ତି ହୁଏ, ଯଦି
ମୁଁ ପାଣି ମାଗିଲାବେଳେ ବିଷ ଦେଇଦିଏ
ମୋ ବିଶ୍ୱସ୍ତ ଅନୁଚର, ଯଦି କେଉଁ ବିଶ୍ୱାସଘାତକ
ମୁଁ ଆଗକୁ ଗଲାବେଳେ ପଛଆଡୁ ଛୁରୀ ଭୁଷିଦିଏ।

ସବୁ ଠିକ୍ କଥା ଭୁଲ ଏତକ ନଜାଣି
ମିଛଟାରେ ପବନକୁ ବିପର୍ଯ୍ୟସ୍ତ କଲି,
ମୋ ଆଗରେ ପଡ଼ିଥିବା ଛାଇ ମତେ ବାରଣ କଲେ ବି
କୁଳୁକୁଳୁ ବୋହୁଥିବା ନଈ ମୁହଁ ବନ୍ଦ କରିଦେଲି,
କହିଲି ଏଥର କହ ଠିକ୍ କଥା; ଚନ୍ଦ୍ରକିରଣକୁ
ଆଜ୍ଞା ଦେଲି ସେ ତାହାର ଶୀତଳତା ଛାଡ଼ି
ଆମ ଉତ୍ତାପରେ ଥରେ ଉତ୍ତପ୍ତ ହେବାକୁ।

ମୁଁ ତେଣୁ ମରିବି ନାହିଁ ନଈକୂଳେ, ସୁଲୁସୁଲୁ ହୋଇ
ପବନ ବୋହିଲା ବେଳେ ଚାନ୍ଦିନୀ ରାତିରେ
ମୁଁ ତେଣୁ ମରିବାଯାଏଁ ମୋ ନିଜର ଆର୍ତ୍ତନାଦ ନିତି
କାନପାଖେ, ତାହାଠାରୁ ଆହୁରି ପାଖରେ
ଶୁଣୁଥିବି ଶୁଣୁଥିବି ରାତି ପାହିଯିବ,

ପୁଣିଥରେ ମୋ ବିଶ୍ୱସ୍ତ ଅନୁଚରଙ୍କର
ଅସ୍ତ୍ରଶସ୍ତ୍ର ରଣଝଣ ହେବ।
ମତେ ଶୁଭୁ କି ନଶୁଭୁ ସେମାନେ ତାଙ୍କର
ଏକମାତ୍ର ପ୍ରଶ୍ନ ପୁଣିଥରେ
ପଚାରିବେ, ସେମାନଙ୍କୁ ଶଭୁ କି ନଶୁଭୁ
ପୁଣି ବଜ୍ରଗମ୍ଭୀର ସ୍ୱରରେ
ମୁଁ ଦେବି ମୋ ଏକମାତ୍ର ଉତ୍ତର। ଆହୁରି
ଦିନଟିଏ କଟିଯିବ ଅତର୍କିତ ଓ ମିଛିମିଛିକା
ଆକ୍ରମଣ ପଣ୍ଡ କରିବାରେ।

କିମ୍ବଦନ୍ତୀ

ମୁଁ ତାକୁ କହିଲି ଆସ ଭିତରକୁ ଆସ ପଦାଟାରେ
ଠିଆ ହୋଇ ରହନାହିଁ ଯେପରିକି କେହି କାହାରିକୁ
ଚିହ୍ନିନାହୁଁ, ଆସ ଆସ ଖୁବ୍ ଶୀଘ୍ର କହ
ତମେ ଯାହା କହିବାକୁ ଆସିଛ ଏଠାକୁ
ଖୁବ୍ ଶୀଘ୍ର କହ ଯେଣୁ ଖୁବ୍ ଶୀଘ୍ର ପୁଣି
ମୋ ଆତ୍ମା ଓ ଏ ଘର ଫିଟାଇ
ସେ ଚିତ୍କାର ଶୁଣାଯିବ କହ କହ ତମେ ଚୁପ୍‌ଚାପ୍
ଠିଆ ହୋଇ ରହିବା ମୁଁ ସହିପାରୁନାହିଁ।

ସେ ତଥାପି ଠିଆ ହୋଇ ରହିଲା ବାହାରେ,
ଚୁପ୍‌ଚାପ୍ ଠିଆ ହୋଇ ରହିଲା, ପଲକ
ନପକାଇ ମେଘପରି ଆଖିରେ ସେ ମତେ
ଚାହୁଁକରି ରହିଲା, ସେ କଣ
ଡରିଲାକି ଯଦି ଖୁବ୍ ପାଖକୁ ଆସିବ
ଆଖିପାଖି କିଛି ନାହିଁ କିଛି ନାହିଁ ସେ ବି ନିଜେ ନାହିଁ
ସାଫ୍ ସାଫ୍ ଜଣାପଡ଼ିଯିବ ?

ମୁଁ ତାକୁ ଚାହିଁଲି କିଛି ବେଳ, ମୁଁ ଚାହିଁଲି
ତାକୁ ସିଧାସଳଖ ଭାବରେ,
ବହୁଦିନ ତଳେ ଦିନେ ଥିବା ଏବଂ ବହୁଦିନ ତଳେ
ଦିନେ ହଠାତ୍ ନଥିବା ସ୍ନେହରେ।

ମୁଁ ତାକୁ ଦେଖାଇ ଦେଲି ମୁଣ୍ଡରେ କେମିତି
ଖାଲି ଧଳାବାଳ ମୋଟେ କଳାବାଳ ନାହିଁ,
ଗଣ୍ଠିବାତ ଧରିଲାଣି ଏଣିକି ମୁଁ ଆଉ
ଆଗପରି ଚାଲିପାରୁ ନାହିଁ,
ଛାତିରେ ରଖିଲି ହାତ କହିବାକୁ ଚାହିଁଲି ଏଇଠି
ବେଳେବେଳେ ଖୁବ୍ ପୀଡ଼ା ହୁଏ,
ନିଃଶ୍ୱାସ ଅଟକି ଯାଏ, ସର୍ବାଙ୍ଗରୁ ମୋର
ଗମ୍‌ଗମ୍ ଝାଳ ବୋହିଯାଏ ।
ମୁଁ ଚାହିଁଲି ପଚାରିବି ବୁଝିପାରୁଛ ତ
ଏଣିକି ମୋ ଦିନକାଳ କଟୁଛି କିପରି,
ସେ କିଛି ନକହି ଠିଆ ହୋଇ ରହିଲା ତା
ମେଘପରି ଆଖି ମେଲାକରି ।

ତାପରେ ମୋ ଧୈର୍ଯ୍ୟଚ୍ୟୁତି ହେଲା ମତେ ରାଗ ଲାଗିଲା ମୁଁ
କହିଲି ଯେ ଯେହେତୁ ମୁଁ ନିଜ ଦେଶଠାରୁ
ଦୂରଦେଶମାନଙ୍କରେ ବୁଢ଼ାଦିନେ ବୁଲୁଛି ତମର
ଧାରଣା ହୋଇଛି ଏହା ହେଲା ମୋ ଭୁଲ୍‌ରୁ ।
ମୁଁ ବୁଲୁଛି ଜଙ୍ଗଲରେ ମରୁଭୂମିରେ ଓ
ବିଦେଶରେ ଯେଉଁଠାରେ ଅଜଣା ରୋଗରେ
ହଜାର ସଂଖ୍ୟକ ଲୋକ ମରିଯାନ୍ତି, ସୂର୍ଯ୍ୟ ଲୁଚିଯାଏ
ଅସଂଖ୍ୟ ଶାଗୁଣାଙ୍କର ଡେଣା ଉହାଡ଼ରେ,
ଦେହର ଜଳୀୟ ଅଂଶ ଖରାରେ ଯେଉଁଠି
ଶୁଖିଯାଏ ଯେଉଁଠି ଚମଡ଼ା
ଭିତରକୁ ବାଲି ଭେଦିଯାଏ,
ଯେଉଁଠି ନଈରେ ପାଣି ନଥାଏ, ଯେଉଁଠି
ଜହ୍ନଆଲୁଅରେ ଆମ ଜୀବନବୃତ୍ତାନ୍ତ
ପବନରେ ଲିପିବଦ୍ଧ ହୁଏ ।
କିଛି ଭୁଲ୍ ହୋଇନାହିଁ, ଖାଲି ଯାହା ପାଟି
ଖନି ମାରିଗଲା ସବୁ ଯଥାର୍ଥ ଶବ୍ଦଙ୍କ

ଆୟତନ ଲାଗି ଜାଗା ନଥିଲା ପାଟିରେ,
ଖାଲି ଯାହା ଚୌଦିଗରେ ହଠାତ୍ ଅନ୍ଧାର
ଘୋଟିଗଲା ଯଥାର୍ଥ ଦୃଶ୍ୟକୁ
ଦେଖିବା କ୍ଷମତା ଆଉ ମୋ ଦୃଷ୍ଟିଶକ୍ତିର
ନଥିଲା, ମୁଁ ସର୍ବସମ୍ମୁଖରେ
ଗୋଟାପଟେ ଥରିଲି ମୁଁ ଜାଣିଲି ମୁଁ ଯାହା
କଲି ତାହା ଠିକ୍ କିନ୍ତୁ ଏ ହାତ ଦିନେ ତ
ମାଟିରେ ମିଳେଇ ଯିବ ଏ ନିଃଶ୍ୱାସ ଦିନେ
ବୋହୁ ବୋହୁ ରହିଯିବ। ଏହି
ହାତ ଆଉ ଆଖି ଆଉ ନିଃଶ୍ୱାସ ସହିତ
ଛିନ୍ନ ଠିକ୍ କଥାର ସମ୍ପର୍କ,
ମୁଁ ଏହା ଭାବିଲି ତେଣୁ ହାତ ଆଖି ନିଃଶ୍ୱାସ ଇତ୍ୟାଦି
ନେଇ ଦିନେ ଲୁଚି ଚାଲିଗଲି,
ମୋ ଅବୟବମାନଙ୍କର ଭାରବୋହି ନିଜ ଦେଶଠାରୁ
ଦୂରଦେଶମାନଙ୍କରେ କାଳାକାଟି ଦେଲି।

ମୁଁ ଯାହା କହିଲି ଏବଂ କହିବାକୁ
ଭାବୁଥିଲି ସେ ସବୁ ଶେଷରେ
ସେ ଆଉ ଦିଶିଲା ନାହିଁ। ଭୋର୍ ହେଲା,
ଚାହାପାନ ପରେ
ମୁଁ ପୁଣି ମୋ ସୁଟ୍‌କେଶ୍ ସଜାଡ଼ିଲି, ପୁଣି ଆଉଥରେ
ମୋ ପରମାୟୁର ବାକୀ ରୋଗବୈରାଗ୍ୟ ଓ
ଦିନରାତି ସବୁ ଧରି ଆସିଲି ପଦାକୁ,
ପୁଣି ପଥପଦର୍ଶକ ସୂର୍ଯ୍ୟ ସାଙ୍ଗେ ଗଲି
ଦୂରକୁ ଦୂରକୁ-ଏବଂ ପାଖକୁ ପାଖକୁ।

ଖାଲିଜାଗା

ଏଠୁଁ କିଛି ଦିଶେ ନାହିଁ, ଦିନବେଳେ ଝରକା ବାହାରେ
ଖାଲି ଜାଗା ରଙ୍ଗ ହୁଏ ପାଣିଚିଆ ଖରାରେ, ସେ ଖରା
ଏତେ ବେଶି ପାଣିଚିଆ ଆଖିକୁ ଦିଶେନି।
ରାତି ହେଲେ ତରାମାନେ ଦୂରେଇ ରହନ୍ତି
ସେ ଜାଗାରୁ। କେତେଥର ମୁଁ ମୋର ନିଃଶ୍ୱାସ
ପଠାଇଲି, କଣ ହେବ ଅପେକ୍ଷା କରିଲି।
ମୋ ନିଃଶ୍ୱାସ ଚାଲିଗଲା, କିଛି ନାହିଁ ତା ଯିବା ବାଟରେ।
ତିଳେ ମାତ୍ର ପ୍ରତିରୋଧ, ତିଳେ ମାତ୍ର ବାଟ ଓଗାଳିବା
ସ୍ନେହ ଦେଖାଗଲା ନାହିଁ ନିଃଶ୍ୱାସର ଦିଗଦିଗନ୍ତରେ।

ଏପରି ହରାଇ ଦେଲି ଅନେକ ନିଃଶ୍ୱାସ।
ଯେତିକି ନିଃଶ୍ୱାସ ଆଉ ବାକୀ ଅଛି ସେତିକିରେ କଣ
କରିହେବ ? ମୁଁ ନକହି ପାରିଥିବା କଥା
ଆଉ କହି ହେବ ନାହିଁ, ହାରିଯାଇଥିବା ଯୁଦ୍ଧ ସବୁ
ଆଉ ଜିତି ହେବନାହିଁ, ଆଉ ଥରେ ଇଷ୍ଟ ଦେବଦେବୀ
ଓ ଜାତିଜାତିକା ଫୁଲବଗିଚା ସମେତ
ଘରଟିଏ ହେବ ନାହିଁ, ଏ ରାସ୍ତାର ଶେଷ ଯାଏଁ ଆସି
ମରୁଭୂମି ପାଖାପାଖି ହେଲାପରେ ଫେରି ହେବନାହିଁ
ସେ ଜାଗାକୁ ଯେଉଁଠାରେ ନଈନାଳ ଶାଳବଣଥିବ,
ଯେଉଁଠାରେ ଆକାଶରେ ପଲକପାତରେ
କଳାମେଘ ଘୋଟିଯାଉଥିବ।

ଏଣିକି ଏଣିକି ଡର ମାଡ଼ିଲାଣି, ଏଣିକି ଏଣିକି
ଭାବିବାକୁ ଇଚ୍ଛା ହୁଏ ନାହିଁ
ଯେତେ ଯୁଦ୍ଧ ଜିତିଥିଲି, ଚମତ୍କାର ରଣକୌଶଳରେ
ଯେତେଥର ଶତ୍ରୁସେନା ବିପର୍ଯ୍ୟସ୍ତ କଲି
ତମ ସାଙ୍ଗେ ମୋ ପ୍ରଥମ ସାକ୍ଷାତର ଦିନ,
ତମକୁ ମୁଁ ଯେତେବେଳେ ମୋ ପ୍ରଥମ ଦୋଦୋପାଞ୍ଚ ଚୁମା
ଦେଇ ସାରି ଫେରି ଆସୁଥିଲି,
ଛାତି ଥରୁଥାଏ କିନ୍ତୁ ଭଲ ଲାଗୁଥାଏ,
ଯେତେଦୂର ଆଖିପାଏ ସେତେଦୂର ଜହ୍ନ ପଡ଼ିଥାଏ,
ବାଟଯାକ କେତେଥର ଜାଣିଶୁଣି ରହିଯାଉଥିଲି
କାଳେ ତମେ ଡାକୁଥିବ ଫେରିଯିବା ପାଇଁ,
କେତେ କଥା ଭାବିବାକୁ ରହିଛି ତଥାପି
କିଛି ହେଲେ ଭାବିବାକୁ ଇଚ୍ଛା ହୁଏ ନାହିଁ।

ମୁଁ ତେଣୁ ଭାବୁନି ଆଉ ପଛ କଥା। ଏଣିକି ଏଣିକି
ବେଶି ବେଶି ଡରମାଡ଼େ, ଯେଣୁ ମୋର କିଛି ଆଶା ନାହିଁ
ତେଣୁ ବେଶି ଡରମାଡ଼େ, ଡରମାଡ଼େ ଏ ଖାଲି ଜାଗାକୁ
ଯାହା ଦିଶେ ଝରକା ବାହାରେ।
ଡରମାଡ଼େ ସେ ଜାଗାକୁ ଯେଣୁ ସେ ଜାଗାରେ
କିଛି ନାହିଁ ମୋ ଆମୂଳଚୂଳ ଜୀବନକୁ
ସେ ଜାଗା ଲୁଚାଇ ଦେବ କେଉଁ ଖୋପ ଭିତରେ, ତାପରେ
ଖାଲି ଖାଲି ଦେଖାଯିବ ଯେପରି ସେ ଅପେକ୍ଷା କରିଛି
ମୁଁ ଶତସହସ୍ର ଥର ଜନ୍ମ ନେଉଥିବି
ଓ ଶତସହସ୍ର ଥର ଫେରି ଆସୁଥିବି
ପୂର୍ବବତ୍ ତାର ଶୂନ୍ୟତାକୁ।

ଆଉ କିଛି ଦିଶୁନାହିଁ। ଜୀବନଯାକର
ସବୁଯାକ ଘଟଣା ଅଦୃଶ୍ୟ।
ଜୀବନଟା ଥିଲା କଣ? ଭାଙ୍ଗିବା ବେଳରେ

ଲହଡ଼ିର ସଂକ୍ଷିପ୍ତ ନିଃଶ୍ୱାସ।
ନାମମାତ୍ର କୋଳାହଳ, ତାପରେ ଅନ୍ୟାନ୍ୟ
କୋଳାହଳ, କିମ୍ବା ନୀରବତା।
ଜୀବନଟା ଥିଲା କଣ? ସ୍ୱପ୍ନଟିଏ, ସରିସରି ଆସିଲାବେଳକୁ
ତମେ ଦେଖା ଦେଇଥିଲ, ସତପରି ହଂସ ଧାଡ଼ିଧାଡ଼ି
ପହଁରନ୍ତି ସତପରି ପୋଖରୀ ଭିତରେ,
ସତପରି ପଦ୍ମଫୁଲ ଦୋହଲି ଯାଆନ୍ତି
ସପପରି ହଲିଲା ପାଣିରେ।

ଏମିତି କାହିଁକି ହେଲା? ଏ ମୃତ୍ୟୁ କାହିଁକି?
କାହିଁକି ହେଲାନି ମୃତ୍ୟୁ ଖଣ୍ଡା, ବର୍ଚ୍ଛା, ବନ୍ଧୁକ ଗୁଳିରେ
ତା'ହେଲେ ଅନ୍ତତଃ ମୋର ଶତ୍ରୁ କହିଥାନ୍ତା
ସେ ମାରିଛି ଅମକକୁ ଅମୁକଜାଗାରେ।
ମୋ ନିଃଶ୍ୱାସ ବାଜିଥାନ୍ତା ତା ଦେହରେ, ମୋ ରକ୍ତ କିପରି
ବୋହିଯାଏ ଦେଖିଥାନ୍ତା ପ୍ରତ୍ୟକ୍ଷ ଭାବରେ।
ସେ ଖଣ୍ଡା ଭୁଷିଲାବେଳେ ଜାଣୁଥାନ୍ତା ଶକ୍ତି ନ ଲାଗିଲେ
ଖଣ୍ଡା ଭେଦିଯିବ ନାହିଁ ମୋ ଦେହ ଭିତରେ
ଯେମିତି ନିଃଶ୍ୱାସ ମୋର ଭେଦିଯାଏ ଝରକା ବାହାରେ
ଦିଶୁଥିବା ଏ ଖାଲି ଜାଗାରେ।

ଏପରି ମରିବାଠାରୁ, ଶୂନ୍ୟ ଶୂନ୍ୟ ମହାଶୂନ୍ୟେ ମୋର
ଚିହ୍ନବର୍ଣ୍ଣ ହଜିଯିବାଠାରୁ ଏତେଦିନ
ବାଟଭାଙ୍ଗି ଆସିଥିଲି। ସଡ଼କରେ ବତୀ ଜଳିବାର
ଆଗରୁ ମୁଁ ବେଳେବେଳେ ଦେଖିଛି ସେ ତଗତଗ ହୋଇ
ଡେଇଁ ଚାଲିଯାଏ ମୋ ଦୁଆର।
ପବନରେ ମୋ ପ୍ରାର୍ଥନା ଉଡ଼ିଗଲାବେଳେ
କାହା ଶ୍ରୁତିଗୋଚର ନ ହୋଇ
ମୁଁ ତାକୁ ଦେଖିଛି, ବେଳେବେଳେ ତରମ ଆଖିର
ବହୁତ ଭିତରେ ଦିଶେ (ଏକଥା ତମକୁ

କହିବି କହିବି ବୋଲି କହି ପାରିନାହିଁ
କାଳେ ତମ ଚନ୍ଦ୍ରମୁହଁ ଝାଉଁଳି ପଡ଼ିବ,
ବା ମୋର ବୟସ ହୋଇ ଆସିଲାଣି ବୋଲି
କାଳେ ତମେ ଧାରଣା କରିବ)।

ମୁଁ ତାକୁ ଦେଖିଛି କେତେ ପଟୁଆର୍ ଆଗରେ ପଛରେ
ଏପରିକି ବେଳେବେଳେ ଠେଲାପେଲା ଲୋକଗହଳରେ,
ଚିଠିର ଶବ୍ଦଙ୍କ ମଧ୍ୟେ ରହିଥିବା ଅଲେଖା ଜାଗାରେ,
ମୁଁ ତାକୁ ଦେଖିଛି ଶତସହସ୍ରଥର ଓ
ପ୍ରତିଥର ଭାବିଛି ଯେ ସେ ଆସିଛି ଅନ୍ୟ ଉଦ୍ଦେଶ୍ୟରେ,
ସେ ଆସିଛି ଯାହାଙ୍କର ଆଶାର କୌଣସି
ନିର୍ଦ୍ଦିଷ୍ଟ ଆକୃତି ନାହିଁ ସେମାନଙ୍କ ନିକଟକୁ, ତାଙ୍କୁ
ବିନା ବାକ୍ୟବ୍ୟୟେ ବିନା ଆୟୋଜନେ ନେବ
ପବନ ଉଡ଼ାଇ ନିଏ ଯେପରି ପତ୍ରଙ୍କୁ।

ଏଥର ସେ ମୋ ସାମ୍ନାରେ, ମୁଁ ତାକୁ ଦେଖୁଛି
ଦିନଦିନ ରାତିରାତି ଧରି,
ଯେତିକି ଦେଖୁଛି ତାକୁ ସେତିକି ଲାଗୁଛି
ସେ ଅଟେ ମୋ ଅନ୍ୟଦିନ ପରି,
ସେହିପରି ଫାଙ୍କାଫାଙ୍କା କନ୍ଦିବିକନ୍ଦିରେ
ନିଃଶବ୍ଦ ହୁଙ୍କାର, କଳ୍ପନାପ୍ରସୂତ
ଅଶ୍ୱାରୋହୀ, ଗଜାରୋହୀ, ପଦାତିକଙ୍କର
ରକ୍ତାକ୍ତ ସଂଗ୍ରାମ, ସେହିପରି ଧୂଳିପଟଳରେ
ଦେବାରୁ ପତ୍ରବନ୍ଧା ତୋରଣ, ପ୍ରତ୍ୟେକ
ତୋରଣରେ ଗଜରାର ମାଳ,
ଛକଜାଗାମାନଙ୍କରେ ଲୋକପରି ଦେଖାଯାଉଥିବା
ଲୋକମାନଙ୍କର କୋଳାହଳ।
ବାହୁପରି ଦିଶୁଥିବା ବାହୁବନ୍ଧନରେ
କାଳ୍ପନିକ ଚେହେରାର ଖାଲିଜାଗାଟିଏ,

ଶେଯପରି ଦିଶୁଥିବା ଶେଯରୁ ଝରକା
ବାହାରକୁ ବେଳେବେଳେ ଚାହେଁ
ସେ ଚେହେରା, ସତେକି ଆଖିରେ
ଲୁହ ଜକମକ କରେ, ସତେ କି କିଏ ସେ
ପ୍ରତିଶ୍ରୁତି ଦେଉଛି ସେ ନିଶ୍ଚେ ଦେଖାହେବ
ସେ ଜାଗାରେ ଯେଉଁଠାରେ ତମର ଦେଶର
ହଳଦିବସନ୍ତମାନେ ମୋ ଦେଶର କଦମ୍ବଗଛରେ
ବସି ସାରିଲେଣି। ସବୁ ସତ, ସବୁ ସତ, ଖାଲି
ମୋ ନିଜ ଚେହେରା ଆଉ ମନେନାହିଁ ମୋର।

ସୁନା

ସୁନା ପାଣିଦିଆ ମାଟି ସିଂହାସନ ଆଡ଼େ
ସେମାନେ ଯାଆନ୍ତି ବୋହି
ମୁର୍ଦ୍ଦାର କାନ୍ଧରେ,
ଧରିଛନ୍ତି ଛୁରୀ ଖଣ୍ଡା ପିସ୍ତଲ୍ ନାନାଦି
ମାରାତ୍ମକ ଶବ୍ଦ ଯେଉଁଥିରେ
ତାକୁ ହତ୍ୟା କରାଗଲା, କାଳେ
ସେ ଜୀଇଁ ଉଠିବ ପୁଣି ଥୁଆଯିବା ମାତ୍ରେ
ତା ମୁର୍ଦ୍ଦାର ସିଂହାସନ ତଳେ,
କାଳେ ଖାଲି ଗୀତଟିଏ
ଲାଗି ପ୍ରାଣ ମୂର୍ଚ୍ଛି ଦେଇଥିବା
ମଣିଷ ମାଂସର ଗନ୍ଧ ବାଜିବା ମାତ୍ରକେ
ସିଂହାସନ ଚିହ୍ନବର୍ଣ୍ଣ
ଲିଭିଯିବ ଆଖି ପିଛୁଡ଼ାକେ,
କାଳେ ଯଦି ଏହା ଘଟେ ତାହେଲେ ସେମାନେ
ନିଜନିଜ ଛୁରୀ ଖଣ୍ଡା ପିସ୍ତଲ ନାନାଦି
ମାରାତ୍ମକ ଶବ୍ଦଦ୍ୱାରା ଯେତେଯେତେ ଥର
ସେ ମୁର୍ଦ୍ଦାର ବଞ୍ଚିବାକୁ ଉଦ୍ୟମ କରିବ
ତାକୁ ହତ୍ୟା କରୁଥିବେ ସେତେସେତେ ଥର।
ସେମାନେ କାନ୍ଧରେ ବୋହି
ସୁନାପରି ଓଜନ ମୁର୍ଦ୍ଦାର
ଅତିକ୍ରମ କଲାବେଳେ
ଶୋକ ପିତୃପିତାମାହଙ୍କର

ଓ ପିଲାଙ୍କ ଆତଙ୍କ, ରାସ୍ତାରେ
ସେମାନଙ୍କ ଛାଇମାନ ଲଇଁଲଇଁ ଚାଲନ୍ତି ଯେପରି
ପ୍ରେତର ଅଙ୍ଗୁଠି ଟାଣେ
ଅର୍ଦ୍ଧବୃତ୍ତ ଅନ୍ଧାର ଉପରେ।

ସେମାନଙ୍କ ବାଟସାରା
ନଈ ଶୁଖିଯାଏ,
ଗଛମାନେ ଜଳିଯାନ୍ତି,
ଗୋମଡ଼କ ପଡ଼େ, ପକ୍ଷୀଙ୍କର
କଳରବ ବନ୍ଦ ହୋଇଯାଏ।

ତଥାପି ସେମାନେ ଡେଇଁ ଚାଲନ୍ତି ଅନେକ
ଦିନରାତି ଟିକିଏ ବି ହସ
ଯେଉଁଥିରେ ନାହିଁ, ମେଘାଚ୍ଛନ୍ନ
ଯେଉଁଠାରେ ସର୍ବଦା ଆକାଶ,
ବର୍ଷା ହଏ ନାହିଁ କିମ୍ବା ମୁହୂର୍ତ୍ତକ ପାଇଁ
ମେଘ ଘୁଞ୍ଚେ ନାହିଁ, ଯେଉଁଠାରେ
ସୂର୍ଯ୍ୟଚନ୍ଦ୍ର ସର୍ବଦା ଅଦୃଶ୍ୟ।

କେତେବର୍ଷ ବିତିଗଲା
ତାକୁ ହତ୍ୟା କରିବା ଚେଷ୍ଟାରେ,
ସେମାନେ ହଠାତ୍ କିନ୍ତୁ
ବୁଢ଼ାହେଲେ, ଅସୁନ୍ଦର ହେଲେ
ସେ ନିହତ ହେବା ମୁହୂର୍ତ୍ତରେ
ଯେପରି ଅନେକ ଯୁଗ ଧରି ରହିଥିବା
ଥାକଥାକ ଟାଙ୍ଗରା ପାହାଡ଼,
ଗୋଡ଼ିବାଲି ହୋଇଯାଇଥିବା ହତାଶାର
ଚୁପ୍‌ଚାପ୍ ଆୟତନଯାକ
ମାଳମାଳ ଗହୀରିଆ କଟାଦାଗ ଆପାଦମସ୍ତକ।

ମଧ୍ୟବର୍ତ୍ତୀ କାଳ

୧

ସେହି ଅଙ୍କା ମୁହଁଟିକୁ
ଭାବିବସେ ଏକାଗ୍ର ମନରେ,
ମୁହଁଟି କ୍ଷଣକ ଲାଗି
ଦେଖାଯାଏ, ହଠାତ୍ ତାପରେ ତା ଆଖି ତରଳି ଯାଏ
ନଈ ପରି ବୋହି ଚାଲିଯାଏ,
କଳା ଡୋଳା ଅନ୍ଧତାର
କୁଦ ପରି ରହିଯାଇଥାଏ।
ଓଠ ବଙ୍କା ହୁଏ, ଗାଲ
ଫୁଲିଯାଏ, ନାକ
ବାଷ୍ପ ହୋଇ ଉଡ଼ିଚାଲିଯାଏ।
ମୋ ଆଖିର ଚିକିଟା ଆଲୋକ
ଦ୍ୱାରା ତମ ଚେହେରା ମୁଁ
କଦାକାର କଲି,
ତମ ଅନିଦ୍ରାର ରାଜ୍ୟ
ଚତୁର୍ସୀମା ମୁଁ ଆଙ୍କି ବସିଲି
ମାଂସ ଆଉ ଅମରତ୍ୱ
ପ୍ରହେଳିକା ଦ୍ୱାରା ମୋ ନିଶ୍ଚଳ
ହାତରେ, ଏସବୁ ତାର
ଦୟାମାୟାହୀନ ପ୍ରତିଫଳ।
ଯା ଯା ଲୋପ ପାଇଯାଆ, ଧରାଛୁଆଁ ନଦେବା କଳ୍ପନା,

ସମ୍ପୂର୍ଣ୍ଣ ହେବାକୁ ଅଳ୍ପ ବାକୀ ଥିବା ମୋର
ବ୍ରହ୍ମାଣ୍ଡ ଉଜୁଡ଼ି ଯାଉ, ଅନ୍ଧାର ଭିତରେ
ଲିଭୁ ସୀମା ଲଙ୍ଘୁଥିବା ଆଲୋକ ଆଖିର।

ନାଆଁ ମୋର ଲୁଚିଯାଉ, ନା ନା ମେଘମୟ
ଆକାଶର ପ୍ରତିମୂର୍ତ୍ତିଟିଏ ଗଢ଼ିବାକୁ
ଯାହା ଯାହା ନେଇଥିଲି ଶୂନ୍ୟତା ଭିତରୁ
ସେ ସବୁ ଲେଉଟିଯାଉ ପୁଣି ଶୂନ୍ୟତାକୁ।

ଯେତେ ଅଙ୍ଗପ୍ରତ୍ୟଙ୍ଗ ମୁଁ ଗଢ଼ିଲି ସେ ସବୁ
ଯୋଡ଼ିଲେ ବି ଶୂନ୍ୟସ୍ଥାନ ଶୂନ୍ୟ ରହିଯାଏ,
ମୋ ପାଖରେ ଶବ୍ଦ କାହିଁ ତା ନୀରବତାର
ଉତ୍ତର ଦେବାକୁ? ତା ଅଧୈର୍ଯ୍ୟପଣ
ଶାନ୍ତ କଲା ଭଳି ଠିକ୍ କୈଫିୟତ୍‌ଟିଏ ?

ପରାକ୍ରମୀ ପ୍ରତିପକ୍ଷ, ମୋର ଦୁଃସାହସ
ଉଡ଼ାଇ ଦେଉଛ ତମେ ହସରେ ହସରେ,
ହସରେ ଉଡ଼ାଇଦିଅ ମୋର ଅସ୍ୱମାନ
(ସେ ସବୁ ରଞ୍ଜିତ ମୋର ହାତର ରକ୍ତରେ।)

ମୁଁ ମୋ ନିଜ ସମୟରୁ ମୁହୂର୍ତ୍ତକ ଲାଗି
ପାଦ କାଢ଼ି ବାହାରକୁ ଆସିବା ବେଳରେ
କି ଆତଙ୍କ କି ଉଲ୍ଲାସ ଦେଇଥିଲି! ପୁଣି
ମତେ ଲେଉଟାଇ ଦେଲ ପର ମୁହୂର୍ତ୍ତରେ
ସକାଳର ଆଲୁଅରେ ହୃଷ୍ଟପୁଷ୍ଟ ଛାୟାମୂର୍ତ୍ତିଙ୍କର
ଗହଳକୁ, ସକାଳର ଆଲୁଅରେ କିଏ
କଳ୍ପନା କରିବ କେତେ ରାତିର ଅନିଦ୍ରା
ମୋର ପ୍ରତି ଛୁଇଁବାରେ ଥାଏ !

ଏବେ ଯେଉଁ ବେଳେବେଳେ ମୁଁ ନିଜେ ନଜାଣି
ମୁଁ ଅନେକ ଅର୍ଥହୀନ ଉଚ୍ଚାରଣ କରେ
କିଏ ସେ ଜାଣିବ ତାହା ତମର ଓ ମୋର
ଭଙ୍ଗାରୁଜା କଥାବାର୍ତ୍ତା ପ୍ରକୃତ ପକ୍ଷରେ !

ତମେ ଯଦି ମୋ କହିବା କଥା ଶୁଣିସାରି
ମୋର ସବୁ ଶବ୍ଦ ମତେ ଲେଉଟାଇ ଦିଅ
ଶୋଚନା ରହିବ ନାହିଁ, ମରିବା ବେଳକୁ
ହସହସ ରହିଥିବ ମୋ ଆତ୍ମାର ମୁହଁ ।

ତମେ ତାହା କରିବକି ? କିପରି କରିବ ?
ଆମ ବ୍ୟବଧାନ ଏତେ ବେଶି ଯେ ସେଥିରେ
କାହା କଥା ଶୁଭେ ନାହିଁ କାହାକୁ, କେବଳ
ତମେ ବେଳେବେଳେ ଦିଶ ବହୁତ ଦୂରରେ,

ସ୍ୱପ୍ନରେ ସାକର ମୋର କାମନାମାନଙ୍କ
ଦିଗ୍‌ବଳୟେ । ମୁଁ ଯଦି ଚାହୁଁଛି
ତମକୁ ଛୁଇଁବି ତେବେ ମୋ ନିଜ ମାଂସର
ବିତିଥିବା ଆସୁଥିବା ବାସ୍ନାକୁ ଛୁଉଁଛି ।

ସେପରି ଛୁଇଁବା କାହିଁ ଯେଉଁ ଛୁଇଁବାର
ଅସରନ୍ତି ମୁହୂର୍ତ୍ତରେ ଏକାକାର ହୁଏ
ଦୁଇଟି ଆଶ୍ଚର୍ଯ୍ୟ ଭାଗ୍ୟ, ଛୁଉଁଥିବା ହାତ
ଚାହୁଁ ଚାହୁଁ ଲୋପ ପାଇଯାଏ ?

ଏଥର ସମ୍ପୂର୍ଣ୍ଣ ହେଉ ଆମର ବିଚ୍ଛେଦ ।
ସବୁ ଭୁଲୁ ମୋର ମନ, ଭୁଲିଯିବା ପରେ
ସାଙ୍ଗସାଥୀ ବାଛିନେଉ ଜନଗହଳିରେ
ଛାଇଛାଇ ନିଛାଟିଆ କୌଣସି ଜାଗାରେ,

କୁଆଡ଼େ ନଯାଇଥିବା ସଡ଼କରେ କିମ୍ବା
କୋଠାବାଡ଼ିମାନଙ୍କର ଇଟାପଥରରେ ।

ମୁଁ ବଞ୍ଚିରହିବି ମୋର କଳା ପଡ଼ିପଡ଼ି
ଆସୁଥିବା ଦେହଧରି ପାପ, ଓଜନରେ
ଭାଙ୍ଗିପଡୁଥିବା କଣ୍ଠସ୍ୱର ଧରି, ତମେ
କେତେଦିନ ରହିଥିବ ଜୀବନ୍ତ ଭାବରେ ?

ଶୋଇଯା ଶୋଇଯା ମୋର ହତାଶା ଫେରିଯା
ଆପଣାର ଅନ୍ଧାରକୁ ଯେଉଁଠାରେ ଘଣ୍ଟା ଚାଲିବାର
ଟିକ୍‌ଟିକ୍ ଶବ୍ଦନାହିଁ ଯେଉଁଠାରେ ଘଣ୍ଟାନାହିଁ ନାହିଁ
ପତ୍ର ଶୁଖିଯିବା ଫୁଲ ମଉଳିବା ଭୟ,
ଯେଉଁଠାରେ ପତ୍ର ନୁହେଁ ଫୁଲ ନୁହେଁ କିଛି ତାଙ୍କେ ନାହିଁ
ତୋ ନିଦର ଅନାବୃତ ଦେହ ।

ମୁହୂର୍ତ୍ତକ ଲାଗି ତୋର ହୃଦୟ ଡରିଲା
ଆପଣାକୁ, ଡରରେ ତା ଦେହ
କଳା ପଡ଼ିଗଲା, ଡରରେ ଦେଖିଲି
ଦୈର୍ଘ୍ୟ ପ୍ରସ୍ଥ ଘନତା ଓ ଜନ୍ମ ହେବା ମରିବା ସମୟ
ଭିତରେ ଦିନକୁ ଦିନ ବେଶି କଳା ଦିଶେ
ତା ଦେହର କଳାରଙ୍ଗ, ଡରରେ ଲୋଡ଼ିଲା
ସୂର୍ଯ୍ୟର କିରଣ ନୁହେଁ ତା ପ୍ରତିବିମ୍ବର
ଅଧାଦିନ ଖରା ଆଉ ବତୀ ଅଧାଦିନ
ଜହ୍ନର ଆଲୁଅ ନୁହେଁ ପ୍ରତିବିମ୍ବ ଜହ୍ନ ଆଲୁଅର ।

ହସିଦେ ହସିଦେ ମୋର ହତାଶା ଆଜିହିଁ
ହସିବାର ସର୍ବଶ୍ରେଷ୍ଠ ସୁଯୋଗ ଆସିଛି,
ଯେତେଥର ଯେତେଦୂର ଚାହିଁଲେବି କାହା
ମୁହଁ ଆଉ ଦିଶେ ନାହିଁ, ଅନ୍ଧାର ଘୋଟିଛି

ଚାରିଆଡ଼େ। ତୁ ଆଜି ଅମର,
ଯେପରି ଅନୁପସ୍ଥିତି ତୁ ଆଜି ନିର୍ମଳ
ସୁବାସ ନଥିବା ଫୁଲ ଯେପରି କି ଆଖି
ନ ଥାଇ ବି ଲୁହ ଧାରଧାର,
ଯେପରି ଶରୀର ବିନା ପୀଡ଼ା ବା ଯେପରି
ରାତିରେ ନଈରେ
ହଜିଥିବା ଗୁଳିଟିଏ
ଶୋଇଅଛି ନିଘୋଡ଼ ନିଦରେ।

ଉତ୍ସବମୁଖର ଦିନ

ପବନ ଉହାଡ଼େ ଏଠି
ଛୁରୀ ରଣଝଣ ହୁଏ, ଅସ୍ତଗାମୀ ସୂର୍ଯ୍ୟ
ଉଚ୍ଚୁର ନ କରିଥିଲେ ବୁଢ଼ି ସାରନ୍ତାଣି,
ଦିଗ୍‌ବିଦିଗେ ଆତତାୟୀ ଶତ୍ରୁ ମିତ୍ର ଏବଂ
ଦାରା ସୁତ ସୁତାଙ୍କର ମୁହଁ ଦିଶିଲାଣି ।
କି ଦୃଶ୍ୟ ଦିଶିବ ଆଉ ? ଶୂନ୍ୟରୁ ଛୁଡ଼ିକି
ପଡ଼ିଥିବା ତାରାଟିର ଆଲୋକିତ ଆୟୁ
ଅନ୍ଧକରେ ଲିଭିଯିବ । ଲିଭିଯିବା ବେଳେ
କି ଚିତ୍ରବିଚିତ୍ର ଦୃଶ୍ୟ ଦେଖାଯିବ ଆଉ ?

ଖୁବ୍ ହେଲେ ଦେଖାଯିବ
ଜଘନ୍ୟ ହତ୍ୟା ବା କିଛି ଅନ୍ୟ ଉପାୟରେ
ବୋହୁ ବୋହୁ ରହିଯାଏ ନିଃଶ୍ୱାସ କିପରି,
ଶବ୍ଦର କୌଣସି ଅର୍ଥ ନାହିଁ, କିମ୍ବା ଥିବ
ଓଲଟପାଲଟ ଏବଂ ହିଂସ୍ର ହୋଇକରି ।

ଏପରି ଭାବରେ ମୋର
ପରିତ୍ରାଣ ହେବା କଥା-ଗୋଟିଏ ଅନ୍ତିମ
କଦାକାର ଘଟଣାରେ, ମୋ ଆତ୍ମା ଚାହିଁବ
ଥରେ ତାକୁ ମୁହାଁମୁହିଁ, ଘୋର ଆତଙ୍କରେ
ରଡ଼ି ଛାଡ଼ି ଲକ୍ଷଲକ୍ଷ ଖଣ୍ଡ ହୋଇଯିବ ।

ଏପରି ସରିବ ସବୁ
କଦାକାର କଥା, ସରିଯିବ
ମୂଷାମାଟି ରଣଭଣ କୋଠରୀ ଭିତରେ
ମୁର୍ଦ୍ଦାରମାନଙ୍କ ସାଙ୍ଗେ ଏକାଠି ରହିବା
କେବେ ସନ୍ଧିବଦ୍ଧ ହୋଇ କେବେ ଶତୃତାରେ,
ଅପ୍‌ସରାମାନ କିନ୍ତୁ କବନ୍ଧ ନାରୀଙ୍କୁ
ଚୁମା ଦେବା ସରିଯିବ, ଡବାଡବା ଝଡ଼
ଏବଂ ଘନଘନ ହୋଇ ଗନ୍ଧ କରୁଥିବା
ହଳଦିଆ ପବନରେ ସଢୁଥିବା ଦିନ
ସରିଯିବ, ସର୍ବଶେଷ ସ୍ୱପ୍ନକୁ ଦୂଷିତ
କରୁଥିବା ଧ୍ୱଜଭଙ୍ଗ ଭୟରେ ଉଦ୍‌ବିଗ୍ନ
ରାତି ସରିଯିବ, ଶୂନ୍ୟସ୍ଥାନକୁ ସୁମରି
କାନ୍ଦୁଥିବା ସମୟ ଓ ବିନା କାରଣରେ
ଖିଲ୍ ଖିଲ୍ ହସୁଥିବା ନିର୍ଦ୍ଦୋଷ ସମୟ
ସରିଯିବ, ଶେଷଥର ସବୁ କଦାକାର
କଥାକୁ ମୁଁ କଣ୍ଠାଗ୍ରତ କରିନେବା ପରେ ।

ସବୁରି ମୁହଁରେ ତେଣୁ
ହସ, ତେଣୁ ସମସ୍ତଙ୍କ ସ୍ୱର
ବିଦାୟବେଳରେ ମଧ୍ୟ ଗଦ୍‌ଗଦ, ସତେ କି
କାଲକାଲ ଦ୍ୱିଧାଗ୍ରସ୍ତ ଆକାଶରୁ ମେଘ
ହଠାତ୍ ଆଡ଼େଇ ଗଲା, କାହାରି ଏଣିକି
କିଛି ଦରକାର ନାହିଁ, ତା ମନକୁ ମନ
ପବନ ବୋହୁଛି, ନଈ କୁଳୁକୁଳୁ ହୁଏ,
କେଉଁଠାରେ କେହି ନାହିଁ, ସବୁ ପ୍ରତିବିମ୍ବ
ପାଣିରୁ ନିର୍ମଳ ଭାବେ ପୋଛି ହୋଇଯାଏ ।

ମୌନାବତୀର ସ୍ୱାମୀ

ଡେମ୍ଫରେ ମଉଳିଥିବା ଫୁଲ ହୋଇ ତମେ
ଏଠାକୁ ଆସିଲ, ଏଠି ଡେମ୍ଫ ଆଉ ଫୁଲ
ଉଭୟେ ଶୁଖିଲା। କେହି କାହାରିକୁ
କଣ ଦେବା ? କଣ ବା କହିବା ?
ପରାଗରେଣୁ ତ ନାହିଁ, ହଜିଗଲା ଦୁଆର ମୁହଁରେ
ବହୁ ପୂର୍ବକାଳେ ଦିନେ ଠିଆ ହୋଇଥିବା
ଋତୁ ଭିତରେ, ସେ ଋତୁ ଚାଲିଗଲା
ଆମ ଓଠ କଷ୍ଟେମଷ୍ଟେ
ହଁ ବୋଲି କହିବାକୁ ଯିବା ମୁହୂର୍ତ୍ତରେ।

ତାପରେ ବତାସ ହେଲା, ରକ୍ତ ସରସର
ରାସ୍ତାକୁ ମୁଁ ଠେଲି ହୋଇଗଲି,
ତାପରେ ରକ୍ତର ଦାଗ ତୁଷାରରେ, ମୃତ୍ତିକାରେ, ପାହାଡ଼ ଉପରେ,
ଯେତେଯେତେ ଜାଗା ମୁଁ ବୁଲିଲି
ସବୁଠାରେ। ମୋ ଅଜାଣତରେ ନିଆଁ ଲାଗିଗଲା ଶିରା ପ୍ରଶିରାରେ,
ସମ୍ପୂର୍ଣ୍ଣ ଅଲୋଡ଼ା ହେବା ଅବସ୍ଥାରେ ପୋଡ଼ା ଗନ୍ଧମୟ
ଧୂଆଁ ରୁନ୍ଧି ହୋଇଗଲା ମୋ ନାକ ପୁଡ଼ାରେ।
ମନ ହେଲା ପଚାରିବି ଏଥିପାଇଁ କଣ
ଜନ୍ମ ହେଲି ? ଜନ୍ମ ହେଲି ମାଳମାଳ ପଶ୍ଚାତାପଙ୍କର
ଭିତରେ ବୁଲିବା ପାଇଁ ବର୍ଷ ବର୍ଷ ଧରି ?
ମୋ କାଳ କଟିବ ଖାଲି ତୁଷାର ନିର୍ମିତ

ମଣିଷ ଆକୃତି ପରି ଆକୃତିମାନଙ୍କ
ସାଙ୍ଗେ ଜୀବ ରହିଯାଏଁ କଥାବାର୍ତ୍ତା କରି ?

ସବୁକିଛି ଅଭ୍ୟାସରେ ପଡ଼ିଗଲା-ରକ୍ତ, କିଛି ସୁବାସ ନଥାଇ
ବୋହୁଥିବା ଅଣଆଶ ବାୟୁ,
ବର୍ଷାର ଅନୁପସ୍ଥିତି, ମନେ ରଖିବାକୁ
କିଛି ହେଲେ ନଥିବା ସକାଳ,
ଆଶା କଲା ଭଳି କି ନଥିବା ରାତି ଓ
ତାର ଅଗ୍ରଗାମୀ ସଞ୍ଜବେଳ,
ପାହାଡ଼ ଖୋଲରେ ଥାଇ ଛୁରୀ ଭୁଷିବାକୁ
ଧମକାଉଥିବା ପ୍ରତିଧ୍ୱନି-
ସବୁକିଛି ଅଭ୍ୟାସରେ ପଡ଼ିଗଲା ସମୟେ ସମୟେ
ଆଗ୍ନେୟଗିରିରୁ କ୍ଷିପ୍ତ ନିଆଁ ମୁଣ୍ଡାପରି
କେତେ ଶବ୍ଦ ଆସିଥିଲେ, ସମୟେ ସମୟେ
ଇଚ୍ଛା ହେଲା ସେ ଶବ୍ଦଙ୍କୁ ଏକତ୍ରିତ କରି
ଫିଙ୍ଗିଦେବି ସେ ଜାଗାକୁ ଯେଉଁଠାରୁ ପ୍ରତିଧ୍ୱନି ଆସେ ।
କିନ୍ତୁ ପୁଣି ଭାବିଲି ସେ ପ୍ରତିଧ୍ୱନି ଆଡୁଆଲେ ଠାଏ
ତମେ ଅଛ, ତମେ ଥିବାଠାରେ
ଜହ୍ନରୁ ନିଗୁଡୁଥିବା କାକରରେ ଓଦା
ଲାଲ୍ କଇଁଫୁଲ ପରି ପ୍ରତ୍ୟେକ ରାତିରେ
ଇତିହାସ ଆସେ ଏକ ନିର୍ଦ୍ଦିଷ୍ଟ ବେଳରେ,
ସମଗ୍ର ମେଦିନୀ କମ୍ପେ ଭେରୀ ତୁରୀ
ହୁଳହୁଳି ମୃଦଙ୍ଗ ଧ୍ୱନିରେ ।

ତମ କଥା ଭାବିଲେ ହିଁ ମୁହଁ ବନ୍ଦ ହୋଇଯାଏ, ହାତ
ରହିଯାଏ କାକରରେ ରହିଗଲା ପରି,
ମୃତ୍ତିକାରେ ଚେରମୂଳ ମାଡ଼ି ଦୃଢ଼ଭାବେ
ରହିଥିବା ମୃତ୍ତିକାର କନ୍ୟା ତମେ ରହିଛ ରହିବ
ତମକୁ ସମ୍ପୂର୍ଣ୍ଣ ଭାବେ ଆଚ୍ଛାଦିତ କରି

ରହିଥିବା ଛାଇଙ୍କଠୁଁ ବେଶିଦିନ। କାନପାଖେ ମୋର
ସମୁଦ୍ର ଲହଡ଼ି ଭାଙ୍ଗେ, ଆଖିପାଖେ ପାହାଡ଼ ଉପରେ
ଧାଡ଼ି ଧାଡ଼ଇ ନିଆଁ, ମନପାଖେ ତମେ
ନାରୀ ଓ ବାଳିକା ତମେ ଜହ୍ନ ଆଲୁଅ ଓ
କେହି ନ ଶୁଣିବା ପରି କଥାବାର୍ତ୍ତା ଛାଇରେ ଛାଇରେ
ଠିଆ ହୋଇ ରହିଛ ଓ ମୁହଁ ବନ୍ଦ କରିଦେଉଛ ଓ
ଛୁରୀ ଉପରୁ ମୋ ମୁଠା ହୁଗୁଳାଇ ଦେଉଛ ତମର
ଚମ୍ପାକଢ଼ି ପରି ଆଙ୍ଗୁଠିରେ।

ଏବେ ତମ ମୁହଁସାରା ରେଖାମୟ, ଧୁଡୁଧୁଡୁ ଚମ।
ତଥାପି ମୋଠାରୁ ଯାହା ମାଗିବାର କଥା ମାଗିନିଅ।
ମାଗିନିଅ ଭୁଲିଯାଇ ରକ୍ତପ୍ରଣୋଦିତ
ଭାଷା ମୁଁ ଏଠାରୁ ଯିବି ବହୁତ ଦୂରକୁ।
ଏ ଜାଗାରେ ସବୁବେଳେ ସନ୍ଧ୍ୟା, ସବୁବେଳେ
ଦେହର କ୍ରମଶଃ ଜମି ଆସୁଥିବା କ୍ଷୁଦ୍ରାଦପିକ୍ଷୁଦ୍ର ବଗିଚାରେ
ଭୀତତ୍ରସ୍ତ ଫୁଲ ପ୍ରସ୍ଫୁଟିତ।
ମାଗିବାକୁ ଇଚ୍ଛା ହେଲେ ମାଗ ଚିରଦିନ
ଏ ଜାଗାରୁ ଚାଲିଯିବି ବହୁଦୂର ଦେଶକୁ, ସେଠାରେ
ମୋ ଶେଷ ନିଃଶ୍ୱାସ ଯିବ ସୁମରି ସୁମରି
ଆମର ଏକାଠି ଥିବା ରାତି ଆଉ ଦିନ।

ଯାହା ଇଚ୍ଛା ମାଗିନିଅ, କିନ୍ତୁ ଚାଲିଯାଅ।
ମୃତ୍ୟୁ ଆସୁ ଆଜିଠାରୁ ନାନା ଛଦ୍ମବେଶ
ଛାଡ଼ି, ଆସୁ ଗୋଟିଏ ବେଶରେ,
ଆଜିଠାରୁ ତା ନିଃଶ୍ୱାସ ଯେପରି ନଲାଗେ
ଓଦାଳିଆ ସମୁଦ୍ର ହାୱାରେ,
ଆଜିଠାରୁ ସେ ନଚାହୁଁ ଆତ୍ମାରେ ଶୁଖିଲା
ତାଳପତ୍ର ଖୋଜିବା ଆଖିରେ,
ଆଜିଠାରୁ ନଫିଙ୍ଗୁ ସେ ଅଣାୟତ୍ତ ସୁବାସ ବା

କାଗଜରେ କିମ୍ବା ପଥରରେ
ନରହି ପାରିଲା ଭଳି ଶବ୍ଦ। ମୁଁ ତମକୁ ଯାହାଯାହା ଦେଲି
ତା ବିନିମୟରେ ଯାଅ ତାକୁ କହିଦିଅ
ସେ ନଆସୁ ତମ ରୂପ ଧରି।
ସେ ଯଦି ଆସିବ ତମ ରୂପ ଧରି ତେବେ
କାହାକୁ ସେ ମାରିବ କିପରି ?
କାହାକୁ ମାରିବ ନାହିଁ, ଲୋଡ଼ିଲା ମାତ୍ରକେ
ଜୀଇଁ ରହିବାର ନାନା କାରଣ ମିଳିବ,
ଏପରିକି ମରିସାରିଥିବା ଲୋକଙ୍କୁ ସେ
ପୁଣି ଥରେ ଅଥୟ କରିବ,
ସର୍ବାଙ୍ଗ ହଳଦୀବୋଳା ସକାଳେ ସେମାନେ
ପୁଣି ହଲ୍‌ଚଲ୍ ହେବେ, ସମୁଦ୍ର ଯେପରି
ଆକାଶ ସେପରି ନୀଳବର୍ଣ୍ଣ ଦିଶୁଥିବ।

ମୌନାବତୀର ଆଗ୍ରହ

କହ କହ ତମେ ମଲ କିପରି ଭାବରେ ।
ସବୁ କଥା କହିଯାଅ । ଶେଷରେ ତା ହେଲେ
ଛୁରୀ ଭୁସି ହୋଇ ମଲ ? ତମ ମୁଠା କଣ
ଛୁରୀର ବେଣ୍ଟରୁ ଢିଲା ହୋଇଗଲା ଅଧାଅଧି ବାଟ
ଛୁରୀ ଅନ୍ତବୁଜୁଳାରେ ପଶିଯିବା ପରେ ?
ହାତ କଣ ବଢ଼ାଇଲ ତମ ଦେହ ଛାଡ଼ି
ଛୋଟେଇ ଛୋଟେଇ ଯାଉଥିବା ନିଃଶ୍ୱାସକୁ
ଜାବୁଡ଼ି ଧରିବ ବୋଲି ? ସେତେବେଳେ କଣ
ଖୁବ୍ କାନ୍ଦ ମାଡ଼ିଲା ତମକୁ ?

ଠିକ୍ କେତେ ବାଜିଥିଲା ତମେ ମଲାବେଳେ ?
ଆକାଶ ନିର୍ମଳ ଥିଲା ନା ମେଘୁଆ ଥିଲା ?
ପବନରେ ଗଛପତ୍ର ଦୋହଲୁଥିଲେ ନା
ଚାରିଆଡ଼ ରୁନ୍ଧି ହୋଇଥିଲା

ଏଠା ପରି ? ଏଠାରେ ଝରକା
ଫିଟେ ନାହିଁ କାଳେ ଥଣ୍ଡା ଲାଗିବ ଛାତିରେ ।
ତମେ ତ ଜାଣିଛ ମତେ କେତେ ଭଲ ଲାଗେ
ବୁଲିବାକୁ ଖୋଲା ପବନରେ ।

ମୁଁ ତେଣୁ ଉଦ୍‌ଗ୍ରୀବ ଖୁବ୍ ଶୁଣିବାକୁ ତମେ

କାକରକୁ, ଅନ୍ଧାରକୁ ମଲାବେଳେ ଡରିଲ କି ସବୁ
ଦୁଆର ଝରକା କିଳି ନିଃଶବ୍ଦରେ ଆର୍ତ୍ତନାଦ କଲ,
ତମେ କଣ ବାସି ଫୁଲତୋଡ଼ା ହୃଦୟରେ
ଜାକି ଅଶ୍ରୁ ବିସର୍ଜ୍ଜନ କଲ,
ତମେ କଣ ଆଉଥରେ ପ୍ରାଣଭିକ୍ଷା କଲ, ଚାହିଁଲ କି
କରିବାକୁ ଯାହା କରିନାହଁ,
ବା ଯାହା କରିଛ ତାକୁ ଲେଉଟାଇ ନେବ,
ତମେ କଣ ଚାହିଁଲ କି ପବନ ନ ଥିଲେ
ନ ଥାଉ ପଛକେ ତମେ ଏଠାକୁ ଫେରିବ,
ପୁଣି ଥରେ ଆପଣାକୁ ଭାଗମାପ କରି
ନାନାବିଧ କୁଣ୍ଢାଙ୍କ ଭିତରେ
ବାଣ୍ଟିଦେବ, ହଜାର ହଜାର
ବର୍ଷ ଧରି ଗୋଟିଏ ଜାଗାରେ
ପ୍ରତି କୁଣ୍ଢା ରହିଥିବ, ସେହି ଏକା ପୁରୁଣା ପୋଷାକ,
ସେହି ଏକା କଣ୍ଠସ୍ୱର, ସେହିପରି ହାଇ ମାରୁ ମାରୁ
ଦୁଃସାହସ ନ ଥିବା କଟାକ୍ଷ,
ମେଘ ପରେ ମେଘ ଡେଇଁ
ଉଡ଼ିଯିବା ଲାଗି ନିମନ୍ତ୍ରଣ,
ସଭିଙ୍କୁ ଲୁଚାଇ ରଖାଯାଇଥିବା ହିସାବ ଖାତାରେ
ସେହି ଏକା ମିଶାଣ ଫେଡ଼ାଣ ।

ମୁଁ ଜାଣିଛି ତମେ ଆଉ ଲେଉଟିବ ନାହିଁ
କିପରି ଭାବରେ ମଲ ବୁଝାଇ ଦେବାକୁ
ଆଉ ଫେରିଆସିବନି ପବନ ନ ଥିବା
ଏ ଘରକୁ କି ଏ ସଂସାରକୁ
ଯେଉଁଠି ଦୁର୍ଭିକ୍ଷ ମଧ୍ୟ ଅସତ୍ୟ, ଯେଉଁଠି
ଶବ୍ଦମାନେ ମରିଯାନ୍ତି ଜନ୍ମ ନ ହେଉଣୁ,
ଯେଉଁଠି ମୁଁ ବଞ୍ଚି ରହେ, ଘୋର ଆତଙ୍କରେ

ଷଡ଼ଯନ୍ତ୍ରକାରୀ ପରି ନ କହି କାହାକୁ
ତମ କଥା ଭାବୁଥାଏ ପ୍ରତିଦିନ ପ୍ରତି ମୁହୂର୍ତ୍ତରେ ।

ମୁଁ ଜାଣିଛି ମଲାବେଳେ ତମ ଆଖି ମୋଟେ ଛଳଛଳ
ହୋଇନାହିଁ, ତମ ମୁଠା ଜମାରୁ କୋହଳ
ହୋଇନାହିଁ, ଶେଷଯାଏଁ ତମେ
ହସୁଥିଲ ତାଳ ଦେଇ ପକ୍ଷୀମାନଙ୍କର
କଳରବ ସାଙ୍ଗେ । ଆଉ ଅନ୍ୟ କି ଭାବରେ
ପ୍ରାଣବାୟୁ ଯାଆନ୍ତା ତମର ?
ଆଉ ଅନ୍ୟ କି ଭାବରେ ମୋର ପ୍ରାଣବାୟୁ
ରହନ୍ତା-ଏପରି
ତମକୁ ପଚାରୁଥିବି ତମେ ମରିବାର
ବହୁଦିନ ଯାଏଁ, ଏବଂ ଝରକା ଖୋଲିଲେ
ପବନରେ ଶୁଭୁଥିବ ତମର ଉତ୍ତର ?

ରୋଗିଣା ମଣିଷ

ଏଣିକି ତ ଆଉ କିଛି କରିବାକୁ ନାହିଁ,
ଏଣିକି ତ ଆତ୍ମା ସେଇ ପୁରୁଣା ସ୍ମୃତିଙ୍କ
ପୋଖରୀରେ ସଢ଼ିବାକୁ ଆରମ୍ଭ କଲାଣି,
ଏଣିକି ତ ଦର୍ପଣକୁ ଚାହିଁଲେ ମୁହଁରେ
ନୂଆ ନୂଆ ଗାର, ଶରୀରରେ
ନୂଆ ନୂଆ ଚର୍ବି ଦିଶିଲାଣି ।
ସୁତରାଂ ଶଯ୍ୟାଶାୟୀ ହେବା ବେଳ ହେଲା,
ମୋ ବାର୍ଦ୍ଧକ୍ୟଗ୍ରସ୍ତ ଆତ୍ମା ଦୀର୍ଘନିଃଶ୍ୱାସରେ
ଟାପରା ନ କରୁଥିବା ନୂଆ ନୂଆ ସ୍ୱପ୍ନ ଗଢ଼ିବାର
ବେଳ ହେଲା, ବେଳ ହେଲା ତିଆରିବା ଲାଗି
ନୂଆ ନୀରବତାଟିଏ, ଘଉଡ଼ାଇ ଦେବାରୁ ସେଠାରୁ
ବୁଢ଼ା ହୋଇ ଆସୁଥିବା ଲୋକଙ୍କ ଚିତ୍କାର ।
ରାସ୍ତାର ପ୍ରତ୍ୟେକ ମୋଡ଼େ ଛପିଥିବା ଶସ୍ତା ଅତର ଓ
ତେଲ ପରି ବହଳିଆ ଫୁସ୍‌ଫାସ୍ କଥାର ବାସ୍ନାରେ
ବାସୁଥିବା ପୂର୍ଣ୍ଣାଙ୍ଗତା ଠାରୁ
ମୋ ଆତ୍ମାର ପରିତ୍ରାଣ ଆରମ୍ଭ ହେଲା ମୁଁ
ଶଯ୍ୟାଶାୟୀ ହେବା ମୁହୂର୍ତ୍ତରୁ ।

ଏ କି ଛାର ଅସୁସ୍ଥତା ! ଯେଉଁଥିରେ ଶୁଣିବାକୁ ପଡ଼େ
ମଣିଷଙ୍କ କୋଳାହଳ ସ୍ତବ୍ଧ କରୁଥିବା
ସମୁଦ୍ର ଲହଡ଼ିଙ୍କର ଗର୍ଜନ ତର୍ଜନ,

ଗର୍ଜ୍ଜନ ତର୍ଜ୍ଜନ ସବୁ ବନ୍ଦ ହୋଇଗଲେ
ଖିବ୍ ମାଡ଼ିମାଡ଼ି ପଡ଼େ ନିଜର ଓଜନ,
ଯେଉଁଥିରେ ଲହଡ଼ିଙ୍କ ପାଣି ଛିଟିକାରେ
ପବନ ଉପର ଅଙ୍କା ମୋ ଆକୃତି ପୋଛି ହୋଇଯାଏ,
ଯେଉଁଥିରେ ଯୌବନର ସବୁ ବେଶଭୂଷା
ଦିନରାତି ପିନ୍ଧିବାକୁ ହୁଏ
ସେ ଅସୁସ୍ଥତା ତ ନାହିଁ, ବୁଦା ଉହାଡ଼ରେ
ମୁଁ ତ ଆଉ ଲୁଚିନାହିଁ ଅତର୍କିତ ଭାବେ
ଆକ୍ରମଣ କରିବାକୁ ମୋ ନିଜ ଉପରେ।

ଖୁବ୍ ଡର ମାଡୁଥିଲା, କିନ୍ତୁ
ସେ ଏପରି ଅସୁସ୍ଥତା ଯେଉଁଥିରେ ନିଜର ଡରିବା
ସବୁବେଳେ ରହିଯାଏ ଅଗୋଚର ଭାବେ,
ଛାଡ଼ି ଧଡ଼ଧଡ଼ ହେବା ଜଣା ପଡ଼େ ନାହିଁ,
ଜଣା ପଡ଼ିଲେ ବି ଲାଗେ କେଉଁ ଏକ ଆକାଶପ୍ରତିମ
ସୁଖ ଡେଣା ଝାଡୁଥିବ, ମୋ ଛାତି ଭିତରେ
ସେ ଶବ୍ଦର ପ୍ରତିଧ୍ୱନି ଶୁଭେ।

ଖୁବ୍ ଡର ମାଡୁଥିଲା, ଛାତି
କମ୍ପୁଥିଲା, ଲାଗିଲା ହୁଏତ
ଜହ୍ନର ଦେହରେ ମୋର ହାତ ବାଜିଗଲା,
ନାୟିକା ପାର୍ଶ୍ୱନାୟିକା ଓ ଉପନାୟିକା
ମାନଙ୍କ ଦେହରୁ ସବୁ ମାଂସ ଝଡ଼ିଗଲା,
ତାଙ୍କର କଙ୍କାଳ ଖାଲି ଦିଶୁଥିଲା, ଅଥଚ ସେମାନେ
ଆଗଭଳି ଆଖିରେ ଆଖିରେ
ଡାକୁଥିଲେ, କିନ୍ତୁ ମେଲାଣି ବି
ଦେଉଥିଲେ ଡାକିବା ଭିତରେ।
ଖୁବ୍ ଡର ମାଡୁଥିଲା ଯେଣୁ।
ସ୍ୱପ୍ନ ସବୁ ସତ ହେଉଥିଲେ

କ୍ରମେ କ୍ରମେ, ଗୋଟିକ ଉତ୍ତାରେ
ଅନ୍ୟଟିଏ ଏପରି ଭାବରେ
ନୁହେଁ- ଏକା ସାଙ୍ଗେ,
ସ୍ଫଟିକର ଏକ ମୁହୂର୍ତ୍ତରେ।

ସେ ଅସୁସ୍ଥତା ତ ନାହିଁ ଫେରି ଆସିଲି
ମାନଚିତ୍ରେ ସୂଚିତ ଜାଗାଙ୍କୁ,
ସେଠାରେ ବହୁତ ଦୂରେ ଜହ୍ନ ଦେଖାଯାଏ,
ସେଠାରେ ରାତିରେ ଯାହା ସ୍ୱପ୍ନ ଦିଶେ ଆଉ
ସକାଳକୁ ଭୁଲି ହୋଇଯାଏ।
ଶରୀରରେ ବେଳେବେଳେ ପୀଡ଼ା ହୁଏ ସିନା
କୌଣସି ଅଶାନ୍ତି ନାହିଁ ମନରେ, ମନ ତ
ପକ୍ଷୀପରି ଉଡ଼ିଯାଏ ଏଠାରୁ ସେଠାକୁ,
ପକ୍ଷୀପରି ଇଚ୍ଛାମତେ ଆହାର କରୁଛି
କେବେ ଏ ଅର୍ଥକୁ ଏବଂ କେବେ ସେ ଅର୍ଥକୁ।
କୌଣସି ଅଶାନ୍ତି ନାହିଁ ମନରେ, ମନ ତ
ସକାଳରୁ ସଞ୍ଜ ଯାଏଁ ଦିନଦିନ ଧରି
ଘଟଣା ସଂଗ୍ରହ କରେ ବଢ଼ିରେ କୁଆଡୁ
ଭାସିଭାସି ଆସୁଥିବା କାଠଖଣ୍ଡ ପରି।

ଆଜି କିନ୍ତୁ ଆରୋଗ୍ୟର ତିଳେମାତ୍ର ଆଶା
ନଥିବା ଏ ଅସୁସ୍ଥତା ବେଳେ
ଖେଳିବାର ବେଳ ହେଲା, ମୁଁ ଲୁଚି ପଡ଼ିବି
କ୍ୟାଲେଣ୍ଡରମାନଙ୍କର ଶେଷପୃଷ୍ଠା ନଚିରିବା ଯାଏଁ
ନିଖୁଣ୍ ହତାଶାମାନଙ୍କର ଆଢୁଆଳେ।
ତା ପରେ ଏପରି ମୁହୂର୍ତ୍ତରେ ଯେବେ
ଦିନ ନାହିଁ ରାତି ମଧ୍ୟ ନାହିଁ
ମୁଁ ଡେଇଁ ପଡ଼ିବି କିଛି ନକହି କାହାକୁ
ରକ୍ତ ସରସର କିନ୍ତୁ ସୁଦୂରପ୍ରସାରୀ

ଅସତର୍କ କଳ୍ପନାର କୁହୁକମଧ୍ୟକୁ ।
ମୁଁ ଡେଇଁ ପଡ଼ିବି ସେହି ଅବସ୍ଥାକୁ ଯେବେ
ସମୁଦ୍ର ନୁହେଁ, ଫୁଲ ଫୁଲ ନୁହେଁ,
କିଛି ହେଲେ କିଛି ନୁହେଁ । କିଏ ବାଧା ଦେବ ?
ମୁଁ ତ ଧରି ସାରିଥିବି କୋଷମୁକ୍ତ କୃପାଣ, ସେଥିରୁ
ଧାର ଧାର ହୋଇ ଲୁହ ଓ ନୀରବତା
ପାଣି ପରି ବୋହି ଯାଉଥିବ ।

ପୃଷ୍ଠବନ୍ଧ

'ସପ୍ତମ ଋତୁ' ଲେଖିବା ପରେ ଅନେକ ସମୟରେ କବିତା ଲେଖିବାରୁ ନିବୃତ୍ତ ହେବାକୁ ଇଚ୍ଛା ହୋଇଛି, ତା ସତ୍ତ୍ୱେ ମୂଳତଃ ଦୁଇଟି କାରଣ ଯୋଗୁଁ ମୁଁ ଅଦ୍ୟାପି କବିତା ଲେଖୁଛି। ପ୍ରଥମତଃ, କବିତା ଲେଖା ଆପଣାଛାଏଁ ବନ୍ଦ ହେବ ନିଶ୍ଚୟ, ଏବଂ ଯାହା ଅନିବାର୍ଯ୍ୟ ତା ପାଇଁ ଯୋଜନାବଦ୍ଧ ଉଦ୍ୟମର ଆବଶ୍ୟକତା କଣ ? ଦ୍ୱିତୀୟତଃ, ଜୀବନର ହିସାବନିକାଶ କଲାବେଳେ ମୋ ଉପରେ କିଛି ବକେୟା ପାଉଣା ନରହୁ ବୋଲି ଚେଷ୍ଟା କରିବା ଫଳରେ କିଛି କବିତା ଲେଖି ହୋଇଯାଏ, ଯଦିଓ କବିତା ଲେଖିବା ସହିତ ଏକ ଋଣମୁକ୍ତ ଅବସ୍ଥାର ସମ୍ପର୍କ କଣ ମୁଁ ତାହା ଠିକ୍ ବୁଝାଇ ପାରିବି ନାହିଁ। ନିଜର ପରମାୟୁ ଯେତେବେଳେ ଅତିକ୍ରାନ୍ତ ହୋଇଯାଉଥାଏ, ନିଜେ ଦେଣାଦାର ହୋଇଯିବାର ଭୟ ସେତେବେଳେ ମାଡ଼ି ପଡୁଥାଏ। ନିଜର ବିଚାରଶକ୍ତି ଠିକ୍ କାମ କରୁଥିବା ଅବସ୍ଥାରେ ଅବଶ୍ୟ ବୁଝାଯାଏ ଯେ କବିତା ଲେଖି ଏ ଆତଙ୍କରୁ ନିଷ୍କୃତି ମିଳିବ ନାହିଁ। ନିଜର ବକ୍ତବ୍ୟ ସବୁବେଳେ ଅପ୍ରକଟ ରହିଯିବ ଏବଂ ନିଜ ଗୂଢ଼ତମ ଅନୁଭୂତି କଦାପି ଶବ୍ଦଗତ ହେବନାହିଁ ବୋଲି ମୁଁ ବହୁତ ଦିନରୁ ଜାଣିସାରିଛି, କିନ୍ତୁ ବିଚାରଶକ୍ତି ଠିକ୍ କାମ କରୁଥିବା ଅବସ୍ଥାରେ ତ କବିତା ଲେଖାଯାଏ ନାହିଁ। କବିତା ଲେଖାଯିବା ଅବସ୍ଥାରେ ଚେତନାର ଯେଉଁ ସ୍ତରଟି କାମ କରେ ଦୈନନ୍ଦିନ ଜୀବନରେ ତାର ସ୍ଥାନ ଅତି ନଗଣ୍ୟ, ଏପରିକି ଚେଷ୍ଟା କରି ତାକୁ ପଛକୁ ଠେଲି ଠେଲି ଦିଆଯାଏ ଯେପରିକି ତାହା ଅନ୍ୟ କାହାରି ଦୃଷ୍ଟିଗୋଚର ହେବ ନାହିଁ। କବିତା ଲେଖା ବନ୍ଦ କରିବା ପାଇଁ ଐକାନ୍ତିକ ଇଚ୍ଛା, ଏବଂ ଲେଖିବାର ଅବୋଧ ଅଥଚ ଦୁର୍ବାର ଆକର୍ଷଣ ଏଡ଼େଇ ଦେବାର ଅସମର୍ଥତା, ଏ ଉଭୟ ସ୍ଥିତିରେ ଏକକାଳୀନ ଅବସ୍ଥିତି କଷ୍ଟପ୍ରଦ ନିଶ୍ଚୟ, କିନ୍ତୁ ସାନ୍ତ୍ୱନା ଏତିକି ଯେ ଅନ୍ୟସବୁ ଘଟଣା ପରି ଏହାର ବି ଅବସାନ ହେବ ଏବଂ ତା ପରେ ଏ କଷ୍ଟପ୍ରଦ ଅଭିଜ୍ଞତାର କିଛି ତ ତାତ୍ପର୍ଯ୍ୟ ରହିବ ନାହିଁ।

ଦୁଇ ନାଆରେ ଗୋଡ଼ ରଖିବା ଅବସ୍ଥା କେବଳ ଏତିକିରେ, ଅର୍ଥାତ୍ ଲେଖିବା

ଓ ନ ଲେଖିବା ଉଭୟ ଇଚ୍ଛା ଏକ ସମୟରେ ଅନୁଭବ କରିବାରେ, ସରିଯାଏ ନାହିଁ। ଲେଖିବା ଅବସ୍ଥାରେ ବି ଏ ପରିସ୍ଥିତି ବାରମ୍ବାର ଉପୁଜେ, ସତେ ବା ଜଣେ ମାତ୍ର ସନ୍ଦିଗ୍ଧ ଓ ବିବ୍ରତ ଯାତ୍ରୀ ପାଇଁ ଅସଂଖ୍ୟ ନାହା ଅପେକ୍ଷା କରି ରହିଛନ୍ତି। ସାହିତ୍ୟରେ କୌଣସି ଚୂଡ଼ାନ୍ତ ସତ୍ୟ ନାହିଁ, ଏପରି କୌଣସି ମୁଖ୍ୟ ଘଟଣା ନାହିଁ ଯାହା ମୂଳରୁ ସ୍ୱୟଂ ସମ୍ପୂର୍ଣ୍ଣ ଓ ଯାହାର ସ୍ୱତଃସିଦ୍ଧ ବାସ୍ତବତା ଅନ୍ୟକିଛିଇ ଉପରେ ନିର୍ଭର କରେ ନାହିଁ। ସାହିତ୍ୟର ମୁଖ୍ୟ ଘଟଣା ଗୁଡ଼ିକୁ ଏକାଧିକ ଦିଗରୁ ଦେଖିବା ସମ୍ଭବ, ସେ ଗୁଡ଼ିକର ଏକାଧିକ ବ୍ୟାଖ୍ୟା ସମ୍ଭବ। ସାଧାରଣ ଜୀବନରେ ଘଟଣାର ସଂଜ୍ଞା ଯାହା ସେ ସଂଜ୍ଞା ଅନୁଯାୟୀ ସାହିତ୍ୟରେ କିଛି ଘଟଣା ନାହିଁ। କୌଣସି ବିଷୟ ଉପରେ ଏକମାତ୍ର ନିର୍ଭୁଲ୍ ମନ୍ତବ୍ୟଟିଏ, ନାନାଦି ଅସତ୍ୟକୁ ନିର୍ଭୟରେ ମୁକାବିଲା କରୁଥିବା ଜାଜ୍ଜଲ୍ୟମାନ ସତ୍ୟଟିଏ ପ୍ରତିପାଦିତ କରିବା ପରିବର୍ତ୍ତେ ସାହିତ୍ୟର ଘଟଣାଗୁଡ଼ିକ ଏପରି ଏକ ମଧ୍ୟବର୍ତ୍ତୀକାଳୀନ ଅବସ୍ଥା ସୃଷ୍ଟି କରନ୍ତି ଯେଉଁଥିରେ କାହାରି କିଛି ନିର୍ଦ୍ଦିଷ୍ଟତା ବା ଅପରିବର୍ତ୍ତନୀୟ ଆୟତନ ନଥାଏ ଥାଏ ସୃଷ୍ଟିର ଆଦ୍ୟ ପର୍ଯ୍ୟାୟର ଅନିଶ୍ଚିତତା, ଗୋଟିଏ ଆକୃତିରୁ ଅନ୍ୟ ଏକ ଆକୃତିକୁ ବୋହିଯିବାର ତରଳତା, କୁଆଡ଼େ ଯିବାକୁ ହେବ ଠିକ୍ କରିପାରୁ ନଥିବା ଭଳି ଇତସ୍ତତଃତା। ନିର୍ଦ୍ଦିଷ୍ଟ ଆୟତନଟିଏ ବହୁତଦିନ ପରେ ଆସେ ଏବଂ ଆସିବା ପରେ ମାତ୍ର ଗୋଟିଏ ସମ୍ଭାବନା ରହେ-କ୍ଷୟର, ମରିଯିବାର, ଧ୍ୱଂସ ହେବା ସମ୍ଭାବନା-କିନ୍ତୁ ତା ପୂର୍ବରୁ ସମ୍ଭାବନା ଅନେକ, ଅସୁମାରି କହିଲେ ଚଳେ। ଏହି କାରଣରୁ ଉତ୍ତୀର୍ଣ୍ଣ ସାହିତ୍ୟ ଆମ ମନ ଭିତରେ ଯେଉଁ ଅନୁଭୂତି ଆଣେ ତାହା ହେଉଛି କିଛି ବାକୀ ରହିଯାଇଥିବା ଅନୁଭୂତି, କେତୋଟି ପ୍ରଶ୍ନର ଉତ୍ତର ନମିଳିଥିବାର ଅନୁଭୂତି, ଶେଷ ପଂକ୍ତିଟି ବା ବାକ୍ୟଟି ପଢ଼ା ସରିବା ପରେ ମଧ୍ୟ କଥାଟି ସମାପ୍ତ ହୋଇନଥିବା ଭଳି ଅନୁଭୂତି। ଚରିତ୍ର ଗୁଡ଼ିକ ଚୁପ୍ ହୋଇଗଲା ପରେ ବି ସ୍ୱରଟିଏ ତଥାପି ଶୁଭୁଥାଏ; ବହିଟି (ବା ଗଳ୍ପଟି ବା କବିତାଟି) ସହିତ ସବୁ କାମଦାମ ତୁଟିଗଲା, ଏ ପ୍ରହେଳିକା ପରିତ୍ୟାଗ କରି ବାରମ୍ବାର ଗଠନର ଓ ପୁନର୍ଗଠନର, ବାରମ୍ବାର ମୂଲ୍ୟାୟନର ଓ ପୁନର୍ବିବେଚନାର, ଗତିଶୀଳତାର, ଇତସ୍ତତଃତାର, ପୁଣିଥରେ ନାନାଦି ସମ୍ଭାବନା ଭିତରକୁ ଗୋଟିକୁ ବାଛିବା ପାଇଁ ସ୍ୱାଧୀନତାର ନିରବଚ୍ଛିନ୍ନ ଅନୁଭୂତିରେ ଅଂଶଗ୍ରହଣ କରିବାକୁ ପାଠକର ଚିତ୍ତବୃତ୍ତିକୁ ଆହ୍ୱାନ କରୁଥାଏ। ରାଜ୍ୟଲାଭ ପାଇଁ ଦୁଇ ବିବଦମାନ ଗୋଷ୍ଠୀଙ୍କର ସଂଘର୍ଷ ମହାଭାରତ କଥାବସ୍ତୁ, କିନ୍ତୁ ସେ ଯୁଦ୍ଧରେ ଗୋଟିଏ ଗୋଷ୍ଠୀ ବିଜୟ ଲାଭ କଲା ପରେ ମହାଭାରତର ଉଦ୍ଦେଶ୍ୟ ଉପଲବ୍ଧି ହୋଇଗଲା ବୋଲି କହିବା ସମ୍ଭବ କି? ବିଭିନ୍ନ ଚରିତ୍ରମାନଙ୍କର ପାଦତଳୁ ମାଟି ଖସିଖସି ଯାଉଛି, ସେମାନେ ନିଜନିଜର ବ୍ୟକ୍ତି ସତ୍ତାକୁ ପୂର୍ଣ୍ଣାଙ୍ଗ କରିବା ପାଇଁ କିଛି

ଗୋଟାଏ ଖୋଜୁଛନ୍ତି ଅଥଚ ତା ବିଷୟରେ ପ୍ରାୟ କିଛି ଜାଣନ୍ତି ନାହିଁ, କୌଣସି ନିର୍ଦ୍ଦିଷ୍ଟ ସମୟରେ ସେମାନେ ଗ୍ରହଣ କରିଥିବା ଭୂମିକା ଚୂଡ଼ାନ୍ତ ନୁହେଁ ଏବଂ ସେଥିରେ ମୌଳିକ ପରିବର୍ତ୍ତନର ଅବକାଶ ଅଛି– ମହାଭାରତର ମୂଳ ଆବେଦନ ଏହା। ପରିସ୍ଥିତିର ବଶବର୍ତ୍ତୀ ହୋଇ ଏକ ନିର୍ଦ୍ଦିଷ୍ଟ ଭୂମିକା ଗ୍ରହଣ କରିବା ପଡ଼ିଛି ଏବଂ ସେ ଭୂମିକାଠାରୁ ପୃଥକ, ହୁଏତ ଶ୍ରେୟସ୍କର ଭୂମିକାଟିଏ ଅଛି ଏକଥା ମହାଭାରତର ଚରିତ୍ରମାନେ ଅବଗତ ଥିଲା ପରି ମନେ ହୁଏ। ଅଧର୍ମ ଉପରେ ଧର୍ମର ବିଜୟ ସତ୍ତ୍ୱେ କାବ୍ୟର ମୁଖ୍ୟ ସ୍ୱର ଖୁବ୍ କରୁଣ; ଯାହା ଅସତ୍ୟ ଓ ଅସାର ତା ସହିତ ଯୋଡ଼ି ହୋଇଯିବା ଏବଂ ଯାହା ଜୀବନକୁ ମହତ୍ତର ଓ ଅର୍ଥପୂର୍ଣ୍ଣ କରିଥାନ୍ତା ତା ଠାରୁ ବିଚ୍ଛିନ୍ନ ହୋଇପଡ଼ିବା ମଣିଷର ଭାଗ୍ୟ ଏ କଥା ବୁଝିପାରୁଥିବା ଚେତନାର ସ୍ୱର ଅନ୍ୟଥା ହୁଅନ୍ତା କିପରି ?

ମହାଭାରତର ଏହା ଏକମାତ୍ର ଆବେଦନ ବୋଲି ମୁଁ କହୁନାହିଁ; ପ୍ରତ୍ୟେକ ଉତ୍ତୀର୍ଣ୍ଣ ସାହିତ୍ୟକୃତିରେ ଏକାଧିକ ତାତ୍ପର୍ଯ୍ୟ, ଏକାଧିକ ଆବେଦନ ରହିବାର, ଏବଂ ତାର କୌଣସି ସର୍ବଶେଷ ବ୍ୟାଖ୍ୟା ସମ୍ଭବପର ନ ହେବାର ଏହା ଦୃଷ୍ଟାନ୍ତଟିଏ ମାତ୍ର। ତାର ନାନାଦି ପ୍ରତିକ୍ରିୟା ସମ୍ଭବ ଏବଂ ପ୍ରତ୍ୟେକଟି ପ୍ରତିକ୍ରିୟା ସମାନଭାବରେ ଯଥାର୍ଥ ହେବା କି ସମ୍ଭବ। ସେ ସବୁ ପ୍ରତିକ୍ରିୟା ଏକ ସମୟରେ ସମାନଭାବରେ ଯଥାର୍ଥ ହେବା ଦ୍ୱାରା ରଚନାର ଦୁର୍ବଳତା ପ୍ରତିବାଦିତ ହୁଏ ନାହିଁ, ତାର ମହତ୍ତ୍ୱ ହିଁ ସାବ୍ୟସ୍ତ ହୁଏ। ଗୋଟିଏ ସ୍ଥିର, ନିର୍ଦ୍ଦିଷ୍ଟ, ଯୁକ୍ତିଯୁକ୍ତ ଆବେଦନ ଅପେକ୍ଷାକୃତ ନିକୃଷ୍ଟ ରଚନାର ଲକ୍ଷଣ ଏବଂ ଦ୍ୱିତୀୟ ବା ଆହୁରି ତଳଶ୍ରେଣୀର ଲେଖକମାନେ ହିଁ ସେମାନଙ୍କର ବାର୍ତ୍ତା ବଳିଷ୍ଠ ଆତ୍ମପ୍ରତ୍ୟୟ ସହିତ ଆମକୁ ଶୁଣାନ୍ତି; ସେମାନେ ସୃଷ୍ଟି କରିଥିବା ଚରିତ୍ରମାନେ କୌଣସି ଅନ୍ତର୍ଦ୍ୱନ୍ଦ୍ୱର ବଶବର୍ତ୍ତୀ ନହୋଇ ଏକନିଷ୍ଠ ଭାବେ ନିଜନିଜର ଲକ୍ଷ୍ୟ ଆଡ଼କୁ ଆଗେଇ ଚାଲନ୍ତି। ସେମାନଙ୍କ ତୁଳନାରେ ଆମ ବିବେଚନାରେ ଭଲ ଲେଖକମାନଙ୍କର ଚିନ୍ତା ବଡ଼ ବିପର୍ଯ୍ୟସ୍ତ, ଅଥଚ କାହିଁକି କେଜାଣି ସେମାନଙ୍କର ବିପର୍ଯ୍ୟସ୍ତ ଚିନ୍ତା ହିଁ ବେଶି ତାତ୍ପର୍ଯ୍ୟପୂର୍ଣ୍ଣ ମନେ ହୁଏ। ଭର୍ଜିଲ୍ ତାଙ୍କର ନାୟକ ଇନିୟାସ୍ ଓ ପ୍ରତିଦ୍ୱନ୍ଦ୍ୱୀ ଟର୍ଣ୍ଣସ୍‌ଙ୍କ ଭିତରେ ସମ୍ମୁଖ ସମର ବର୍ଣ୍ଣନା କଲାବେଳେ ପ୍ରତିଦ୍ୱନ୍ଦ୍ୱୀ ଚରିତ୍ରର ପୂର୍ବପ୍ରତିଷ୍ଠି ଖଳପ୍ରକୃତି ଆମ ଆଖି ଆଗରୁ ହଠାତ୍ ନିଷ୍କ୍ରାନ୍ତ ହୋଇଯାଏ। ସେକ୍ସପିୟରଙ୍କ ପ୍ରଧାନ ଚରିତ୍ରଗୁଡ଼ିକ ସେପରି; ସେମାନଙ୍କ ବିଷୟରେ କୌଣସି ନିର୍ଦ୍ଦିଷ୍ଟ ମନ୍ତବ୍ୟ ଦେବା କଷ୍ଟକର ଏବଂ ସେପରି ମନ୍ତବ୍ୟ ଦେବାକୁ ଯାଇ ବିଭିନ୍ନ ସମାଲୋଚକମାନେ କେତେ ଅଲଗା କଥା କହନ୍ତି। ଆଉ ଗୋଟିଏ ଉଦାହରଣ ନିଆଯାଉ– ଭାଗବତର ଦଶମ ସ୍କନ୍ଧରୁ। କଂସ ନିଃସନ୍ଦେହରେ ଜଣେ ଦୁଷ୍ଟ ଲୋକ। ନିଜର ଭଉଣୀ ଓ ଭିଣୋଇଙ୍କୁ କାରାରୁଦ୍ଧ କରିଥିବା ଲୋକ, ସେମାନଙ୍କର ସନ୍ତାନମାନଙ୍କୁ ହତ୍ୟା କରିଥିବା ଲୋକ, ନବଜାତ

ଶିଶୁମାନଙ୍କୁ ମାରିବାକୁ ଅସୁରମାନଙ୍କୁ ନିଯୁକ୍ତ କରିଥିବା ଲୋକ ସହାନୁଭୂତିର ପାତ୍ର ହୋଇ ନପାରେ, କିନ୍ତୁ ନୃଶଂସତାର ଏହି ଅବତାରଟିର ଚରିତ୍ର ମଧ ସର୍ବତୋଭାବେ ନାରକୀୟ ନୁହେଁ। ଦେବକୀ ଓ ବସୁଦେବଙ୍କ ପ୍ରତି କଂସର ମୂଳଠୁ କୌଣସି ଆକ୍ରୋଶ ନଥିଲା, ବରଂ ସେମାନଙ୍କର ବିବାହ ପରେ ସେ ନିଜେ ସେମାନଙ୍କ ରଥର ଚାଳକ ହୋଇ କିଛିବାଟ ଯାଇଛି। ଯିବାବେଳେ ଆକାଶରୁ ଶୁଭିଲା,

ରେ ରେ ଅସୁର କଂସ ଶୁଣ । ନଜାଣୁ ଆପଣା ମରଣ ॥
ଯା ରଥ ବାହୁ ତୁ ଉସତେ । ତୋତେ ମାରିବେ ତାର ସୁତେ ॥
ଅଷ୍ଟମ ଗର୍ଭେ ଅବତରି । ମହୀ ରଖିବେ ତୋତେ ମାରି ॥

ଏହାପରେ କଂସ ନିଜର ଆତ୍ମରକ୍ଷା ପାଇଁ ଚେଷ୍ଟିତ ହେବା ସ୍ୱାଭାବିକ। ଦେବକୀର ଅଷ୍ଟମଗର୍ଭ ପୂର୍ବରୁ ସନ୍ତାନମାନଙ୍କୁ ମାରିବା କଂସର ଅଭିପ୍ରାୟ ନଥିଲା। ବସୁଦେବ ନିଜର ସତ୍ୟ ରଖି ତାଙ୍କର ପ୍ରଥମ ସନ୍ତାନକୁ କଂସକୁ ଦେଲାବେଳେ କଂସ ବିଚାରୁଛୁ,

ଏ ତ ନୁହଇ ମୋ ବଇରୀ । ଅଷ୍ଟମ ଗର୍ଭ ମୋତେ ମାରି ॥
ଏହାର ଜାଣିଲି ମୁଁ ସତ୍ୟ । ନେଉ ଏହାର ନିଜ ସୁତ ॥

ନିଜର ଆତ୍ମରକ୍ଷା ପାଇଁ ସର୍ବନିମ୍ନ ବ୍ୟବସ୍ଥା ବ୍ୟତୀତ ଅଧିକା କିଛି କରିବା କଂସର ଅଭିପ୍ରାୟ ନଥିଲା, ସୁତରାଂ ସେ ବସୁଦେବଙ୍କୁ ତାଙ୍କର ପ୍ରଥମ ସନ୍ତାନ ଫେରାଇ ଦେଇଛି। ତା ଚିତ୍ତବୃତ୍ତିର ହିଂସାତ୍ମକ ପରିବର୍ତ୍ତନ ଘଟିଛି ନାରଦଙ୍କ ପ୍ରରୋଚନାରେ-

ତୋ ଦୁଃଖ ଦେଖି ମୁଁ ବିକଳ । ଦେଖ ନୟନୁ ବହେ ଜଳ ॥
ଶୁଣ ଦାନବ ଚୂଡ଼ାମଣି । ତୋର ମରଣ ତଥ୍ୟ ବାଣୀ ॥

x x x

ବ୍ରହ୍ମାଙ୍କୁ କହିଲେ ଅନନ୍ତ । ମନୁଷ୍ୟେ ହୋଇବି ମୁଁ ଜାତ ॥
ମାରିବି ସକଳ ଅସୁର । ନାଶିବି ଅବନୀର ଭାର ॥
ଏମନ୍ତ କଟୁ କଥା ମାନ । ଭିଆଣ କଲେ ଦେବଗଣ ॥
ଦେବକୀ ଅଷ୍ଟମ ଗର୍ଭର । ନିଶ୍ଚୟ ମରଣ ତୋହର ॥
ବ୍ରହ୍ମାର ବଚନେ ମୁରାରି । ମାୟା ମନୁଷ୍ୟ ରୂପ ଧରି ॥

ତୋତେ ମାରିବେ ସେ ଅନନ୍ତ । ତୁ କିମ୍ପା ହୋଇଲୁ ନିଶ୍ଚିନ୍ତ ॥
ଦେବେ ଉପୁଜିଛନ୍ତି ଅଂଶେ । ଗୋପନଗରେ ଭୋଜବଂଶେ ॥
ନନ୍ଦ ଯଶୋଦା ଆଦି ଯେତେ । କହିବି ଏକେ ଏକେ କେତେ ॥
ଦେବକୀ ଆସି ବସୁଦେବ । ଏ ଆଦି ଯେତେକ ଦାନବ ॥
ତୋର ସେବକ ଯେତେ ଲୋକ । ଦେବତାମାନେ ଏଟି ଦେଖ ॥
ଏହା ତୁ ନକରୁ ବିଚାର । ନିକଟେ ମରିବୁ ଅସୁର ॥

ନାରଦଙ୍କ ପରି ଜଣେ ସମ୍ମାନିତ ଓ ସର୍ବଜ୍ଞ ଋଷିଙ୍କର ଚେତାବନୀ ଫଳରେ କଂସ ଆତଙ୍କିତ ହୋଇପଡ଼ିବା ସ୍ୱାଭାବିକ, ବିଶେଷତଃ ଯେତେବେଳେ ନାରଦ କହୁଥିବା କଥା ଅତୀତରେ ଆକାଶରୁ ଶୁଭିଥିବା କଥା ସହିତ ସମାନ। ନିଜର ବିପଦ ବିଷୟରେ କଂସର ଆଉ କୌଣସି ସନ୍ଦେହ ରହିଲା ନାହିଁ ଏବଂ ବିପଦକୁ ଏଡ଼ାଇବାକୁ ଓ କଠୋର କରିବାକୁ ଚେଷ୍ଟା କଲା। ଏପରି ଚେଷ୍ଟା ଯୋଗୁଁ କିଛି ଲୋକ ମରିବା ସ୍ୱାଭାବିକ, କାରଣ ସେମାନେ ନମଲେ କଂସ ନିଜେ ମରିବା ସୁନିଶ୍ଚିତ ହୋଇପଡ଼ିଥିଲା। କଂସର ହିଂସାଚରଣ ତେଣୁ ମୂଳତଃ ପରିସ୍ଥିତି ପ୍ରତି ଏକ ପ୍ରତିକ୍ରିୟା, ପରିସ୍ଥିତି ଅଲଗା ହୋଇଥିଲେ ତାର ଆଚରଣ ହୁଏତ ଅଲଗା ହୋଇଥାନ୍ତା। ତାର ଆଚରଣ ପାଇଁ ତା ନିଜର ସ୍ୱଭାବ ଯେତେ ଦାୟୀ, ତାଠାରୁ ଦୈବୀବାଣୀ ଓ ନାରଦଙ୍କ ପ୍ରରୋଚନା ହୁଏତ ବେଶୀ ଦାୟୀ। କଂସ ପ୍ରତି କାହାରି ସହାନୁଭୂତି ନାହିଁ, ଏବଂ ତାର ବିପର୍ଯ୍ୟୟ ଓ ମୃତ୍ୟୁ ଯଥାର୍ଥ ହୋଇଛି ବୋଲି ସମସ୍ତେ ଅବଶ୍ୟ ଭାବିବେ, କିନ୍ତୁ ତାର ସମୁଦାୟ ଇତିବୃତ୍ତ ମନେ ପକାଇଲେ ବେଳେବେ. ନିଜ ଅଜାଣତରେ, ହୁଏତ ପାଟିରୁ ବାହାରିଯିବ, 'ଆହା, ବିଚାରା!' ଜଗନ୍ନାଥ ଦାସଙ୍କ ଅନ୍ତରାତ୍ମାରୁ ବୋଧହୁଏ ସେମିତି କିଛି ସ୍ୱର ଉଦ୍‌ଗତ ହେବାକୁ ଚେଷ୍ଟା କରୁଥିଲା, ନଚେତ୍ କଂସର ମୃତ୍ୟୁ ବର୍ଣ୍ଣନା କଲାବେଳେ ସେ କାହିଁକି କହିଥାନ୍ତେ, 'ଚକ୍ଷୁବାଟରେ ପ୍ରାଣଗଲା, କୃଷ୍ଣର ଶରୀରେ ପଶିଲା?'

ଉତ୍ତୀର୍ଣ୍ଣ ସାହିତ୍ୟରେ ତେଣୁ ତାତ୍ପର୍ଯ୍ୟର ସ୍ତର ଅନେକ, ସମ୍ଭାବନା ଏକ ନୁହେଁ, ଏକାଧିକ। ଯଦି ଅନେକ ସମ୍ଭାବ୍ୟ ପନ୍ଥାଭିତରୁ ଗୋଟିଏ ପନ୍ଥା ଅନୁସୃତ ହୋଇଛି, ତାର ମାନେ ନୁହେଁ ଯେ ଅନ୍ୟାନ୍ୟ ପନ୍ଥାଗୁଡ଼ିକର ଅସ୍ତିତ୍ୱ ଆଉ ନାହିଁ। ସେ ପନ୍ଥାଗୁଡ଼ିକ ସାହିତ୍ୟରେ ନିଶ୍ଚିହ୍ନ ହୋଇ ପଡ଼ନ୍ତି ନାହିଁ, ଏକଦା ଅନୁସୃତ ହୋଇପାରିଥାନ୍ତେ ଏହି ଭାବରେ ବିଦ୍ୟମାନ ରହିଥାନ୍ତି। ରଚନାଟିକୁ ଯେତେଥର ପଢ଼ାଯାଏ ଓ ଯେତେଜଣ ପଢ଼ନ୍ତି ସେତେଥର ଓ ସେତେଜଣଙ୍କ ପକ୍ଷରେ ସେ ସବୁ ପନ୍ଥାଗୁଡ଼ିକ ପୁଣିଥରେ ଆବିର୍ଭୂତ ହୁଅନ୍ତି, ପୁଣିଥରେ ବଛାଯାଇ ପାରିବାର ସମ୍ଭାବନାରେ ଉଦ୍‌ଭାସିତ ହୁଅନ୍ତି।

ରଚନାଟିକୁ ଗୋଟିଏ ହିଁ ବଳିଷ୍ଠ, ସୁସଂଯତ ଓ ଯୁକ୍ତିଯୁକ୍ତ ଅର୍ଥରେ ଅନୁପ୍ରାଣିତ କରିବାର ଉଦ୍ଦେଶ୍ୟ କେବଳ ସେହି ଲେଖକମାନଙ୍କର ହେବ ଯାହାଙ୍କ ପକ୍ଷରେ ଗୋଟିଏ ବି ଅର୍ଥ ହାସଲ କରିବା ବା ହାସଲ କରିସାରି ପ୍ରକଟ କରିବା ବଡ଼ ଦୁରୂହ। ଏପରି ଉଦ୍ଦେଶ୍ୟ ପୋଷଣ କରୁଥିବା ଚିତ୍ତବୃତ୍ତି ପକ୍ଷରେ ନିର୍ଦ୍ଦିଷ୍ଟ ଆକୃତିଟିଏ ନଥିଲେ କିଛି ଦୃଶ୍ୟ ହୁଏନାହିଁ, ଯାହା ଗତିଶୀଳ ଓ ଅସ୍ଥିର ତାହା ନିର୍ଜ୍ଜୀବ ଓ ନିଶ୍ଚଳ ନ ହେଲାଯାଏଁ ଗ୍ରାହ୍ୟ ହୋଇପାରେ ନାହିଁ, ଜୀବନର ଅଭିଜ୍ଞତାଠାରୁ ଜୀବନ ବୃହତ୍ତର ଏବଂ ଯାହା ନିର୍ଦ୍ଦିଷ୍ଟ ଓ ସାକାର କେବଳ ତାହା ନୁହେଁ, ଯାହା ଅନିର୍ଦ୍ଦିଷ୍ଟ ଓ ସାକାରହେବା ଉଦ୍ୟମରତ ତାହା ବି ଜୀବନର ଅନ୍ତର୍ଭୁକ୍ତ ଏ କଥା ଏ ଚିତ୍ତବୃତ୍ତିରୁ ସହଜରେ ହୃଦ୍‌ବୋଧ ହୁଏନାହିଁ। ଏହା ଫଳରେ ଜୀବନ ସ୍ଥାନରେ ଜୀବନରେ ଅଭିଜ୍ଞତାକୁ ରଖିଦିଆଯାଏ ଏବଂ ଯେହେତୁ ପ୍ରତ୍ୟେକ ଲୋକର ଅଭିଜ୍ଞତା ସୀମିତ ହେବାର ହିଁ ହେବ, ଜୀବନର ଖୁବ୍ ବଡ଼ ଅଂଶଟିଏ ବାଦ୍ ପଡ଼ିଯାଏ। ଦୁର୍ଭାଗ୍ୟବଶତଃ ଏ ବିକଳାଙ୍ଗତାକୁ ଅନେକ ଦିନରୁ ଐକାନ୍ତିକତା ବୋଲି ଅଭିହିତ କରାଯାଉଛି। ବୁଦ୍ଧିର ପ୍ରାଧାନ୍ୟ ସାବ୍ୟସ୍ତ କରିବାକୁ ଚାହୁଁଥିବା ଆନ୍ଦୋଳନର ଏହାହିଁ ପରିଣାମ। ଏ ଆନ୍ଦୋଳନରେ ବୁଦ୍ଧିଦ୍ୱାରା ଉପଲବ୍ଧ ଜ୍ଞାନ ହିଁ ଅସଲ ଜ୍ଞାନ, ଏବଂ କଳ୍ପନାଶକ୍ତି ବା ଆବେଗଦ୍ୱାରା ଯେଉଁ ଜ୍ଞାନ ଉପଲବ୍ଧ ହୁଏ ତାହା ନିମ୍ନଶ୍ରେଣୀୟ, ତାହା ଜ୍ଞାନପଦବାଚ୍ୟ ନୁହେଁ। ଏ ଆନ୍ଦୋଳନରେ ମଣିଷର ଚିତ୍ତବୃତ୍ତିରେ ଆବେଗଶୀଳତାକୁ ବୁଦ୍ଧି ତଳକୁ ରଖାଗଲା ଏବଂ ଏକ ଆବେଗଶୀଳ ସ୍ଥିତିରୁ ବୁଦ୍ଧିମନ୍ତ ସ୍ଥିତିକୁ ଆରୋହଣ କରିବାହିଁ ପରିପକ୍ୱ ବ୍ୟକ୍ତିତ୍ୱର ନିଦର୍ଶନ ବୋଲି ବିବେଚିତ ହେଲା। ଯେଉଁଠାରେ ଏ ଆରୋହଣ ଆଶାନୁରୂପ ଭାବେ କ୍ଷିପ୍ର ବା ପର୍ଯ୍ୟାପ୍ତ ନୁହେଁ ସେଠଂାରେ ପରିପକ୍ୱତାର ଅଭାବ ଆରୋପିତ ହେଲା, ମାନସିକ ବିକାଶ ଯଥେଷ୍ଟ ହୋଇନାହିଁ ବୋଲି ଧରାଗଲା, ଏବଂ ଏପରି ସ୍ଥିତି ଏକପ୍ରକାର ଅସୁସ୍ଥତା ବୋଲି ମଧ୍ୟ ବିବେଚିତ ହେଲା। ସୌନ୍ଦର୍ଯ୍ୟ ଚିହ୍ନିବାର ଓ ସୌନ୍ଦର୍ଯ୍ୟରେ ଅଭିଭୂତ ହେବାର ଶକ୍ତି, ଜୀବନର, ବୈଚିତ୍ର୍ୟ ହୃଦୟଙ୍ଗମ କରିବାର ଶକ୍ତି କଳ୍ପନାର, ଏବଂ କଳ୍ପନା ବାସ୍ତବଭିତ୍ତିକ ନୁହେଁ ବୋଲି ସ୍ୱୀକୃତି ହେଲା। ଅବାସ୍ତବ କଳ୍ପନା ଶୈଶବର ଲକ୍ଷଣ ଏବଂ ଏହା ଯେତିକି ପଛକୁ ହଟିବ ଓ ବାସ୍ତବତାଭିମୁଖୀ ବୁଦ୍ଧି ଯେତିକି ସେ ଶୂନ୍ୟସ୍ଥାନରେ ଅଧିଷ୍ଠିତ ହେବ ବ୍ୟକ୍ତିର ଜୀବନନିର୍ବାହ ସେତିକି କୁଶଳ ହେବ ବୋଲି ମତ ପ୍ରକାଶ ପାଇଲା। ଲେଖକମାନେ ବି କାଳକ୍ରମେ ଏ ମତରେ ବିଶ୍ୱାସ କରିବାକୁ ଆରମ୍ଭ କଲେ, କଳ୍ପନା ପ୍ରବଣତାକୁ ଏକ ଦୋଷବୋଲି ଭାବିବାକୁ ଆରମ୍ଭ କଲେ, ନିର୍ଦ୍ଦିଷ୍ଟ ସଂଜ୍ଞା ଓ ଯୁକ୍ତିସମ୍ମତ ବିଷୟବସ୍ତୁ ଖୋଜିବାକୁ ଲାଗିଲେ। ଦୈନନ୍ଦିନ ଜୀବନରେ କୃତକାର୍ଯ୍ୟ ବ୍ୟକ୍ତିମାନଙ୍କ ଉଦାହରଣରୁ ସେମାନେ ଶିଖିଲେ ଯେ ବୁଦ୍ଧିକୁ ଅଗ୍ରାଧିକାର

ଦେବା ଏବଂ ଆବେଗଶୀଳ ମନୋବୃତ୍ତିକୁ ଦମନ କରିବା ଉଚିତ୍‌। ଜୀବନ ସଂଗ୍ରାମରେ ପଛରେ ପଡ଼ିଯିବା ସେମାନଙ୍କର ପସନ୍ଦ ହେଲା ନାହିଁ, ସୁତରାଂ ସେମାନେ କୃତକାର୍ଯ୍ୟ ବ୍ୟକ୍ତିମାନଙ୍କର ପଦାଙ୍କ ଅନୁସରଣ କରିବାକୁ ଲାଗିଲେ। ଏ ପରମ୍ପରା ମୁଖ୍ୟତଃ ଏକ ୟୁରୋପୀୟ ପରମ୍ପରା ଏବଂ ପ୍ଲାଟୋ ସମ୍ଭବତଃ ଏହାର ପ୍ରଥମ ପୁରୋଧା। ସାହିତ୍ୟର ଶ୍ରେଣୀବିଭାଗ କରିବାରେ ତାଙ୍କର କିଛି ଅସୁବିଧା ହୋଇନାହିଁ। ସାହିତ୍ୟ ଦୁଇ ପ୍ରକାରର- ସତ୍ୟ ଓ ଅସତ୍ୟ- ଏବଂ କାଳ୍ପନିକ ଘଟଣା ଉପରେ ଆଧାରିତ ସବୁ ରଚନାକୁ ଯାଞ୍ଚ କରାଯାଇ କେବଳ ସତ୍‌ ସାହିତ୍ୟର ପ୍ରକାଶ ଅନୁମୋଦିତ ହେବା ଉଚିତ୍‌; ତା' ନହେଲେ ତାଙ୍କର କଳ୍ପିତ ରାଷ୍ଟ୍ରର ରାଷ୍ଟ୍ରନାୟକମାନଙ୍କର ନୈତିକ ବିକାଶରେ ବିଭ୍ରାଟ ଉପୁଜିବ। ସାହିତ୍ୟ ଓ କଳାରେ କଣ ଶ୍ରେୟ ଓ କଣ ବର୍ଜନୀୟ ସେ ବିଷୟରେ ପ୍ଲାଟୋଙ୍କର କିଛି ସନ୍ଦେହ ନଥିଲା ଏବଂ ବର୍ଜନୀୟ ଉପାଦାନମାନଙ୍କୁ ପ୍ରୟୋଗ କରୁଥିବା କଳାକାରମାନଙ୍କୁ ସେ ତାଙ୍କ ଆଦର୍ଶ ରାଷ୍ଟ୍ରରୁ ନିର୍ବାସିତ କରିବାର ପକ୍ଷପାତୀ ଥିଲେ। ପ୍ଲାଟୋଙ୍କ ଆଦର୍ଶ ରାଷ୍ଟ୍ରନାୟକ ସଙ୍ଗୀତ ଓ ସାହିତ୍ୟରେ କୌଣସି ନୂତନତାକୁ ପ୍ରଶ୍ରୟ ଦେବେ ନାହିଁ ଯେହେତୁ ତଦ୍ଦ୍ୱାରା ରାଷ୍ଟ୍ରପତି ବିପଦର ସମ୍ଭାବନା ଅଛି। ଏଠାରେ ପ୍ଲାଟୋଙ୍କ ଉଦ୍ଦେଶ୍ୟ ଠିକ୍‌ କଣଥିଲା ସେ କଥା ଆଲୋଚନା କରାଯାଉ ନାହିଁ, ତେବେ ଆବେଗର ଆତିଶଯ୍ୟକୁ ବୁଦ୍ଧିଦ୍ୱାରା ନିୟନ୍ତ୍ରିତ କରିବା ତାଙ୍କର ଆଦର୍ଶ ରାଷ୍ଟ୍ରନାୟକର କାମ୍ୟ ହୋଇଥିବାରୁ ସାହିତ୍ୟ ବିଷୟରେ ତାଙ୍କର ମତ ପରବର୍ତ୍ତୀ ବୌଦ୍ଧିକ ଆନ୍ଦୋଳନକୁ ପ୍ରେରଣା ଯୋଗାଇଥିଲା ବୋଲି କୁହାଯାଇପାରେ। ତାଙ୍କର ଆଦର୍ଶ ଚରିତ୍ରରେ ବିଭିନ୍ନ ଆବେଗଗୁଡ଼ିକ ଯଥାସ୍ଥାନରେ ଥାଆନ୍ତି, ସୀମାତିକ୍ରମ କରନ୍ତି ନାହିଁ କି ତାକୁ କୌଣସି ଗୋଟିଏ ଦିଗରୁ ଓଟାରି ନେଇଯାଆନ୍ତି ନାହିଁ। ପ୍ଲାଟୋଙ୍କ ସମୟରୁ ବୁଦ୍ଧିର ପ୍ରାଧାନ୍ୟ ଓ ଆବେଗର ଗୌଣତା ପ୍ରତିପାଦିତ କରୁଥିବା ଚିନ୍ତାଧାରା କାଳକ୍ରମେ ବଳବତ୍ତର ହୋଇଛି ଏବଂ ଆବେଗବାଦୀ ଚିନ୍ତାଧାରା ତାର ମୁକାବିଲା କରି ପାରିନାହିଁ।

କାହାର ସ୍ଥାନ ଉଚ୍ଚରେ- ଆବେଗର ନା ବୁଦ୍ଧିର- ଏକଥା ବିଚାର କରି ବସିଲେ ସମୟ ଓ ଶକ୍ତିର ଅପଚୟ ହିଁ ସାର ହେବ। ମଣିଷ ପାଇଁ ଉଭୟେ ପ୍ରୟୋଜନୀୟ, କିନ୍ତୁ ଯେଉଁ ମନୋବୃତ୍ତିରେ ଏ ଉଭୟ ଉପାଦାନଙ୍କର ସୁସମନ୍ୱିତ ସ୍ଥିତି ଉପରେ ଗୁରୁତ୍ୱ ଦିଆନଯାଇ କେବଳ ବୁଦ୍ଧି ଉପରେ ଗୁରୁତ୍ୱ ଦିଆଯାଏ ସେ ମନୋବୃତ୍ତିର ପରିଣାମ ଅଧିକ ବାସ୍ତବତା ନୁହେଁ, ଅଧିକ ପ୍ରବଞ୍ଚନା, ଅଧିକ ଅବାସ୍ତବତା, ଅଧିକ ଉଦ୍ଭଟତା। ଏ ମନୋବୃତ୍ତିର ପରିଣାମରେ ବୁଦ୍ଧିର ଉତ୍କର୍ଷପ୍ରତିପାଦିତ ହୁଏ ନାହିଁ, ପ୍ରତିପାଦିତ ହୁଏ ତାର ବ୍ୟର୍ଥତା, ଆତ୍ମ କୈନ୍ଦ୍ରିକ ଉଦ୍ଦେଶ୍ୟକୁ ପ୍ରତିରୋଧ କରିବାରେ ତାର ଅକ୍ଷମତା। ବୁଦ୍ଧି ପ୍ରଧାନ ଦୁନିଆଁରେ କୃତକାର୍ଯ୍ୟତା ବ୍ୟକ୍ତିବିଶେଷର ବା ଗୋଷ୍ଠୀ

ବିଶେଷର କୃତକାର୍ଯ୍ୟତା, ଏବଂ ଅନ୍ୟାନ୍ୟ ବ୍ୟକ୍ତି ବା ଗୋଷ୍ଠୀ ଅକୃତକାର୍ଯ୍ୟ ନହେଲେ ତାହା ସମ୍ଭବପର ନୁହେଁ। ଏ ଦୁନିଆଁ ପ୍ରବଳ ପ୍ରତିଦ୍ୱନ୍ଦ୍ୱିତାର, ମରଣାତ୍ମକ ସଂଗ୍ରାମର, ନିଜର ଚାହିଦା ନଥିଲେ ବି ଅନ୍ୟମାନଙ୍କୁ ବଞ୍ଚିତ କରିବାର ଦୁନିଆଁ; ଏ ସବୁ କୌଶଳରେ ପାରଙ୍ଗମତା ହିଁ କୃତକାର୍ଯ୍ୟତାର ମାନଦଣ୍ଡ। ଏପରି ସମାଜରେ ଅସନ୍ତୋଷ ନିଶ୍ଚୟ ଯଥେଷ୍ଟ ପରିମାଣରେ ରହିବ, ଏବଂ ଉପଯୁକ୍ତ ବ୍ୟବସ୍ଥା ନକଲେ ବିପଦର ଆଶଙ୍କା ଅନବରତ ରହିବ। ଏ ବିପଦ ଏଡ଼ାଇବା ପାଇଁ ବୁଦ୍ଧି ବିନିଯୋଗ କରାଯାଏ। ଅନେକ ଲୋକ ମୁଷ୍ଟିମେୟ ଲୋକଙ୍କର ହାତବାରିସି ମାତ୍ର, ସେମାନଙ୍କର ସ୍ୱାଧୀନତା ପ୍ରକୃତ ପକ୍ଷେ ନାହିଁ, ଏବଂ ସେମାନେ ନିଜ ଅଜାଣତରେ ମାତ୍ର କେତେ ଲୋକଙ୍କୁ ସୁହାଇଲା ଭଳି ବ୍ୟବସ୍ଥା ସହିତ ଉତ୍ସାହ ସହକାରେ ସହଯୋଗ କରୁଛନ୍ତି। ଏ କଥା ଲୋକ ଚକ୍ଷୁରୁ ଲୁଚାଇବା ପାଇଁ ବୁଦ୍ଧି ବିନିଯୋଗ କରାଯାଏ। ଲୋକଙ୍କ ଧ୍ୟାନକୁ ନାନାଦି ଗୌଣ କଥା ଆଡ଼କୁ ମୁହାଁଇ ଦିଆଯାଏ, ସେମାନଙ୍କର ମୌଳିକ ଓ ପରମ ଲକ୍ଷ୍ୟ ଜାଗାରେ ଅତି ନଗଣ୍ୟ ଓ ଅବାସ୍ତବ ଲକ୍ଷ୍ୟଟିଏ ରଖି ଦିଆଯାଏ ଯାହାର ଅନୁଧାବନରେ ସମୁଦାୟ ଜୀବନକାଳ ଅତିକ୍ରାନ୍ତ ହୋଇଯାଏ। ସାଧାରଣତଃ ଏହି ମିଛିମିଛିକା ଲକ୍ଷ୍ୟଟି ହେଉଛି ଅଧିକ ଖର୍ଚ୍ଚ କରିପାରିବାର କ୍ଷମତା ହାସଲ କରିବାର ଲକ୍ଷ୍ୟ ଏବଂ ଯେହେତୁ ପ୍ରଚଳିତ ବ୍ୟବସ୍ଥାରେ ସେ ଲକ୍ଷ୍ୟ ପୂର୍ତ୍ତିର ସମ୍ଭାବନା ଥାଏ, ସେ ବ୍ୟବସ୍ଥା ପ୍ରତି ଆନୁଗତ୍ୟ ସ୍ୱାଭାବିକ ହୋଇପଡ଼େ। ଆନୁଗତ୍ୟ କିପରି ପୂର୍ଣ୍ଣାଙ୍ଗ ହେବ ତାହା ହିଁ ବୁଦ୍ଧିଭିତ୍ତିକ ଅର୍ଥନୀତିର ଲକ୍ଷ୍ୟ ଏବଂ ସେହି ଉଦ୍ଦେଶ୍ୟରେ ହିଁ ଆଜିର ଅର୍ଥନୈତିକ ବ୍ୟବସ୍ଥା ଅନୁପ୍ରାଣିତ। ଗାଲ୍‌ବ୍ରେଥ ଏ ବ୍ୟବସ୍ଥାକୁ ବର୍ଣ୍ଣନା କରିବାକୁ ଯାଇ କହିଛନ୍ତି, ଉତ୍ପାଦନ ବଢ଼ିଲେ ଦିନେ ଖାଇବାକୁ ନ ପାଉଥିବା ଲୋକଙ୍କୁ ଗଣ୍ଡେ ଖାଇବାକୁ ମିଳୁଥିଲା, ଶୀତରେ ଥରୁଥିବା ଲୋକଙ୍କୁ ଦିଖଣ୍ଡ ଅଧିକା ଲୁଗାପଟା ମିଳୁଥିଲା, ଘରଦ୍ୱାର ନଥିବା ଲୋକଙ୍କୁ ମୁଣ୍ଡ ଗୁଞ୍ଜିବାପାଇଁ ଜାଗା ଟିକିଏ ମିଳୁଥିଲା; ଆଜିର ଅର୍ଥନୀତିରେ ଉତ୍ପାଦନ ବଢ଼ାଇବାର ଲକ୍ଷ୍ୟ ଅଲଗା-ଆହୁରି ସୁନ୍ଦର ମଟରଗାଡ଼ି କିଣିବାର ସଉକ୍, ନୂଆନୂଆ ରନ୍ଧା ଖାଇବାର ଲାଳସା, ଯୌନ ଆବେଦନ ଉତ୍ତେଜିତ କଲାଭଳି ପୋଷାକ ପିନ୍ଧିବାର ଆଗ୍ରହ, ଆହୁରି ପର୍ଯ୍ୟାପ୍ତ ଆମୋଦପ୍ରମୋଦ ପାଇଁ ଉତ୍କଣ୍ଠା ମେଣ୍ଟାଇବା।" ଉତ୍ପାଦନର ଲକ୍ଷ୍ୟ ହେଉଛି ଲୋକେ ପାରୁପର୍ଯ୍ୟନ୍ତ କିଣନ୍ତୁ, କିଣିବାର ଉଦ୍ଦାମ ଇଚ୍ଛାରେ ହିଁ ନିୟନ୍ତ୍ରିତ ହେଉଥାନ୍ତୁ। ଏହି ଲକ୍ଷ୍ୟ ବିଶିଷ୍ଟ ଉତ୍ପାଦନକୁ ଭିତ୍ତିକରି ଗଢ଼ି ଉଠିଥିବା ଅର୍ଥନୈତିକ ବ୍ୟବସ୍ଥାର ପକ୍ଷପାତୀ ଅର୍ଥନୀତିଜ୍ଞମାନଙ୍କ ସମ୍ବନ୍ଧରେ ଗାଲ୍‌ବ୍ରେଥ୍‌ଙ୍କ ମନ୍ତବ୍ୟ ହେଲା, ମାଈଭାଲୁ ଯେପରି ନିଜର ସମସ୍ତ ଶକ୍ତି ଓ ହିଂସ୍ରତା ପ୍ରୟୋଗ କରି ନିଜର ଛୁଆକୁ ରକ୍ଷା କରିବାକୁ ଚେଷ୍ଟା କରେ ସେମାନେ ସେପରି ନିଜର ସମସ୍ତ ବୁଦ୍ଧି ପ୍ରୟୋଗ କରି

ଏବର ବ୍ୟବସ୍ଥାକୁ ଘଣ୍ଟ ଘୋଡ଼େଇ ରଖନ୍ତି। ଏଥିପାଇଁ ଅନେକ ମିଛ କଥା କୁହାଯାଏ, ଲୋକମାନଙ୍କର ଚିନ୍ତା ଶକ୍ତିକୁ ବିଭ୍ରାନ୍ତ କରିବା ଉଦ୍ଦେଶ୍ୟରେ ନାନାଦି ମନସ୍ତାତ୍ତ୍ୱିକ କୌଶଳ ପ୍ରୟୋଗ କରାଯାଏ, ଏବଂ ଏହି ଉଦ୍ଦେଶ୍ୟରେ-ଅର୍ଥାତ୍ ମିଛ କହି ଲୋକଙ୍କୁ ବିଭ୍ରାନ୍ତ କରିବା ଉଦ୍ଦେଶ୍ୟରେ - ଅଜସ୍ର ଅର୍ଥ ବ୍ୟୟ କରି ଏକ ବିଜ୍ଞାପନ ଓ ଲୋକ ସମ୍ପର୍କ ବ୍ୟବସ୍ଥା ତିଆରି କରାଯାଏ। ଦାଁତେ ବର୍ଣ୍ଣନା କରିଥିବା ନର୍କର ଦ୍ୱାର ଦେଶରେ ଯାହା ଲେଖାଯାଇଥିଲା ତାହା ଏହି ବୁଦ୍ଧିମନ୍ତ କୃତକାର୍ଯ୍ୟତାର ଦୁନିଆଁର ଦ୍ୱାରଦେଶରେ ବି ଲେଖାଯିବା ଉଚିତ୍-

"ନିଃସଙ୍ଗତାର ଅଶାନ୍ତିରେ ଛଟପଟ ହେଉଥିବା ମହାନଗରୀକୁ ଓ ଅସରନ୍ତି ଦୁଃଖକୁ ଯିବାର ବାଟ ଏହା। ଏ ବାଟ ନିରୁଦ୍ଦିଷ୍ଟ ଜୀବନ ଭିତରେ ଲମ୍ୱି ଯାଇଛି। ହେ ପଥିକ, ତମ ମନ ଭିତରେ ଯଦି ଲେଶମାତ୍ର ଆଶା ଅଦ୍ୟାପି ଅଛି, ତାହା ବର୍ତ୍ତମାନ ପରିହାର କର।"

ବୁଦ୍ଧିର ଏ ଅଜବ୍ ପ୍ରତିପ୍ରତ୍ତି ସତ୍ୟର ଓ ବାସ୍ତବତାର ସହାୟକ ବା ଘାତକ ତାହା ସହଜରେ ଅନୁମେୟ। ବୁଦ୍ଧିର ଏ ବିବର୍ତ୍ତନ ଅନୁମାନ କରିପାରିଥିଲେ ପ୍ଲାଟୋ ତାଙ୍କର ତତ୍ତ୍ୱକୁ ଆହିରି ଜୋର୍‌ରେ ସାବ୍ୟସ୍ତ କରିଥାନ୍ତେ ନା ଆବେଗବାଦୀ କଳାକାରଙ୍କ ବଦଳରେ ଏପରି ବୁଦ୍ଧିମନ୍ତ ଲୋକଙ୍କୁ ନିର୍ବାସିତ କରିବାକୁ ରାଷ୍ଟ୍ରନାୟକଙ୍କୁ ପରାମର୍ଶ ଦେଇଥାନ୍ତେ ସେ କଥା କହିବା ମୁସ୍କିଲ, ତେବେ ଏହା ଧ୍ରୁବ ଯେ ଯଦି ସେ ଏପରି ପରାମର୍ଶ ଦେଇଥାନ୍ତେ, ରାଷ୍ଟ୍ରନାୟକମାନେ ତାଙ୍କର ଏ ପରାମର୍ଶ ଗ୍ରହଣ କରିନଥାନ୍ତେ କାରଣ ବୁଦ୍ଧିର ଏପରି ଏକତରଫା, ସଙ୍କୁଚିତ ଓ ହିସାବୀ ପ୍ରୟୋଗ ହିଁ କ୍ଷମତାସୀନ ଶକ୍ତିର ସହାୟକ। ବୁଦ୍ଧିର ଯଥାଯଥ ପ୍ରୟୋଗରେ କୌଣସି ପୂର୍ବ ନିର୍ଦ୍ଦିଷ୍ଟ ବା କାହାରିକୁ ସୁହାଇଲା ଭଳି ତଥ୍ୟର ସ୍ଥାନ ନାହିଁ, ଥାଏ ବିଭିନ୍ନ ଦିଗରୁ ବିଚାର କରିବାର ସ୍ୱାଧୀନତା, ପ୍ରତ୍ୟେକ ସମ୍ଭାବନା ପ୍ରତି ସମାନ ସମ୍ମାନ, ଏକାଧିକ ଏବଂ ଆପାତତଃ ପରସ୍ପର ବିରୋଧି ସମ୍ଭାବନା ଏକ ସମୟରେ ସମାନ ଭାବରେ ଫଳବତୀ ହେବାର ଅନସ୍ୱୀକାର୍ଯ୍ୟ ବାସ୍ତବତା ପ୍ରତି ସ୍ୱିକୃତି। ସେ ବୁଦ୍ଧି ବ୍ୟକ୍ତିର ବିଚାର ଶକ୍ତିକୁ ନିୟନ୍ତ୍ରଣ କରିବାର ଅପଚେଷ୍ଟା କରେ ନାହିଁ କି ବ୍ୟକ୍ତିକୁ ଗୃହପାଳିତ ପଶୁଙ୍କ ସ୍ଥାନରେ ରଖେନାହିଁ। କେତୋଟି ନିର୍ଦ୍ଦିଷ୍ଟ, ଅନୁମୋଦିତ ଆଚରଣ ଆଦର୍ଶ ଗୃହପାଳିତ ପଶୁର ଆଚରଣ ଏବଂ ତାର ଅନ୍ୟଥା ଆଚରଣକୁ ନିରୁତ୍ସାହିତ କରାଯାଏ, ଏପରିକି ଦଣ୍ଡିତ କରାଯାଏ, ଯେଉଁ ବୁଦ୍ଧି ବ୍ୟକ୍ତିର ଅନ୍ୟଥା ଆଚରଣକୁ ପ୍ରେରଣା ଯୋଗାଏ, ବ୍ୟକ୍ତିଜୀବନକୁ ସର୍ବତୋଭାବେ ନିୟନ୍ତ୍ରିତ କରିବାର ଉଦ୍ଦେଶ୍ୟ ସହିତ ସେପରି ବୁଦ୍ଧିର କୌଣସି ସାଲିସ୍ ବା ସଖ୍ୟ ସମ୍ଭବପର ନୁହେଁ, ସେପରି ବୁଦ୍ଧି ନିରୁତ୍ସାହିତ ଏପରିକି ଦଣ୍ଡିତ ହେବାର ଖୁବ୍ ଆଶଙ୍କା

ରହିଛି। ଅନ୍ୟପକ୍ଷରେ ବୁଦ୍ଧିର ଅପପ୍ରୟୋଗ ଲାଭଜନକ ହେବାର ସମ୍ଭାବନା ବି ପର୍ଯ୍ୟାପ୍ତ। ଏ ପରିସ୍ଥିତି ହୃଦୟଙ୍ଗମ କରି କେତେକ ବୁଦ୍ଧିବାଦୀ ବୁଦ୍ଧିଚର୍ଯ୍ୟାର ଯେଉଁ ପରମ୍ପରା ତିଆରି କଲେ ତାହା ସଭ୍ୟତା ପ୍ରତି ଘୋର ମାରାତ୍ମକ। ନିଜଠାରୁ ଉତ୍କୃଷ୍ଟ ବ୍ୟକ୍ତିଙ୍କୁ ନିକୃଷ୍ଟ ବ୍ୟକ୍ତିମାନେ ବିଚାର କରିବା ଓ ଦଣ୍ଡଦେବା ଇତିହାସରେ କିଛି ନୂଆ ନୁହେଁ, ତେଣୁ ସେଥିରେ ବିସ୍ମିତ ହେବାର କିଛି ନାହିଁ। ପ୍ରକୃତ ବିପର୍ଯ୍ୟୟ ତ ସେତେବେଳେ ଆସେ ଯେତେବେଳେ ଏପରି ବିଚାରାଧୀନ ଲୋକେ ନିଜର ଉତ୍କର୍ଷ ପାଇଁ ଅନୁତାପ କରନ୍ତି, ଏପରି ବିଚାରମାନଙ୍କ ସ୍ତରକୁ ଓହ୍ଲାଇ ଆସିବାକୁ ଚେଷ୍ଟା କରନ୍ତି। ଯେଉଁ ସଭ୍ୟତା ଫଳରେ ତାଙ୍କର ଉତ୍କର୍ଷ ସମ୍ଭବପର ହୋଇଥିଲା, ଯେଉଁ ସଭ୍ୟତା ତାଙ୍କର ସାହାଯ୍ୟ ଓ ସମର୍ଥନ ଲୋଡୁଥିଲା, ଏପରି ଆଚରଣ ଫଳରେ ସେମାନେ ସେହି ସଭ୍ୟତାକୁ ହିଁ ବେଶି ବିପନ୍ନ କରନ୍ତି। ସେମାନେ ବିଚାରକମାନଙ୍କୁ ଏପରି କ୍ଷମତା ଦିଅନ୍ତି ଯାହା ତାଙ୍କର ଆଗରୁ ନଥିଲା- ସଭ୍ୟତାକୁ କଣ ଦିଆଯିବା ଉଚିତ କଣ ଦିଆଯିବା ଉଚିତ୍ ନୁହେଁ ଠିକ୍ କରିବାର କ୍ଷମତା। ସଭ୍ୟତା ତାଙ୍କଠାରୁ ଏତେ ଆଶା ନ କରିଥିଲେ, ତାଙ୍କ ଉପରେ ଏତେ ନିର୍ଭର ନ କରିଥିଲେ ସଭ୍ୟତା ପ୍ରତି ସେମାନଙ୍କ ବିରୁଦ୍ଧାଚରଣ ଏତେ ମାରାତ୍ମକ ହୋଇ ନଥାନ୍ତା।

ବୁଦ୍ଧିଚର୍ଯ୍ୟାରେ ଜୀବନର ବାସ୍ତବତା ବେଶି ଥାଏ ଏବଂ ସାହିତ୍ୟରେ କମ୍ ଥାଏ, ଏ କଥା ଠିକ୍ ନୁହେଁ। ଅନେକ ସମୟରେ ବୁଦ୍ଧିଚର୍ଯ୍ୟାରେ ଉଦ୍ଭଟ କଳ୍ପନାର ସ୍ଥାନ ଏତେ ବେଶି ସେ ସାହିତ୍ୟ ତାର ସମକକ୍ଷ ହୋଇପାରିବ ନାହିଁ। ଯେ କୌଣସି ପ୍ରକାରର ନିୟନ୍ତ୍ରଣାଭିମୁଖୀ ବ୍ୟବସ୍ଥାରେ ସତ କହିବା ଉଦ୍ଦେଶ୍ୟ ନୁହେଁ, ଉଦ୍ଦେଶ୍ୟ ହେଉଛି ଲୋକମାନସକୁ ଏପରି ଏଖ କଠିଣ ଓ ନିବୁଜ ଖୋଳ ଭିତରେ ଆବଦ୍ଧ କରିଦିଆଯିବ ଯେ ତାକୁ ଭାଙ୍ଗି ବାହାରକୁ ଆସିବା ଦୁଃସାଧ୍ୟ ହୋଇପଡ଼ିବ। ନିୟନ୍ତ୍ରଣବାଦୀମାନେ ଯେ ତାକୁ ଭାଙ୍ଗି ବାହାରକୁ ଆସିବା ଦୁଃସାଧ୍ୟ ହୋଇପଡ଼ିବ। ନିୟନ୍ତ୍ରଣବାଦୀମାନେ ଯେ ଅଜ୍ଞାନାତିମିରାଚ୍ଛନ୍ନ ଓ ନିଜେ କରୁଥିବା କର୍ମର ତାତ୍ପର୍ଯ୍ୟ ବୁଝିନାହାନ୍ତି, ତାହା ନୁହେଁ; ସେମାନେ ଠିକ୍ ଜାଣନ୍ତି ଯେ ସେମାନେ ନିଜ ନିଜର ବକ୍ତବ୍ୟ ଦ୍ୱାରା ଏକ ସମ୍ପୂର୍ଣ୍ଣ କାଳ୍ପନିକ ପରିସ୍ଥିତି ତିଆରୁଛନ୍ତି ଏବଂ ସେ ପରିସ୍ଥିତିରେ ସାମିଲ୍ ହୋଇଯିବାକୁ ଲୋକଙ୍କୁ ପ୍ରରୋଚିତ କରୁଛନ୍ତି। ଅନେକ ଉଚ୍ଚତର ବୁଦ୍ଧିଚର୍ଯ୍ୟାରେ ବି କଳ୍ପନାବିଳାସର ସ୍ଥାନ କମ୍ ନୁହେଁ; ସତ୍ୟର ଏକନିଷ୍ଠ, ଭାବାତିଶଯ୍ୟରହିତ ସନ୍ଧାନ ପରିବର୍ତ୍ତେ ଅନେକ ସମୟରେ ସମ୍ପୂର୍ଣ୍ଣ କାଳ୍ପନିକ ବିବରଣୀର ଭିତ୍ତିରେ ତଥ୍ୟଟିଏ ପ୍ରତିଷ୍ଠିତ କରାଯାଉଛି। କେତେବେଳେ ଏକ ଉଦ୍ଦିଷ୍ଟ ତଥ୍ୟକୁ ବିଶ୍ୱାସଯୋଗ୍ୟ କରିବା ପାଇଁ ପ୍ରମାଣ ଉଦ୍ଭାବନ କରାଯାଉଛି ବା ପ୍ରମାଣକୁ ବିକଳାଙ୍ଗ କରି ଦିଆଯାଉଛି। କେତେକ

ଐତିହାସିକ ତମ୍ବାପଟାରେ ସେମାନଙ୍କ ଉଦ୍ଦିଷ୍ଟ ତଥ୍ୟକୁ ସୁହାଇଲା ଭଳି କଥା ଲେଖି କୂଅରେ ପକାଇବା ଏବଂ ତତ୍ପରବର୍ଷ ତାକୁ କୂଅରୁ ଉଦ୍ଧାର କରିବା ଓ ଏହାକୁ ଏକ ଅପତ୍ୟାଶିତ ଆବିଷ୍କାର ବୋଲି ଘୋଷଣା କରିବା ହୁଏତ ସତ ନୁହେଁ, କିନ୍ତୁ ଅନେକ ତଥାକଥିତ ପାଣ୍ଡିତ୍ୟ ପ୍ରତିଷ୍ଠା କରିବା ପାଇଁ ଯେଉଁ ପ୍ରଣାଳୀ ଅନୁସୃତ ହୁଏ; ତାହା ଏହାଠାରୁ ବିଶେଷ ଅଲଗା ନୁହେଁ। ଉଦାହରଣ ସ୍ୱରୂପ, ମନୁଷ୍ୟର ବିବେକଜ୍ଞାନର ଉତ୍ପତ୍ତି ନିର୍ଣ୍ଣୟ କରିବାକୁ ଯାଇ ଫ୍ରୟେଡ୍ କହିଲେ ଯେ ତାହା ଶୋଚନା ଓ ଅନୁତାପରୁ ଉଦ୍ଭବ ହୋଇଛି। ଏକ ବର୍ବର, ଦୟାମାୟାହୀନ ଆଦିପିତାର ଅତ୍ୟାଚାରରେ ଅତିଷ୍ଠ ପୁତ୍ରମାନେ ମିଳିତ ଭାବେ ତାକୁ ହତ୍ୟା କଲେ, କିନ୍ତୁ ତାପରେ ସହଜାତ ପିତୃସ୍ନେହ ଯୋଗୁଁ ଘୋର ଅନୁଶୋଚନା ଓ ପଶ୍ଚାତାପ ଭୋଗ କଲେ। ତାଙ୍କର ଏହି ସନ୍ତପ୍ତ ମନୋଭାବ ହିଁ ବିବେକରେ ରୂପାନ୍ତରିତ ହେଲା। ବିବେକକୁ ଆଦିପିତାର ସମସ୍ତ କଠୋରତା ଓ ଦଣ୍ଡିବା ଶକ୍ତି ଦିଆଗଲା ଯେମିତି ଏ ଜଘନ୍ୟ ପିତୃହତ୍ୟାର ପୁନରାବୃତ୍ତି ନହୁଏ। ଆମର ଜ୍ଞାନଭଣ୍ଡାରକୁ ଫ୍ରୟେଡ୍‌ଙ୍କ ଅବଦାନ ଅନସ୍ୱୀକାର୍ଯ୍ୟ ଏବଂ ସେ ନିର୍ବିବାଦରେ ଜଣେ ଉତ୍ତୁଙ୍ଗ ଚିନ୍ତାନାୟକ। ତାଙ୍କର ଚିନ୍ତାର ମୌଳିକତା ଓ ଉପାଦେୟତା ବିଷୟରେ କୌଣସି ଦ୍ୱିଧା ନାହିଁ, କିନ୍ତୁ ଏହି ସର୍ବପ୍ରଥମ ପିତୃହତ୍ୟା ଘଟଣାର ପ୍ରମାଣ କଣ ? ଫ୍ରୟେଡ୍ ପ୍ରମାଣ କରିବାକୁ ଚାହୁଁଥିବା ଯୁକ୍ତିର ସହାୟକ ତଥ୍ୟର ଛଦ୍ମବେଶରେ ରୂପକଥାଟିଏ ଛଡ଼ା ଏହା ଆଉ କଣ ? ହନୁମାନ ରାତାରାତି ସମୁଦାୟ ଗନ୍ଧମାର୍ଦ୍ଦନ ପର୍ବତକୁ ସମୁଦ୍ର ପାରିହୋଇ ବୋହି ଆଣିବାଠାରୁ, ଦୁଃସାହସୀ ରାଜପୁତ୍ର ଦୁରାଚାରୀ ଅସୁରକୁ ବାରହାତ ଖଣ୍ଡାରେ ନିପାତ କରି ତା ଗୁମ୍ଫାରୁ ଅନନ୍ୟସୁନ୍ଦରୀ ଓ ବିବାହଯୋଗ୍ୟା ରାଜକନ୍ୟାକୁ ପକ୍ଷୀରାଜ ଘୋଡ଼ରେ ବସାଇ ନେଇ ଆସିବାଠାରୁ ଏହାର ପାର୍ଥକ୍ୟ କଣ ? ତେବେ ଗୋଟିଏ ଅଯୌକ୍ତିକ ଓ ଉଦ୍ଭଟ କଥା ଲୋକେ ବିଶ୍ୱାସ କରିଯାଆନ୍ତୁ ବୋଲି ଫ୍ରୟେଡ୍ ଚାହୁଁ ନଥିଲେ ଓ ସେ ଯାହା କହୁଥିଲେ ତାର ସତ୍ୟତା ଅନୁଶୀଳନ, ବିଶ୍ଳେଷଣ ଓ ଅଭିଜ୍ଞତା ଦ୍ୱାରା ସମର୍ଥିତ ବୋଲି ସେ ବିଶ୍ୱାସ କରୁଥିଲେ। କିମ୍ବଦନ୍ତୀ ତାଙ୍କ ଯୁକ୍ତିର ଏକମାତ୍ର ପ୍ରମାଣ ନୁହେଁ ଏବଂ କିମ୍ବଦନ୍ତୀଟି ତାଙ୍କ ଯୁକ୍ତିର ପରିପ୍ରେକ୍ଷୀରେ ସ୍ୱାଭାବିକ ବୋଲି ତାଙ୍କର ବିଶ୍ୱାସ ହୋଇଥିବ। ଅନ୍ୟାନ୍ୟ ଅନେକ ବୁଦ୍ଧିଜୀବୀ ଗବେଷକଙ୍କ ସପକ୍ଷରେ ଏତିକି ବି କୁହାଯାଇପାରିବ ନାହିଁ। ସେମାନଙ୍କ ପ୍ରତିପାଦନ କରିବାକୁ ଚାହୁଁଥିବା ଯୁକ୍ତିର ଅସାରତା ବିଷୟରେ ସେମାନେ ନିଜେ ନିଃସନ୍ଦେହ, କିନ୍ତୁ ସେଥିରେ କିଛି ଯାଏ ଆସେ ନାହିଁ। ସେମାନେ ସେ ଯୁକ୍ତିଟିକୁ ବିକିବାକୁ ଚାହାନ୍ତି, ତେଣୁ ବିକ୍ରେତାସୁଲଭ ସବୁ କୌଶଳ ସେମାନେ ଅବଶ୍ୟ ପ୍ରୟୋଗ କରିବେ, ଲୋକଙ୍କର ବିଶ୍ୱାସ ଜନ୍ମାଇବା ଭଳି କଥା ଅବଶ୍ୟ କହିବେ, ଏବଂ ଅବାନ୍ତର ଓ

କାଳ୍ପନିକ ପ୍ରମାଣ ଅବଶ୍ୟ ଉପସ୍ଥାପିତ କରିବେ। ଜଣେ ଇତିହାସ ପ୍ରସିଦ୍ଧ ବା ପୁରାଣ ପ୍ରସିଦ୍ଧ ବ୍ୟକ୍ତି ଏକ ନିର୍ଦ୍ଦିଷ୍ଟ ରାଜ୍ୟର ବା ଜିଲ୍ଲାର ବୋଲି ପ୍ରମାଣ କରିବାକୁ ଯାଇ କେତେକ ଗବେଷକ ସତ୍ୟର ଯେଉଁ ଆଳାପ କରନ୍ତି ବା ତୁଳନାରେ ସାହିତ୍ୟର କଳ୍ପନା ବିଳାସ କିଛି ନୁହେଁ।

ଭାବପ୍ରକାଶର ମାନ ଆଉ ପ୍ରକୃତ ବୁଦ୍ଧିମନ୍ତ ଲୋକଙ୍କ ଦ୍ୱାରା ନିର୍ଣ୍ଣିତ ହେଉନାହିଁ, ହେଉଛି ନକଲି ବୁଦ୍ଧିଜୀବୀଙ୍କ ଦ୍ୱାରା, ପ୍ରଚାରପନ୍ଥୀ ସାମ୍ବାଦିକତା ଦ୍ୱାରା ସେମାନେ ନିର୍ବିଘ୍ନରେ ନିଜ କାମ କରିବାରେ ଆଉ କୌଣସି ଅନ୍ତରାୟ ନାହିଁ, ତାଙ୍କ ବକ୍ତବ୍ୟର ଅସତ୍ୟତା ଦେଖାଇ ଦେବାକୁ ଆଉ କାହାରି ଶକ୍ତି ନାହିଁ। ଏହି ସାମ୍ବାଦିକମାନେ କୌଣସି ନା କୌଣସି ସଂସ୍ଥାରେ ନିଯୁକ୍ତ। ବେତନଭୋଗୀ କର୍ମଚାରୀ ହେବା ନ ହେବାରେ କିଛି ଯାଏଆସେ ନାହିଁ ଯେହେତୁ କିଏ ମାସିକ ଦରମା ବଦଳରେ ନିଜ ବକ୍ତବ୍ୟ ବିକେ ତ କିଏ ପ୍ରତ୍ୟେକଟି ବକ୍ତବ୍ୟ ବିକି ଅର୍ଥ ଉପାର୍ଜ୍ଜନ କରେ। ସେ ସବୁ ସଂସ୍ଥା ସେମାନଙ୍କର ପେଶାଦାର୍ କାରିଗରି ବ୍ୟବହାର କରି ନିଜର ବ୍ୟବସାୟ ଚଳାନ୍ତି, ସୁତରାଂ ସେମାନେ ଅନ୍ୟାନ୍ୟ ବ୍ୟବସାୟୀଙ୍କ ପରି ଏ ପ୍ରକାର କାରିଗରିର ଗୁଣଗାନ ଅବଶ୍ୟ କରିବେ, ଏ କାରିଗରି ପ୍ରସୂତ ଦ୍ରବ୍ୟର ଉତ୍କର୍ଷ ଉତ୍ସାହ ସହକାରେ ବର୍ଣ୍ଣନା ଅବଶ୍ୟ କରିବେ। ଏବର ସମାଜରେ ସବୁ ପ୍ରକାର ସମ୍ବାଦ ସରାବରାହ ଓ ମତପ୍ରକାଶ ଏ ସଂସ୍ଥାମାନଙ୍କର କର୍ତ୍ତୃତ୍ୱାଧୀନ ହୋଇଥିବାରୁ ସେମାନେ ପସନ୍ଦ ନକରୁଥିବା କୌଣସି ମତ ସହଜରେ ବ୍ୟକ୍ତ ହୋଇପାରିବ ନାହିଁ; କେବଳ ବିଭିନ୍ନ ସଂସ୍ଥାମାନଙ୍କ ଭିତରେ ପ୍ରତିଦ୍ୱନ୍ଦିତା ଫଳରେ ଯାହା ହେବ, କିନ୍ତୁ ତାହା ପ୍ରତିଦ୍ୱନ୍ଦୀ ବ୍ୟବସାୟିକ ସଂସ୍ଥାମାନଙ୍କର ନିଜନିଜ ଦ୍ରବ୍ୟର କାଟ୍‌ତି ବଢ଼ାଇବା ଉଦ୍ୟମ ପରି ହେବ। କ୍ରେତାର ଚିତ୍ତବୃତ୍ତିକୁ ନିଜକୁ ସୁହାଇଲା ଭାବରେ ନିୟନ୍ତ୍ରିତ କରିବା ସେ ଉଦ୍ୟମର ଲକ୍ଷ୍ୟ, ଚିତ୍ତବୃତ୍ତିକୁ ବାସ୍ତବତାଭିମୁଖୀ କରିବା ଲକ୍ଷ୍ୟ ନୁହେଁ, ପ୍ରଚାରପନ୍ଥୀ ସାମ୍ବାଦିକତା ଏକ ସମ୍ପୂର୍ଣ୍ଣ କାଳ୍ପନିକ ଜଗତ ତିଆରି କରେ। ସାହିତ୍ୟ ତିଆରୁଥିବା କାଳ୍ପନିକ ଜଗତଠାରୁ ତାର ପାର୍ଥକ୍ୟ ଏହା- ସତ୍ୟ ଓ ବାସ୍ତବତାକୁ ପ୍ରକଟ କରିବା ପାଇଁ ସାହିତ୍ୟରେ କଳ୍ପନା ବ୍ୟବହୃତ ହୁଏ, କିନ୍ତୁ ପ୍ରଚାରପନ୍ଥୀ ସାମ୍ବାଦିକତାରେ ଠିକ୍ ଓଲଟା ଉଦ୍ଦେଶ୍ୟଟି ପାଇଁ ବ୍ୟବହୃତ ହୁଏ।

ସାହିତ୍ୟରେ କଳ୍ପନାର ବ୍ୟବହାର ପ୍ରଣାଳୀ ଗୋଟିଏ ଦୃଷ୍ଟାନ୍ତ ସାହାଯ୍ୟରେ ବୁଝିବାକୁ ଚେଷ୍ଟା କରାଯାଉ। ଦୃଷ୍ଟାନ୍ତଟି ବାଲ୍ମିକୀଙ୍କ ରାମାୟଣରୁ ଗୃହୀତ ଏବଂ ଏହା ରାବଣକୁ ମାରୀଚର ପରାମର୍ଶର କିୟଦଂଶ।

"ନିଜର ପ୍ରଭୁଙ୍କର ମଙ୍ଗଳ ବାଞ୍ଛା କରିବା ପରିବର୍ତ୍ତେ, ତାଙ୍କୁ ବିପଦରୁ ଦୂରରେ

ରଖିବା ପରିବର୍ତ୍ତେ ଅମାତ୍ୟ ଓ ଅନୁଚରବର୍ଗ ତାଙ୍କୁ ସବୁବେଳେ ବେଢ଼ି ରହି ଓ ତାଙ୍କୁ ଖୋସାମଦ୍ କରି ନିଜ ନିଜର ସ୍ୱାର୍ଥ ହାସଲ କରିବାରେ ଲାଗି ପଡ଼ିଥାନ୍ତି। ପ୍ରଭୁଙ୍କର ମଙ୍ଗଳ ବିଧାନକୁ ଏକମାତ୍ର କର୍ତ୍ତବ୍ୟ ମନେ କରୁଥିବା ଓ ସେ କର୍ତ୍ତବ୍ୟ ପାଇଁ ନିଜର ସ୍ୱାର୍ଥକୁ ଓ ନିଜର ନିରାପତ୍ତାକୁ ଜଳାଞ୍ଜଳି ଦେବାକୁ ପ୍ରସ୍ତୁତ ଥିବା ବ୍ୟକ୍ତିଟିଏ ପାଇବା ମୁସ୍କିଲ୍ ତାର ପରାମର୍ଶ କର୍ଣ୍ଣ ପ୍ରୀତିକର ହୋଇ ନପାରେ; ଏପରି ପରାମର୍ଶ ଫଳରେ ସେ ପ୍ରଭୁଙ୍କର ବିରାଗଭାଜନ ହୋଇପାରେ।, କିନ୍ତୁ ପ୍ରଭୁଙ୍କର ସୁଖ ଓ ସମୃଦ୍ଧି ତାର କାମ୍ୟ ହୋଇଥିବାରୁ ସେ ନିଜ ମାର୍ଗରୁ ନିବୃତ୍ତ ହୁଏ ନାହିଁ। ଏପରି ଲୋକଙ୍କ ସଂଖ୍ୟା ଖୁବ୍ କମ୍, କିନ୍ତୁ ନିଜର ପ୍ରବୃତ୍ତି ଓ ଦ୍ୱେଷ ସମ୍ୱରଣକରି, କୌଣସି ପୂର୍ବ କଳ୍ପିତ ଧାରଣାର ବଶବର୍ତ୍ତୀ ନ ହୋଇ ଧୈର୍ଯ୍ୟ ସହକାରେ ଅପ୍ରୀତିକର ମନେ ହେଉଥିବା ପରାମର୍ଶ ଶୁଣିବାକୁ ପ୍ରସ୍ତୁତ ପ୍ରଭୁମାନଙ୍କର ସଂଖ୍ୟା ଆହୁରି କମ୍। ମୋର ଧାରଣା ହେଉଛି ଯେ ଆପଣଙ୍କର ପାତ୍ରମନ୍ତ୍ରୀମାନେ ଉଦ୍ଦେଶ୍ୟମୂଳକ ଭାବେ ରାମଙ୍କ ସମ୍ୱନ୍ଧରେ ସଠିକ୍ ବିବରଣୀ ଆପଣଙ୍କୁ ଦେଇ ନାହାନ୍ତି।"

ଏକ କଳ୍ପନା ପ୍ରସୂତ ଘଟଣାର ପରିପ୍ରେକ୍ଷୀରେ ଏ ଉକ୍ତିଟି ବ୍ୟକ୍ତ ହେଲେ ହେଁ ତାର ତାତ୍ପର୍ଯ୍ୟ ଘଟଣାଟି ଦ୍ୱାରା ସୀମାବଦ୍ଧ ନୁହେଁ। ବକ୍ତବ୍ୟର ନିଜସ୍ୱ ଅର୍ଥଟି ନିଶ୍ଚୟ ଅଛି, କିନ୍ତୁ ତାହା ଆହୁରି କେତେକ ଉପାଦାନରେ ପୁଷ୍ଟ ହେବା ଫଳରେ ଏକ ବୃହତ୍ତର ତାତ୍ପର୍ଯ୍ୟ ଓ ସବୁ ସମୟରେ ପ୍ରଯୁଜ୍ୟ ହେବାର ଶକ୍ତି ଆହରଣ କରୁଛି। ଆମେ ଜାଣି ଯେ ରାମ ଓ ସୀତାଙ୍କର ବିଚ୍ଛେଦ ନିଶ୍ଚୟ ଘଟିବ, ଦୁରାତ୍ମା ରାବଣର ନିଧନ ଓ ସ୍ୱର୍ଣ୍ଣପୁରୀ ଲଙ୍କା ଛାରଖାର୍ ହେବା ସୁନିଶ୍ଚିତ, ପରିଶେଷରେ ଧର୍ମର ବିଜୟ ହେବାର ହିଁ ହେବ, ଆମେ ଆହୁରି ଜାଣି ଯେ ମାରୀଚର ପରାମର୍ଶ ଗ୍ରହଣ କରିବା ରାବଣ ପକ୍ଷରେ ଉଚିତ ହୋଇଥାନ୍ତା, କିନ୍ତୁ ସେ ତାହା କରିବ ନାହିଁ। ଆମର ଏ ସବୁ ଜାଣିବା ସତ୍ତ୍ୱେ ବକ୍ତବ୍ୟଟିର ଆବେଦନ ଦୁର୍ବଳ ହେଉନାହିଁ, କାରଣ ତାର ତାତ୍ପର୍ଯ୍ୟ ଏକ ନିର୍ଦ୍ଦିଷ୍ଟ ଘଟଣାରେ ନିଃଶେଷ ହୋଇଯାଉନାହିଁ, ସେହି ଘଟଣାର ପରିପ୍ରେକ୍ଷୀ ସହିତ ତୁଳନୀୟ ପରିପ୍ରେକ୍ଷୀ ପହଞ୍ଚିଯିବା ମାତ୍ରେ ସେ ତାତ୍ପର୍ଯ୍ୟ ପୁଣିଥରେ ପ୍ରାସଙ୍ଗିକ ହୋଇପଡୁଛି। ଏପରି ପରିପ୍ରେକ୍ଷୀ ବାରମ୍ୱାର ଉପୁଜୁଥିବ କାରଣ ପରିସ୍ଥିତି ଓ ତଜ୍ଜନିତ ପରିଣାମ ଉପରେ ମଣିଷର କର୍ତ୍ତୃତ୍ୱ ସବୁବେଳେ ନଗଣ୍ୟ ହୋଇ ରହିଥିବ। ସବୁ ଐଶ୍ୱର୍ଯ୍ୟ, ସବୁ ଅହଙ୍କାର, ସବୁ ଔଦ୍ଧତ୍ୟ, ସବୁ ଜ୍ଞାନ ସତ୍ତ୍ୱେ ମଣିଷର ଏ ଅସହାୟତା ସାମର୍ଥ୍ୟରେ ପରିଣତ ହୋଇଯିବ ନାହିଁ।

ଉଦ୍ଦେଶ୍ୟମୂଳକ ବୁଦ୍ଧିଚର୍ଯ୍ୟା ସବୁବେଳେ ବ୍ୟବସାୟିକଭିତ୍ତିକ ନ ହୋଇପାରେ, କିନ୍ତୁ ସତ୍ୟର ରୂପରେଖ ଆଗରୁ ନିର୍ଣ୍ଣୟ କରିସାରି ତାପରେ ସତ୍ୟର ଅନୁଶୀଳନ କରିବା ଏକ ତତ୍ତୁଲ୍ୟ ଅସାଧୁତା ଏବଂ ଏ ଅସାଧୁତା ଫଳରେ କୌଣସି

ଜାଗତିକ ଫାଇଦା ହେଉନାହିଁ ବୋଲି ତାହା ସାଧୁତା ପାଲଟିଯିବ ନାହିଁ। ଏ ପ୍ରକାରର ନିଃସ୍ୱାର୍ଥପର ଅସାଧୁତାର ନଜିର୍ ସବୁ ସଭ୍ୟତାରେ ଅନେକ। ଉଦାହରଣ ସ୍ୱରୂପ, କୃତ୍ରିମ ପାଣ୍ଡିତ୍ୟ ତଥା ନିରର୍ଥକ କର୍ମକାଣ୍ଡ ଉପରେ ଆଧାରିତ ହିନ୍ଦୁଧର୍ମ ବିରୁଦ୍ଧରେ ବୈଷ୍ଣବ ବିଦ୍ରୋହ ମୂଳରୁ ଖୁବ୍ ଆନ୍ତରିକ ଓ ସାର୍ଥକ ଥିଲା। ବ୍ୟକ୍ତିର ଆବେଗଶୀଳ ଚେତନାରେ ହିଁ ସତ୍ୟର ପ୍ରକୃତ ଉପଲବ୍ଧ ସମ୍ଭବ,ଏହା ଦର୍ଶାଇବାକୁ ଚାହୁଁଥିବା ବୈଷ୍ଣବ ଆନ୍ଦୋଳନ ତତ୍କାଳୀନ ଚିନ୍ତାଧାରାରେ ଏକ ମୌଳିକ ଓ ସୁସ୍ଥ ପରିବର୍ତ୍ତନର ସୂତ୍ରପାତ କରିଥିଲା। ଆବେଗଶୀଳ ସତ୍ୟସନ୍ଧାନ ସମାଜର ସାଧାରଣ ନିୟମକାନୁନର ବଶବର୍ତ୍ତୀ ନୁହେଁ ଏବଂ ଅନେକ ସମୟରେ ତାର ବିରୁଦ୍ଧାଚରଣ କରିଥାଏ, ଏକ ଉତ୍ତୀର୍ଣ୍ଣ ଅର୍ଥପୂର୍ଣ୍ଣ ଅନୁଭୂତି ପାଇଁ ବ୍ୟାକୁଳତା ନିର୍ଜ୍ଜୀବ ଲୋକାଚାରର ଊର୍ଦ୍ଧ୍ୱରେ, ଏହା ପ୍ରତିପାଦିତ କରିବାକୁ ଚାହୁଁଥିବା ଆନ୍ଦୋଳନର କେତେକ ପୁରୋଧା କିନ୍ତୁ ଉଦ୍ଦେଶ୍ୟମୂଳକ ବୁଦ୍ଧିଚର୍ଯ୍ୟାର ମାରାତ୍ମକ ଆକର୍ଷଣ ପୁରାପୁରି ଏଡ଼େଇ ଦେଇ ପାରିଲେ ନାହିଁ ଏବଂ ଯେଉଁ ସୀମିତ କୃତ୍ରିମତା ବିରୁଦ୍ଧରେ ସେମାନେ ବିଦ୍ରୋହ କରିଥିଲେ ତାକୁହିଁ ପ୍ରକାରାନ୍ତରେ ନିଜ ମତବାଦରେ ପୁନଃପ୍ରତିଷ୍ଠା କଲେ। ବୈଷ୍ଣବ ପ୍ରେରଣାର ମୂଳ ଉତ୍ସ ଗୋପୀମାନଙ୍କର ଲୋକାଚାରାତୀତ କୃଷ୍ଣପ୍ରୀତିକୁ ଏକ ପାଣ୍ଡିତ୍ୟପୂର୍ଣ୍ଣ ଓ ଲୋକାଚାରସମ୍ମତ ବ୍ୟାଖ୍ୟା ଦିଆଗଲା। ସେମାନେ ସ୍ୱୀୟା, ପରକୀୟା ନୁହଁନ୍ତି; ସେମାନେ ପ୍ରକୃତରେ ଶ୍ରୀକୃଷ୍ଣଙ୍କ ବିବାହିତ ପତ୍ନୀ, ଖାଲି ଯାହା ସେମାନଙ୍କର ପ୍ରେମର ପ୍ରଚ୍ଛନ୍ନତା ଓ ବିବାହର ଗୋପନୀୟତା ଯୋଗୁଁ ଶ୍ରୀକୃଷ୍ଣଙ୍କ ମାୟାଶକ୍ତି ଫଳରେ ପରକୀୟା ବୋଲି ଜଣାପଡୁଥିଲେ। ଏ ପ୍ରକାର ବ୍ୟାଖ୍ୟା ଫଳରେ ମୂଳ ପ୍ରେରଣାଟିକୁ ଅନ୍ତଃସାରଶୂନ୍ୟ କରିଦିଆଗଲା, କାରଣ ଗୋପୀମାନଙ୍କର ବ୍ୟାକୁଳତା ଏକ ଧରାବନ୍ଧା, ମୋଟାମୋଟି ସାମାଜିକ ସମ୍ପର୍କରେ ସମ୍ଭବପର ବ୍ୟାକୁଳତାଠାରୁ ବିଶେଷ ଅଲଗା ବୋଲି ଜଣାପଡ଼ିଲା ନାହିଁ; ଖାଲି ଯାହାକିଛି ପ୍ରଚ୍ଛନ୍ନତା ଓ କିଛି ଅଲୌକିକତା ଯୋଗୁଁ ହାରାହାରି ବ୍ୟାକୁଳତା ଠାରୁ ତାହା ଟିକିଏ ବେଶି ବର୍ଣ୍ଣାଢ଼୍ୟ। ସତୀତ୍ୱ ଇତ୍ୟାଦି ସବୁ ଯଥା ସ୍ଥାନରେ ଅଛନ୍ତି। ଏ ବ୍ୟାଖ୍ୟା କ୍ରମଶଃ ଏତେ କୃତ୍ରିମ ହୋଇପଡ଼ିଲା ଯେ ତାହା ଆଉ ବିଶ୍ୱାସଯୋଗ୍ୟ ହେଲା ନାହିଁ ଏବଂ ବୈଷ୍ଣବ ବିଦ୍ରୋହର କୌଣସି ପ୍ରାସଙ୍ଗିଗତା ରହିଲା ନାହିଁ। ବୈଷ୍ଣବ କର୍ମକାଣ୍ଡର ସ୍ୱାତନ୍ତ୍ର୍ୟ ଥାଇ ପାରେ, କିନ୍ତୁ ସେଥିରେ ପୂର୍ବପ୍ରଚଳିତ କର୍ମକାଣ୍ଡ ପରି ବ୍ୟକ୍ତିକୁ ଆବଦ୍ଧ କରାଗଲା, ତାର କଳ୍ପନାର ଗତିପଥ ଓ ସୀମା ନିର୍ଦ୍ଦିଷ୍ଟ କରାଗଲା। ଗାଏମୋଟ ପଞ୍ଚାବନ ପ୍ରକାରର ସେବାପରାଧ ଓ ଦଶପ୍ରକାରର ନାମାପରାଧର ତାଲିକା ଦିଆଯାଇ ସେଥିରୁ ନିବୃତ୍ତ ରହିବାକୁ ନିର୍ଦ୍ଦେଶ ଦିଆଗଲା। ବୈଷ୍ଣବ ତତ୍ତ୍ୱଜ୍ଞମାନେ କୌଣସି ବ୍ୟକ୍ତିଗତ ମୁନାଫାଖୋରିର ବଶବର୍ତ୍ତୀ ହୋଇ ଏ ଶୃଙ୍ଖଳିତ ଅବକ୍ଷୟର

ପୃଷ୍ଟପୋଷକତା କରି ନଥିଲେ, କିନ୍ତୁ ସେମାନଙ୍କର ବୁଦ୍ଧି ପ୍ରୟୋଗ ବି ସମାନଭାବେ କୃତ୍ରିମ, ସମାନଭାବେ ବ୍ୟକ୍ତିଗତ ବିକାଶର ପରିପନ୍ଥି ହୋଇପଡ଼ିଲା।

ଉଦ୍ଦେଶ୍ୟମୂଳକ ବୁଦ୍ଧିଚର୍ଯ୍ୟା, ତାହା ବ୍ୟବସାୟଭିତ୍ତିକ ହେଉ ବା ନହେଉ, କୌଣସି ଦୀର୍ଘକାଳସ୍ଥାୟୀ ଅତୃପ୍ତି ବା ଅଭାବବୋଧକୁ ପ୍ରଶୟ ଦିଏ ନାହିଁ; ଅତୃପ୍ତିଟିଏ ଉପୁଜିବାମାତ୍ରେ ହିଁ ତାକୁ ଚରିତାର୍ଥ କରିବାପାଇଁ ଉଦ୍ୟମରତ ହୋଇପଡ଼େ। କିଛି ଅଭାବ ରହିଗଲା, କିଛି କଥା ଅକୁଆ ରହିଗଲା, ଆଜୀବନ ଖୋଜିବା ପରେ ବି କିଛି ଅଲବଧ ରହିଲା, ଏ ପରିସ୍ଥିତିକୁ କେବଳ ସେହି ଚିତ୍ତବୃତ୍ତି ବରଦାସ୍ତ କରିପାରିବ ଯାହା ଇନ୍ଦ୍ରିୟାନୁଭୂତି ଅପେକ୍ଷା ସୂକ୍ଷ୍ମତର ଅନୁଭୂତିରେ ଅନୁଭୂତ ହେଉଥିବା କିଛି ଆକାଙ୍କ୍ଷା ଉପରେ ଗୁରୁତ୍ୱ ଦିଏ, ଏ ଚିତ୍ତବୃତ୍ତି ବେଶି ବାସ୍ତବବାଦୀ, କାରଣ ଏଥିରେ ଯାହା ଅନିବାର୍ଯ୍ୟ ତାକୁ ଅସ୍ୱୀକାର କରାଯାଏ ନାହିଁ, ସ୍ୱଚ୍ଛନ୍ଦରେ, ବିନା ଆତଙ୍କରେ ଗ୍ରହଣ କରି ନିଆଯାଏ। ଏହା ଫଳରେ କେତେକ ଅପରିବର୍ତ୍ତନୀୟ, ମଣିଷ ଜୀବନ ବ୍ୟକ୍ତିର ମୃତ୍ୟୁ ଦ୍ୱାରା କ୍ଷୁର୍ଣ୍ଣ ନହେଉଥିବା ତାତ୍ପର୍ଯ୍ୟରେ ତାତ୍ପର୍ଯ୍ୟବନ୍ତ ହୁଏ। ମୃତ୍ୟୁର ଆତଙ୍କରୁ ନିଷ୍କୃତିବୋଧ ପ୍ରତ୍ୟେକ ମାର୍ଜିତ ସଭ୍ୟତାରେ ଦେଖାଯାଏ ଏବଂ ଅନେକ ସମୟରେ ତଥାକଥିତ କଳ୍ପନା ପ୍ରବଣ କାର୍ଯ୍ୟ (ସାହିତ୍ୟ, ଭାସ୍କର୍ଯ୍ୟ, ଚିତ୍ରକଳା ଇତ୍ୟାଦି)ରେ ହିଁ ଏ ନିଷ୍କୃତିବୋଧ ବେଶି ପ୍ରତିଫଳିତ ହୁଏ। ଅପରିପକ୍ୱ ଚିତ୍ତବୃତ୍ତି ସମୟ ଦ୍ୱାରା, ମୃତ୍ୟୁ ଦ୍ୱାରା ବେଶି ନିର୍ଯ୍ୟାତିତ, କାରଣ ଏକ ସମୟବଦ୍ଧ ଜୈବିକ ସ୍ଥିତି ବାହାରେ ଆଉ କିଛି ତା ଆଖିରେ ପଡ଼େ ନାହିଁ। ସେ କଳ୍ପନା କରିପାରୁଥିବା ସମୟ ଭିତରେ ଯଦି ସନ୍ତୋଷ ବିଧାନ ହୋଇନପାରିଲା, ଜୀବନ ବ୍ୟର୍ଥ ହୋଇଯାଇଛି ବୋଲି ସେ ଧରିନିଏ ଏବଂ ଏ ବ୍ୟର୍ଥତା ଏଡ଼ାଇବା ପାଇଁ ସନ୍ତୋଷ ବିଧାନର ଉପାଦାନଗୁଡ଼ିକୁ ପାରୁପର୍ଯ୍ୟନ୍ତ ସଂଗ୍ରହ କରି ବସେ। ଏ ଉଦ୍ୟମ ଅବଶ୍ୟ ସାର୍ଥକ ହୁଏ ନାହିଁ, କାରଣ ଏହି ଉପାଦାନଗୁଡ଼ିକ ହିଁ ସମୟର କ୍ଷୟକାରୀତା ସର୍ବପ୍ରଥମେ ଅନୁଭବ କରନ୍ତି, ସର୍ବପ୍ରଥମେ କ୍ଷୟ ଓ ନିଶ୍ଚିହ୍ନ ହୋଇଯାନ୍ତି।

ବୁଦ୍ଧି ଓ ଆବେଗ ଭିତରେ ପ୍ରାର୍ଥକ୍ୟ ବା ଆବେଗର ପ୍ରାଧାନ୍ୟ ସାବ୍ୟସ୍ତ କରିବା ମୋର ଉଦ୍ଦେଶ୍ୟ ନୁହେଁ। ଏକ ମାର୍ଜିତ ଚିତ୍ତବୃତ୍ତିରେ ଏ ଦୁଇ ଉପାଦାନ ଅଭିନ୍ନ ଭାବେ ମିଶ୍ରିତ। ସାହିତ୍ୟ ସୃଷ୍ଟି କଲାବେଳେ ଛବିଟିଏ ଆଙ୍କିଲା ବେଳେ, ଗୀତଟିଏ ଗାଇଲା ବେଳେ ବୁଦ୍ଧି କାମ କରୁଥାଏ, ନଚେତ୍ ରଚନା ଭାବଜ୍ଞାପକ ହେବ ନାହିଁ, ବିଭିନ୍ନ ରଙ୍ଗକରି ତ୍ରୁଟିପୂର୍ଣ୍ଣ ବ୍ୟବହାର ଫଳରେ ବା ଅନୁପାତ ଅଭାବରେ ଛବିଟି ନିକୃଷ୍ଟ ହୋଇଯିବ, ଗୀତଟି ବେସୁରା ହୋଇଯିବ। ସେପରି ଗୋଟିଏ ସମସ୍ୟାର ସମାଧାନ ପାଇଯିବା ମୁହୂର୍ତ୍ତରେ ବୈଜ୍ଞାନିକ ଭାବାତିଶଯ୍ୟରେ ବିହ୍ୱଳ ହୋଇପଡ଼େ।

ସେ ବୁଦ୍ଧି କିନ୍ତୁ ଉଦ୍ଦେଶ୍ୟମୂଳକ ଓ ପୂର୍ବବର୍ଣ୍ଣିତ ବୁଦ୍ଧିଠାରୁ ଅଲଗା। ଯଦି ପୂର୍ବବର୍ଣ୍ଣିତ ବୁଦ୍ଧି ଓ ଆବେଗ ଭିତରେ ଗୋଟିକ ବାଛିବାକୁ ପଡ଼େ, ତେବେ ଏହି ନିନ୍ଦିତ, ଅପରିଣାମଦର୍ଶୀ ଭାବବିହ୍ୱଳତା କେଡ଼େ ଶ୍ରେୟସ୍କର। ବେଳେବେଳେ ଏହା ଫଳରେ କବିତାଟିଏ ବା ଗପଟିଏ ଲେଖି ହୋଇଯାଏ, ଛବିଟିଏ ଆଙ୍କି ହୋଇଯାଏ, ମୂର୍ତ୍ତିଟିଏ ଗଢ଼ି ହୋଇଯାଏ। ବହୁତ ବର୍ଷ ପରେ, ଦିନେ ନିରୋଳାରେ ବସିଥିବାବେଳେ, ଲୋକଟିଏ କବିତାଟି କି ଗପଟି ପଢ଼ି ବା ସେ ଛବିଟି କିମ୍ବା ମୂର୍ତ୍ତିଟି ଦେଖି ଚମକି ପଡ଼ିପାରେ। ଏମିତି ଚମକି ପଡ଼ିବା ମୁହୂର୍ତ୍ତରେ ସେ ସଭ୍ୟତାର ନିରବଚ୍ଛିନ୍ନ ସ୍ରୋତ ସହିତ ହଠାତ୍ ସଂଯୁକ୍ତ ହୋଇଯାଏ, ଅସଂଖ୍ୟ ବ୍ୟକ୍ତି-ମୃତ୍ୟୁ ସତ୍ତ୍ୱେ ବିଦ୍ୟମାନ ଜୀବନ୍ତ ମଣିଷ ମୂର୍ତ୍ତିର ଅଂଶ ହୋଇଯାଏ। ଏପରି ଚମକପ୍ରଦ ମୁହୂର୍ତ୍ତଟିଏ ସୃଷ୍ଟି କରିବାଠାରୁ କେଉଁ ସାହିତ୍ୟିକର ବା କେଉଁ ଶିଳ୍ପୀର ଆଉ ବଡ଼ ଲକ୍ଷ୍ୟ କ'ଣ ଥାଇପାରେ? ଯଦି ତା'ର ଏ ଲକ୍ଷ୍ୟ ଆସିଯାଇଛି, ସେ ଏପରି ଏକ ଅବିନଶ୍ୱର ଜୀବନର ଅଂଶ ହୋଇ ସାରିଛି ଯେଉଁଥିରେ ବିଷାଦ ବି ଅଭିଳାଷର ଓ ଆବିଷ୍କାରର ଆନନ୍ଦ ସହିତ ଅପରିଚିତ ନୁହେଁ, ଯେଉଁଥିରେ ଗଦାଗଦା ଅପ୍ରାସଙ୍ଗିକ ଧ୍ୱଂସାବଶେଷର ଉର୍ଦ୍ଧ୍ୱରେ ଅତୁଳନୀୟ, ଅବର୍ଣ୍ଣନୀୟ ସୌନ୍ଦର୍ଯ୍ୟଟିଏ ପ୍ରତିପାଦିତ ହୁଏ। କ୍ଷୟ ଓ ମୃତ୍ୟୁର ବଶବର୍ତ୍ତୀ ଜୀବନ ବହୁତ ପଛରେ ରହିଯାଇଛି-ଏତେ ପଛରେ ଯେ ସେଥିରୁ ନିକ୍ଷିପ୍ତ ମାରଣାସ୍ତ୍ରମାନ କିଛିକାଳ ପାଇଁ ନିକ୍ଷେପକାରୀଙ୍କ ମନୋରଞ୍ଜନ କରନ୍ତି, କିଛିକାଳପାଇଁ ଏକ ସ୍ଥାନୀୟ ଗର୍ଜ୍ଜନ ଓ ଉଜ୍ଜ୍ୱଳତା ଦ୍ୱାରା ସେମାନଙ୍କର ଦୃଷ୍ଟି ଜୀବନନିର୍ବାହର ନିଷ୍ଫଳତାରୁ ଓହରାଇ ଆଣିଇ ନିଜ ଆଡ଼କୁ ଆକର୍ଷଣ କରନ୍ତି। ଯଦି ସେତିକି ମାତ୍ର କୃତିତ୍ୱ, ସେତିକି ମାତ୍ର ସନ୍ତୋଷ ଫଳରେ ସେମାନଙ୍କର ଅନ୍ତିମକାଳ ଟିକିଏ କମ୍ ଦୁର୍ବିସହ ହୁଏ, ହେଉ।

- ରମାକାନ୍ତ ରଥ

BLACK EAGLE BOOKS

www.blackeaglebooks.org
info@blackeaglebooks.org

Black Eagle Books, an independent publisher, was founded as a nonprofit organization in April, 2019. It is our mission to connect and engage the Indian diaspora and the world at large with the best of works of world literature published on a collaborative platform, with special emphasis on foregrounding Contemporary Classics and New Writing.

www.ingramcontent.com/pod-product-compliance
Lightning Source LLC
Chambersburg PA
CBHW020532080526
44583CB00013B/837
* 9 7 8 1 6 4 5 6 0 3 3 9 9 *